Die Arbeitswelt im Wandel! Der Mensch im Mittelpunkt?

W0181720

Psychotherapiewissenschaft in Forschung, Profession und Kultur

Schriftenreihe der
Sigmund-Freud-Privatuniversität Wien

Herausgegeben von Bernd Rieken

Band 24

Die Sigmund-Freud-Privatuniversität in Wien ist die erste akademische Lehrstätte, an der die Ausbildung zum Psychotherapeuten integraler Bestandteil eines eigenen wissenschaftlichen Studiums ist. Durch das Studium der Psychotherapiewissenschaft (PTW) wird dem Umstand Rechnung getragen, dass Psychotherapie eine hoch professionelle Tätigkeit ist, die – wie andere hoch professionelle Tätigkeiten auch – neben einer praktischen Ausbildung eines eigenen akademischen Studiums bedarf. Das hat zur Konsequenz, dass die wissenschaftliche Beschäftigung mit ihr nicht mehr ausschließlich den Nachbardisziplinen Psychiatrie und Klinische Psychologie mit ihrer nomologischen Orientierung obliegt, sodass die PTW als eigene Disziplin an Konturen gewinnen kann.

Vor diesem Hintergrund wird die Titelwahl der wissenschaftlichen Reihe transparent: Es soll nicht nur die Kluft, welche zwischen Psychotherapieforschung und Profession besteht, verringert, sondern auch berücksichtigt werden, dass man der Komplexität des Gegenstands am ehesten dann gerecht wird, wenn neben den üblichen Zugängen der Human- und Naturwissenschaften auch Methoden und/oder Fragestellungen aus dem Bereich der Kultur-, Sozial- und Geisteswissenschaften Berücksichtigung finden.

Reinhold Popp (Hrsg.)

Die Arbeitswelt im Wandel!
Der Mensch im Mittelpunkt?

Perspektiven für Deutschland und Österreich

Waxmann 2019
Münster • New York

Bibliografische Informationen der Deutschen Nationalbibliothek
Die Deutsche Nationalbibliothek verzeichnet diese Publikation in
der Deutschen Nationalbibliografie; detaillierte bibliografische
Daten sind im Internet über http://dnb.dnb.de abrufbar.

Psychotherapiewissenschaft in Forschung, Profession und Kultur, Band 24

ISSN 2192-2233
Print-ISBN 978-3-8309–3956–6
E-Book-ISBN 978-3-8309-8956–1

© Waxmann Verlag GmbH, Münster 2019
Steinfurter Straße 555, 48159 Münster

www.waxmann.com
info@waxmann.com

Umschlaggestaltung: Anne Breitenbach, Münster
Umschlagabbildung: © vectorfusion art, Shutterstock
Satz: MTS. Satz & Layout, Münster
Druck: CPI Books, Leck

Gedruckt auf alterungsbeständigem Papier,
säurefrei gemäß ISO 9706

Printed in Germany

Alle Rechte vorbehalten. Nachdruck, auch auszugsweise, verboten.
Kein Teil dieses Werkes darf ohne schriftliche Genehmigung des
Verlages in irgendeiner Form reproduziert oder unter Verwendung
elektronischer Systeme verarbeitet, vervielfältigt oder verbreitet werden.

Vorwort des Rektors der SFU

Die Sigmund Freud PrivatUniversität Wien (SFU) ist die größte Privatuniversität Österreichs. Das breite Studienangebot gliedert sich in vier Fakultäten: *Humanmedizin, Psychologie, Psychotherapiewissenschaft*[1] und *Rechtswissenschaften*. Über den Hauptsitz in Wien hinaus ist die SFU an einem weiteren Standort in Österreich (Linz) sowie in mehreren (Haupt-)Städten anderer europäischer Länder (Berlin, Ljubljana, Mailand, Paris) vertreten.

Als junge und dynamische Hochschule ist die SFU sehr stark an der *interdisziplinären* Auseinandersetzung mit *Zukunftsfragen* interessiert. Im Hinblick auf dieses vorausschauende Forschungsinteresse wurde das von *Univ.-Prof. Dr. Reinhold Popp* geleitete *„Institute for Futures Research in Human Sciences"* gegründet, das erfreulicherweise von Beginn an die interdisziplinäre Kooperation mit Forschungsinstituten innerhalb und außerhalb der SFU pflegte. Im Sinne dieses Kooperationsmodus erschien bereits im Herbst 2017 das Grundlagenwerk „Zukunftsforschung und Psychodynamik"[2] mit Autorinnen und Autoren aus drei renommierten Universitäten in der von *Univ.-Prof. Mag. DDr. Bernd Rieken* herausgegebenen SFU-Schriftenreihe.

Der ebenso in dieser Schriftenreihe publizierte *vorliegende* Sammelband beschäftigt sich – aus der Sicht der human- und sozialwissenschaftlichen Zukunftsforschung, der Psychotherapiewissenschaft, der Psychologie und der Volkswirtschaftslehre – mit einem der wichtigsten Themen der zukünftigen Entwicklung, nämlich dem *Wandel der Arbeitswelt*. Auch in diesem Band gelang es Professor Popp, renommierte Autorinnen und Autoren aus zwei Instituten sowie dem Doktoratsstudium der SFU, aus der Freien Universität (FU) Berlin (Institut Futur und Masterstudiengang für Zukunftsforschung), aus dem Österreichischen Institut für Wirtschaftsforschung (WIFO) sowie aus der Stiftung für Zukunftsfragen Hamburg – in Kooperation mit der Fachhochschule Westküste – zu versammeln.

Als Rektor der SFU bedanke ich mich sehr herzlich bei den Autorinnen und Autoren, die auf der Basis einer wissenschaftlich plausiblen Argumentation der weit verbreiteten Zukunftsangst mit überwiegend zuversichtlichen Perspektiven und zukunftsweisenden Handlungsempfehlungen begegnen:

- Mag. Julia Bock-Schappelwein
- Mag. Ursula della Schiava-Winkler
- Mag. Dr. Helmut Mahringer
- Univ.-Prof. Dr. Reinhold Popp
- Prof. Dr. Ulrich Reinhardt
- Mag. Dr. Monika Spiegel

Wien, Januar 2019   Univ.-Prof. DDr. h. c. mult. Alfred Pritz (Rektor der SFU)

---

1   Als erste Universität im kontinentaleuropäischen Raum bietet die SFU ein Vollstudium (Bakkalaureat, Magisterium, Doktorat) für „Psychotherapiewissenschaft" an.

2   Popp/Rieken/Sindelar 2017.

Inhalt

Einleitung

Im vorliegenden Buch finden sich fünf Beiträge:

- Im *ersten* Beitrag („*Menschen – Maschinen – Märkte. Sieben zuversichtliche Zukunftsdiskurse zum Wandel der Arbeitswelt*") gibt *Univ.-Prof. Dr. Reinhold Popp* im Hinblick auf sieben Zukunftsdiskurse allgemein verständliche Antworten auf wichtige Fragen zur Zukunft der Arbeitswelt.[1] Dabei weist der Autor plausibel nach, dass es viel mehr Gründe für Zuversicht als für Zukunftsangst gibt.
- Im *zweiten* Beitrag („*77 Meinungen der Deutschen zur Zukunft der Arbeitswelt*") informieren *Prof. Dr. Ulrich Reinhardt* und *Univ.-Prof. Dr. Reinhold Popp* – auf der Basis einer von den beiden Autoren zu Beginn des Jahres 2018 veröffentlichten großen Zukunftsstudie[2] – über ausgewählte Meinungsbilder zur zukünftigen Arbeitswelt aus der Sicht der repräsentativ befragten *Deutschen*.
- Im *dritten* Beitrag („*Zukunft des Arbeitsmarkts. Prognosen und politischer Gestaltungsbedarf – am Beispiel Österreich*") präsentieren *Mag. Dr. Helmut Mahringer* und *Mag. Julia Bock-Schappelwein* auf der Basis von aktuellen Studien des Österreichischen Instituts für Wirtschaftsforschung (WIFO) – in Form von zwei Interviews – eine Vorausschau auf die Zukunft des *österreichischen* Arbeitsmarkts, u. a. im Hinblick auf die Technikfolgen der Digitalisierung.
- Im *vierten* Beitrag („*Zukunft – Beruf – Gesundheit. Biopsychosoziale und soziokulturelle Perspektiven für die Arbeitswelt*") werden von *Mag. Dr. Monika Spiegel* und *Univ.-Prof. Dr. Reinhold Popp* in Form von zwei Interviews einige wichtige biopsychosoziale und soziokulturelle Aspekte des zukünftigen Zusammenhangs zwischen Gesundheit und Arbeitswelt angesprochen.
- Im *fünften* Beitrag („*Arbeit anders. Plädoyer für eine zukunftsfähige Unternehmenskultur: agil – digital – kooperativ*") skizziert *Mag. Ursula della Schiava-Winkler* die idealen Rahmenbedingungen und Funktionsprinzipien innovativer Unternehmen sowie ausgewählte Aspekte einer psychotherapiewissenschaftlich fundierten, empathischen und partizipativen Organisationsberatung.

---

1   Dieser Beitrag basiert z. T. auf Texten aus folgenden zwei Publikationen: Popp 2018 sowie Reinhardt/Popp 2018.

2   Reinhardt/Popp 2018.

Wissenschaftlich fundiert – wissenschaftsjournalistisch formuliert

Im Sinne des Konzepts einer „öffentlichen Wissenschaft" wendet sich das vorliegende Buch an ein breites Publikum. Deshalb orientieren sich der Sprachstil und die Zitierweise dieser Publikation an wissenschafts*journalistischen* Ansprüchen.[3]

Dank: Die vorliegende Publikation wurde von der Sigmund Freud PrivatUniversität Wien gefördert.

Januar 2019, Berlin, Salzburg, Wien   Reinhold Popp

---

[3]   Alle Autorinnen und Autoren dieses Buches bemühten sich um eine gediegene Balance zwischen einer gendersensiblen Textgestaltung und einer guten Lesbarkeit. In diesem Sinne wurden Varianten wie Schrägstrich (z. B. Student/innen) oder Binnen-I (z. B. (StudentInnen) vermieden und – sofern eine geschlechtsneutrale Formulierung (z. B. Studierende) nicht sinnvoll erschien – die Benennung sowohl der weiblichen als auch der männlichen Form (z. B. Studentinnen und Studenten) bevorzugt.

MENSCHEN – MASCHINEN – MÄRKTE.

Sieben zuversichtliche Zukunftsdiskurse zum Wandel der Arbeitswelt
Reinhold Popp

Die interdisziplinäre Zukunftsforschung[1] richtet ihren vorausschauenden Blick auf die Komplexität und Dynamik wichtiger gesellschaftlicher, wirtschaftlicher, politischer und psychosozialer Phänomene.[2] Dies gilt auch für die wissenschaftlich fundierte Forschung zur Zukunft der Arbeitswelt. Im Gegensatz zu solchen mehrperspektivischen Analysen und Prognosen wird in der medialen Berichterstattung häufig der Eindruck vermittelt, dass die Entwicklung der Märkte und die Zukunft der Arbeitswelt von einem einzigen Phänomen bestimmt wird, der *Digitalisierung* – und der damit verbundenen Herrschaft der Maschinen. Durch solche monokausalen Prognosen gerät jedoch die Vielfalt des Berufslebens aus dem Blickfeld. Die seit einigen Jahrzehnten wirksame digitale *Evolution* ist selbstverständlich ein sehr einflussreicher Prozess. Aber auch in der zukünftigen Arbeitswelt müssen die *Menschen* – und nicht die *Maschinen* – im Mittelpunkt stehen! Der folgende Text orientiert sich an ausgewählten Ergebnissen mehrerer prospektiver Forschungs- und Publikationsprojekte zur Zukunft der Arbeitswelt in *Deutschland* und *Österreich*.[3]

1. PERMANENTER WANDEL DER ARBEITSWELT

Spätestens seit dem Beginn der Industrialisierung ist der permanente Wandel der Arbeitswelt nicht die Ausnahme, sondern die Regel. Der Historiker Joachim Radkau weist in seinem 2017 erschienenen Buch „Geschichte der Zukunft" plausibel nach, dass die Ursachen für viele falsche Zukunftsprognosen in der mangelnden Berücksichtigung langfristig wirksamer *historischer* Entwicklungsprozesse liegen.[4] Dies gilt selbstverständlich auch für die Zukunft der Arbeitswelt.

---

1   Die genauen bibliografischen Daten zu den Literaturangaben im vorliegenden Beitrag finden sich im Literaturverzeichnis im Schlussteil des vorliegenden Buches.

2   Siehe dazu u. a.: Popp 2016; Popp/Rieken/Sindelar 2017.

3   Siehe dazu thematisch relevante Publikationstitel von *Reinhold Popp* im Literaturverzeichnis, u. a.: *Zukunft:Beruf:Lebensqualität. 77 Stichworte von A bis Z* (Popp 2018); *Schöne neue Arbeitswelt. Was kommt, was bleibt, was geht?* (Reinhardt/Popp 2018); *Zukunft! Deutschland im Wandel – der Mensch im Mittelpunkt* (Popp/Reinhardt 2015); *Österreich 2033. Zukunft – made in Austria. Antworten auf 166 Zukunftsfragen* (Popp 2015); *Blickpunkt Zukunft* (Popp/Reinhardt 2014); *Zukunftsstrategien für eine altersgerechte Arbeitswelt. Trends, Szenarien und Empfehlungen* (Popp 2013) …

4   Ausführlicher dazu: Popp 2018, S. 14 ff.

1.1 Der Einfluss großer historischer Veränderungen auf die Arbeitswelt

Die historischen Veränderungen im Bereich der beruflichen Arbeit waren die Folge großer gesellschaftlicher Wandlungsprozesse,[5] von denen hier – ohne Anspruch auf Vollständigkeit – einige aufgelistet werden:

- die seit dem Beginn der Neuzeit wirkenden Prozesse der Liberalisierung und Individualisierung,
- die Auseinandersetzung mit anderen Kulturen im Zusammenhang mit der internationalen Mobilität, dem Welthandel und der Globalisierung,
- gleichzeitig aber auch der Gegentrend der Renationalisierung,
- der Abschied von den „großen Erzählungen" (Jean-François Lyotard), also von den in früheren Zeiten von vielen Menschen geglaubten und akzeptierten großen religiösen und politischen Programmen,
- der Auf- und Ausbau der Europäischen Union, die – trotz vieler Krisen – seit der Mitte des 20. Jahrhunderts im europäischen Raum eine vorher nie erreichte friedliche Nachbarschaft der Mitgliedsländer absichern konnte, und die – auch im Bereich der Arbeitswelt – für eine Vielzahl von EU-weit geltenden Normen und Regelungen sorgt.

Ebenso tiefgreifende Auswirkungen auf die Arbeitswelt hatten die folgenden Entwicklungen, die zum Teil gegensätzliche Trends auslösten (z. B.: Beschleunigung *contra* Sehnsucht nach Entschleunigung …):

- der Versuch, ein weltweit gültiges Gerechtigkeitskonzept – wenigstens in Form des Minimalkonsenses der „UN-Menschenrechtskonvention" – zu etablieren,
- die kontinuierliche Verbreitung demokratischer Staatsformen und rechtsstaatlicher Strukturen,
- die Durchsetzung unterschiedlicher Modelle der Sozialen Marktwirtschaft und der damit verbundenen sozialstaatlichen Konzepte,
- die Etablierung moderner Gesundheitssysteme,
- die damit eng zusammenhängende kontinuierliche Verlängerung der Lebenserwartung,
- die rasante Technisierung und Digitalisierung aller Lebensbereiche,
- die Automatisierung vieler Prozesse in der Produktion und der Dienstleistung,
- die u. a. damit zusammenhängende Verkürzung der Tages-, Wochen-, Jahres- und Lebens*arbeits*zeit,
- die ebenfalls damit verbundene immer stärker differenzierte Ausprägung von vielfältigen lebensstiltypischen Varianten des Konsums und der Freizeitgestaltung,
- die mit der Modernisierung kapitalistischer Wirtschaftsformen verbundene kontinuierliche Auflösung der früher sehr starren *ständischen* Organisationsprinzipien der Arbeitswelt,

---

5   Dazu u. a.: Vietta 2016.

- die damit zusammenhängenden modifizierten Vorstellungen von sozialer Mobilität durch individuelle Leistungsfähigkeit und durch den permanenten Auf- und Ausbau von verwertbaren Wissensbeständen und Kompetenzen,
- der u. a. daraus resultierende Bedeutungszuwachs von „Bildung" (im Sinn von institutionalisierter und zertifizierter Aus- und Weiterbildung),
- die Ausdifferenzierung der Wissenschaft(en) in eine weiter wachsende Menge an neuen Disziplinen (*„Wissenschafts*gesellschaft") und
- die geradezu explosionsartige Vermehrung des Wissens (*„Wissens*gesellschaft"),
- die Auflösung der alten Lebensform des „Ganzen Hauses" (= Wohnen und Arbeiten unter einem Dach) sowie die Trennung von Arbeitsort und Wohnort,
- die Durchsetzung von Konzepten der Gleichberechtigung von Mann und Frau sowie neuer genderbezogener Rollenbilder,
- die Durchsetzung der (vielfältig ausgeprägten) Kleinfamilie als dominante Beziehungsform,
- der rasante Bedeutungszuwachs vielfältiger Medien sowie der medialen Kommunikation und Information
- u. v. a. m.

1.2   Komplexe Einflüsse auf die Zukunft der Arbeitswelt

Die Ergebnisse der vorher kurz skizzierten komplexen Wandlungsprozesse bilden die Voraussetzungen für die *gegenwärtige* Ausprägung und die *zukünftige* Entwicklung der beruflichen Arbeit. Auch in der Arbeitswelt der kommenden Jahrzehnte werden viele Faktoren den Wandel vorantreiben, wobei sich diese Faktoren wechselseitig beeinflussen und dadurch Veränderungen sowohl beschleunigen als auch bremsen können, z. B.: neue Technologien, Automatisierung, Digitalisierung, neue Medien, Bedeutungsverlust manueller Arbeit, Globalisierung, Migration, Diversity, Geschlechterverhältnis, demografische Trends, intergenerationelle und interkulturelle Teams, Flexibilisierung, wachsender Innovationsdruck, wachsender Zeitdruck, rasante Zunahme des weltweit vorhandenen Wissens, rasch alterndes Wissen, Bedeutungszuwachs der Bildung, wachsende Komplexität …

In Anbetracht dieser Komplexität und Dynamik sind plausible Aussagen über die Zukunft der Arbeitswelt nur auf der Basis einer differenzierten und interdisziplinären Analyse der historischen Entwicklung sowie des gegenwärtigen Status möglich. Voraussagen, die nur wenige Einflussfaktoren bzw. nur die Perspektiven *einer einzigen* wissenschaftlichen Disziplin berücksichtigen und die auf den historischen Rückblick verzichten, sind zwar (wegen ihrer Einfachheit) in den Medien sehr beliebt, entpuppen sich jedoch meist sehr rasch als Fehlprognosen. Dies zeigt sich

- nicht nur bei der *mono*kausalen *zyklischen* Erklärung des Wandels (z. B. Kondratieff-Zyklen)
- oder bei den Vorhersagen der wissenschaftsfernen Zukunftsgurus auf der Basis des ebenso monokausalen *Megatrend*-Konzepts,

- sondern auch bei Prognosen, die die Zukunft der Arbeitswelt ausschließlich aus den *Technikfolgen der Digitalisierung* ableiten.

1.3 Wandel der Arbeitswelt im Spannungsfeld zwischen Nachhaltigkeit und Wirtschaftswachstum

In der öffentlichen und veröffentlichten Meinung nimmt seit einigen Jahren eine – meist *ökologisch* begründete – wachstums*kritische* Haltung zu. Leider fehlt in diesen gut gemeinten Diskussionen allzu häufig die nötige Differenzierung. So wird zu wenig beachtet, dass das Wachstum der Wirtschaftsleistung die unverzichtbare Grundlage für die Finanzierung der Rahmenbedingungen unserer Lebensqualität schafft. Wenn die Erträge aus der Produktion und den Dienstleistungen im mehrjährigen Durchschnitt nicht wenigstens *moderat* steigen,[6] führt dies nicht nur zum Abbau von Arbeitsplätzen und zur Verringerung der Kaufkraft, sondern hat auch negative Konsequenzen für die Finanzierung des Bildungssystems und eines sozial ausgewogenen Gesundheitssystems, für die Qualität der öffentlichen und sozialen Sicherheit sowie für die dringenden Investitionen in den Klima-, Natur- und Umweltschutz. Ökonomie, Ökologie und sozialer Zusammenhalt sind also untrennbar miteinander verbunden.

Freilich ist es nicht egal, *wie* die Wirtschaft wächst. Ein *qualitatives* Wachstum wird nur mit möglichst geringem Ressourcenverbrauch, mit hochwertigen Arbeitsbedingungen und überwiegend in Form von realwirtschaftlicher Produktion und Dienstleistung erzielt. In diesem Zusammenhang wird manchmal der Begriff der „Nachhaltigkeit" verwendet. In der Alltagssprache und in den Medien wird dieser Begriff jedoch fast immer auf Zukunftsfragen der *Ökologie* reduziert. Echte Nachhaltigkeit lebt jedoch von der schwierigen, aber zukunftsfähigen Balance zwischen *ökonomischen*, *ökologischen* und *sozialen* Zielen. In diesem Sinne sind *Nachhaltigkeit* und *Wirtschaftswachstum* keine Gegner!

1.4 Wandel der Arbeitswelt – Wandel der Kompetenzen

Im Zusammenhang mit den bisher kurz skizzierten zukunftsweisenden Wandlungsprozessen dominieren in wirtschaftlich hoch entwickelten Ländern wie Deutschland und Österreich – sowohl in der Produktion als auch im Dienstleistungssektor – *wissensintensive* Branchen und Berufe, die von kontinuierlichen Innovationsprozessen, von Teamwork, von internationalen und interkulturellen Bezügen, von anspruchs-

---

6 Das Österreichische Institut für Wirtschaftsforschung (WIFO) geht in seiner mittelfristigen Prognose (bis 2023) für Österreich von einem Wirtschaftswachstum in der Höhe von rund zwei Prozent pro Jahr und von einem Beschäftigungsplus von 1,3 Prozent pro Jahr aus. Siehe dazu im Interview mit Helmut Mahringer (Mahringer/Bock-Schappelwein: „Zukunft des Arbeitsmarkts. Prognosen und politischer Gestaltungsbedarf – am Beispiel Österreich") weiter unten im vorliegenden Buch.

vollen Kunden und Kooperationspartnern sowie von einer flexiblen und stärker eigenverantwortlichen Arbeitsorganisation gekennzeichnet sind. Die Fähigkeiten und Fertigkeiten sowohl der Führungskräfte als auch deren Mitarbeiterinnen und Mitarbeiter müssen auf die Bewältigung dieser Herausforderungen ausgerichtet sein.

Im Zusammenhang mit der Diskussion über die Frage, was sowohl die Arbeitnehmer als auch die Arbeitgeber im weiten Spektrum der Arbeitswelt wissen und können sollten, werden die früher üblichen Begriffe (wie z. B.: „Fachwissen", „Fähigkeiten" oder „Fertigkeiten") zunehmend durch den übergeordneten Begriff „Kompetenzen" abgelöst. Dabei wird meist zwischen den folgenden zwei großen Kompetenztypen unterschieden:

- den seit jeher und auch zukünftig unverzichtbaren *Fachkompetenzen* sowie
- den zukünftig immer wichtiger werdenden *Schlüsselkompetenzen*.

1.4.1 Fachkompetenzen

Mit diesem Begriff werden die vielfältigen Wissensbestände, Fähigkeiten und Fertigkeiten bezeichnet, die für die professionelle Bewältigung der Herausforderungen in spezifischen Berufen erforderlich sind. Im Hinblick auf diese funktionalen Kompetenzen gibt es naturgemäß große Unterschiede zwischen den Berufsfeldern (z. B. zwischen Technikberufen, wirtschaftlichen Berufen, persönlichen Dienstleistungen, Gesundheits- und Sozialberufen, pädagogischen Berufen, künstlerischen Berufen...).

1.4.2 Schlüsselkompetenzen

Bereits in der heutigen – und noch viel mehr in der zukünftigen – Arbeitswelt genügt es in nahezu allen Berufen nicht mehr, nur über die jeweils berufsspezifischen Fachkompetenzen zu verfügen. Über dieses fachliche Wissen und Können hinaus ist zunehmend ein Bündel von Wissensbeständen, Fähigkeiten und Fertigkeiten erforderlich, das unter den Bedingungen der dynamischen gesellschaftlichen und wirtschaftlichen Wandlungsprozesse in der Arbeitswelt die flexible Lösung von Problemen ermöglicht. Die Bedeutung dieser quer durch alle Berufe zunehmend unverzichtbaren Kompetenzen wurde erstmals 1974 in einem vorausschauenden Zeitschriftenbeitrag von Dieter Mertens,[7] dem Gründungsdirektor des Instituts für Arbeitsmarkt und Berufsforschung und der deutschen Bundesanstalt für Arbeit, hervorgehoben. Mertens verwendete damals noch den Terminus „Schlüsselqualifikationen", der ab den 1990er Jahren von dem heute üblichen Begriff „Schlüsselkompetenzen" abgelöst wurde. Der heutige Diskurs zu diesem zukunftsweisenden Kompetenztypus geht überwiegend auf die Ergebnisse des im Jahr 1997 von der OECD[8] gestarteten Projekts „Definition and Selection of Competencies – DeSeCo" zurück.

---

7   Mertens 1974.
8   OECD = Organisation for Economic Cooperation and Development (dt.: Organisation für wirtschaftliche Zusammenarbeit und Entwicklung).

Unter dem Überbegriff „Schlüsselkompetenzen" werden meist folgende Kompetenzen subsumiert:

- *Reflexive Kompetenzen, z. B.:* vernetztes Denken (Denken in Zusammenhängen), allgemeines Orientierungswissen (möglichst breit gestreutes Wissen über gesellschaftliche, wirtschaftliche und politische Rahmenbedingungen), Intuition und Entscheidungsfähigkeit, Fähigkeit zum selbstorganisierten lebenslangen Lernen, mediale Kompetenz (Fähigkeit zur kritischen Wissensaneignung mit Hilfe unterschiedlicher Medien) …
- *Personale Kompetenzen, z. B.:* Fähigkeit zur Selbstreflexion, emotionale Stabilität, Kreativität, Selbstständigkeit, Flexibilität, Engagement, Initiative, Verantwortungsbewusstsein, Werte-Orientierung, Leistungsbereitschaft, Zeitmanagement, Zuverlässigkeit, Ausdauer, Fleiß, Selbstdisziplin, Belastungsfähigkeit, Stressresistenz, Selbstwirksamkeit (= Glaube an die eigene Durchsetzungsfähigkeit) …
- *Soziale Kompetenzen, z. B.:* Empathie, Sprachkompetenz (muttersprachlich und fremdsprachlich), Fähigkeit zur medialen Kommunikation, Konfliktfähigkeit, Kritikfähigkeit (Fähigkeit, Kritik zu üben und anzunehmen), Teamfähigkeit, Toleranz, interkulturelle Kompetenz, Fähigkeit zur Weitergabe und Präsentation von Wissen (mit und ohne mediale Unterstützung), Beratungskompetenz, Gesprächsführung, Durchsetzungsvermögen, Führungskompetenz …

Zukünftig wird dieses weite Verständnis des Kompetenzprofils einer Person – im Spannungsfeld zwischen Fachkompetenzen und Schlüsselkompetenzen – sowohl bei Bewerbungen am Arbeitsmarkt als auch bei der innerbetrieblichen Karriere eine deutlich größere Rolle spielen als heute.[9]

1.5   Wandel der Arbeitswelt – Wandel der berufsbezogenen Bildung?

Die Strukturen, Methoden und Inhalte der berufsbezogenen Bildung in Schulen, Hochschulen, im dualen Bildungssystem und in der Erwachsenenbildung verändern sich deutlich langsamer als die sich dynamisch wandelnde Arbeitswelt.

1.5.1   Die Bildungskarriere bringt der Storch: Ungleiche Chancen in der Bildung und für die berufliche Karriere

Nur in wenigen Ländern der EU beeinflusst das Bildungsniveau der Herkunftsfamilien die Bildungskarrieren der Schülerinnen und Schüler – und in weiterer Folge deren *berufliche* Karrieren – so stark wie in Deutschland und Österreich. Wer

---

9   Wo und wie diese Kompetenzen erworben wurden, ob in einer Schule oder Hochschule, im dualen Bildungssystem, im Bereich der Weiterbildung oder in der betrieblichen Praxis, wird zunehmend zur Nebensache, und schulische bzw. hochschulische Zeugnisse verlieren kontinuierlich an Bedeutung. Siehe dazu unter der Überschrift „Europäischer Qualifikationsrahmen" im Zukunftsdiskurs Nr. 3 weiter unten im vorliegenden Beitrag.

etwa in einer Akademikerfamilie aufwächst, hat sowohl in Deutschland als auch in Österreich deutlich größere Chancen, eine höhere Schule und anschließend eine Hochschule zu besuchen, als der Nachwuchs von Eltern mit niedrigem formalem Bildungsabschluss. Die Unterschiede setzen sich meist im Berufsleben fort. Beim Thema Chancengerechtigkeit spielt auch die *interkulturelle* Dimension der Bildungsarbeit eine wichtige Rolle. Kinder aus Familien mit Migrationshintergrund besuchen in Deutschland und Österreich bisher viel zu selten höhere Schulen. In schulischen und universitären Bildungsprozessen werden Kinder, Jugendliche und junge Erwachsene mit Migrationshintergrund nach wie vor benachteiligt. Diese integrationshemmenden Nachteile setzen sich häufig beim Berufseinstieg fort. Deutschland und Österreich zählen sowohl im Hinblick auf die schulische Förderung von Kindern und Jugendlichen mit Migrationshintergrund als auch hinsichtlich der *beruflichen* Integration von gut gebildeten Migrantinnen und Migranten zu den Schlusslichtern unter allen OECD-Ländern![10]

1.5.2 Vergeudung von Talenten durch mangelnde Chancengerechtigkeit

Mangelnde Chancengerechtigkeit ist nicht nur ein humanitäres oder moralisches Problem und nicht nur ein Problem der individuellen Lebensqualität der Betroffenen, sondern auch ein volkswirtschaftliches Problem. Verbesserungen sind also auch im Hinblick auf die Herausforderungen der zukünftigen Wirtschafts- und Arbeitswelt dringend vonnöten. Denn die Ausschöpfung aller Bildungspotenziale und somit die bessere Qualifizierung bisher bildungsbenachteiligter Bevölkerungsgruppen ist – nicht nur in Bezug auf den demografischen Wandel – eine der wichtigsten Voraussetzungen für den nachhaltigen Erfolg der Wirtschaftsstandorte Deutschland und Österreich. Derzeit wird in beiden Ländern ein beachtlicher Anteil der vorhandenen Talente nicht ausreichend gefördert. Im Hinblick auf unverzichtbare Reformen muss freilich hinreichend bedacht werden, dass sich die Wirkungen von innovationsorientierten Maßnahmen im Bildungssektor erst in mittelfristiger Perspektive einstellen und die Veränderung von *mentalen* Prägungen noch länger dauert.

1.5.3 Duale Berufsausbildung

Seit den 1980er Jahren reduzierte sich sowohl in Deutschland als auch in Österreich die Zahl jener jungen Menschen, die ihre Berufsausbildung in Form des sogenannten dualen Bildungssystems absolvieren, in erheblichem Ausmaß. Der kontinuierliche Bedeutungsverlust dieser traditionsreichen Kombination von Berufsschule einerseits und berufspraktischer Qualifizierung in einem Lehrbetrieb andererseits lässt sich nur zum Teil mit den niedrigen Geburtenraten der vergangenen Jahre erklären. Ein weiterer Grund für das reduzierte Interesse an der dualen Berufsausbildung besteht darin, dass dieses Qualifizierungssystem in der deutschen und österreichischen Be-

---

10   Vgl. Liebig/Widmaier 2009.

völkerung unter Imageproblemen leidet. Flotte Marketingsprüche wie etwa „Karriere mit Lehre" werden wenig Wirkung zeigen. Vielmehr müsste zukünftig mit einer ehrlichen Informationsoffensive gegengesteuert werden. Gleichzeitig muss es freilich zu einer attraktiveren Gestaltung und Modernisierung des Alltags der dualen Ausbildung im Spannungsfeld zwischen Betrieb und Berufsschule kommen.

Außerdem müsste die duale Bildung stärker als Teil des gesamten deutschen und österreichischen *Bildungs*systems wahrgenommen werden. Dies würde die (*vertikale* und *horizontale*) Durchlässigkeit zu den ausschließlich *schulischen* Teilen des Bildungsangebots wesentlich erleichtern. Im Bereich der sogenannten *vertikalen* Durchlässigkeit geht es dabei um eine sinnvolle Regelung des Bildungsweges vom Lehrabschluss hin zu einem facheinschlägigen Bachelorstudium an Fachhochschulen oder Universitäten sowie zur Einordnung der Meisterprüfung in das „Bologna-System" der EU-weit geregelten Bildungsabschlüsse (Bachelor, Master, PhD).[11] Im Bereich der *horizontalen* Durchlässigkeit geht es zukünftig um die bessere Vernetzung zwischen dem dualen Bildungssystem und den – vor allem in Österreich sehr stark ausgebauten – berufsbildenden höheren Schulen (für Technik, Tourismus, Soziales und Wirtschaft).

1.5.4   Hochschulen und Arbeitsmarkt

1.5.4.1   Reduzieren sich die Bildungsziele der Hochschulen zukünftig auf den Bedarf am Arbeitsmarkt?

In Anbetracht der wachsenden Komplexität von beruflichen Funktionen wird sich zukünftig der Bedarf an Universitäts- bzw. Hochschulabsolventinnen und -absolventen am deutschen und österreichischen Arbeitsmarkt deutlich erhöhen. Die mittelfristige Prognose der OECD beziffert den diesbezüglichen Bedarf mit rund 40 Prozent aller Erwerbstätigen.[12] In diesem Zusammenhang fordern nahezu alle realpolitisch relevanten Kräfte in Deutschland und Österreich seit mehreren Jahren die stärkere Orientierung des akademischen Lehrangebots (und der Forschung) an der konkreten Nachfrage der Wirtschaft. Gleichzeitig wünscht sich ein stark wachsender

---

11   Siehe dazu auch unter Zukunftsdiskurs Nr. 3 (Punkt 2.3.3.2.: „Europäischer Qualifikationsrahmen") weiter unten im vorliegenden Beitrag.

12   In mehreren OECD-Ländern entspricht übrigens der Anteil der Hochschulabsolventinnen und -absolventen schon jetzt dieser EU-Vorgabe. Für Deutschland und Österreich trifft dies nicht zu, wenn nur die formalen akademischen Bildungsabschlüsse (Bachelor, Master/Magister, Doktor/PhD) berücksichtigt werden. Aber im Rahmen der EU- und OECD-Strategie wird das Kriterium „Ausbildung auf Hochschulniveau" weit interpretiert. Dazu zählen nämlich nicht nur die mit akademischen Titeln absolvierten Universitäts- und Hochschulstudien, sondern auch die Abschlüsse an Akademien, Kollegs, Meisterschulen (z. B. für Werkmeister), berufsbildenden höheren Schulen und die z. T. nicht akademischen Abschlüsse für Gesundheits- und Krankenpflege.

Anteil der Studierenden einen perfekt durchorganisierten Lehr- und Prüfungsbetrieb, der stromlinienförmig zum akademischen Abschluss und mit möglichst wenigen Umwegen in einen gut bezahlten Beruf führt. In Anbetracht dieser Bedürfnis- und Bedarfslage verengte sich der öffentliche Bildungsdiskurs immer stärker auf die Forderung nach der kurzfristig wirksamen wirtschaftlichen Verwertung von wissenschaftlichem Wissen für die *gegenwärtige* berufliche Praxis. Bei dieser *keineswegs vorausschauenden* Engführung der Bildungsziele fungierten und fungieren die Fachhochschulen als Trendsetter. (Deutschland und Österreich zählen weltweit zu den wenigen Ländern, die ihr Hochschulangebot in zwei strukturell getrennte Systeme zersplittern: Universitäten und Fachhochschulen.)

Eine verschulte Anpassungsqualifizierung für die Jobs von heute wird jedoch dem Zweck einer grundsätzlich *zukunftsorientierten* akademischen Ausbildung nicht gerecht. Denn der Sinn eines Hochschulstudiums besteht in der Entwicklung eines Kompetenzprofils für die flexible und kreative Zukunftsgestaltung in einer vom permanenten Wandel gekennzeichneten Arbeits- und Lebenswelt. Neben dem jeweils spezifischen Fachwissen geht es dabei um interdisziplinäres Querschnittswissen, fundierte Persönlichkeitsbildung, gemeinsames projektbezogenes Arbeiten und Lernen sowie um die Sehnsucht, neue Lösungen zu finden.

1.5.4.2 Wildwuchs bei frei finanzierten universitären Weiterbildungsstudiengängen

Zu den oben angesprochenen Profilproblemen im Spannungsfeld zwischen Fachhochschulen und Universitäten kommt seit einigen Jahren noch die mittlerweile unübersehbare Menge an frei finanzierten und zum Teil sehr teuren Weiterbildungsstudiengängen mit einem breiten Spektrum an neuen und ungewöhnlichen Titeln. Spätestens mit dieser Entwicklung entstand ein heiß umkämpfter Bildungsmarkt, der nach allen Regeln des modernen Marketings erobert wird. Wenn der Kunde Glück hat, stimmt das geschickt aufgebaute Image einer solchen Bildungsmarke mit der gebotenen Qualität überein. Manchmal sind solche Angebote jedoch eigentlich ein Fall für den Konsumentenschutz.

1.5.5 Lebenslanges Lernen

1.5.5.1 Lernen in der Lebenswelt

Selbst in Ländern wie Deutschland und Österreich, in denen es nicht nur die Schulpflicht, sondern auch flächendeckend Schulen gibt, verbringt der Durchschnittsbürger bzw. die Durchschnittsbürgerin höchstens drei bis vier Prozent der Lebenszeit mit schulischer (einschließlich hochschulischer) Bildung; Vor- und Nachbereitung schon mitgezählt. In den restlichen 96 bis 97 Prozent der Lebenszeit dominieren unterschiedliche Formen der *informellen* (bzw. *non-formalen*) Bildung. Dennoch kümmern sich die Politik, die Wirtschaft und große Teile der Gesellschaft fast ausschließlich um die Probleme und Herausforderungen der großen Bildungsinstitutionen und viel zu selten um die vielfältigen Ausprägungsformen des Lernens ohne Lehrer oder Lehrerinnen und des Lernens außerhalb von Schulen. In Zukunft müssen wir unseren Blick für die Weite der Bildungswelten schärfen. Der Bildungsbegriff der meisten Menschen ist jedoch nachhaltig von ihren schulischen Erfahrungen geprägt. In Anbetracht der kommunikativen, organisatorischen und räumlichen Rahmenbedingungen der meisten Schulen wird Bildung nur selten mit Lust, sondern vielmehr mit Last verbunden. Dies ist eine schwere Hypothek für die Motivation zu lustvollem lebenslangem Lernen.

1.5.5.2 Lebensbegleitende Bildung jenseits von Schulen

Bildung wird zukünftig immer öfter außerhalb von Schulen und Hochschulen stattfinden und die digitalen Medien beschleunigen die Flexibilisierung und Individualisierung des lebenslangen Lernens.[13] Viele Einrichtungen der Erwachsenenbildung klammern sich jedoch noch an die Didaktik des schulischen und lehrerzentrierten Unterrichts. Gleichzeitig bereiten sich jedoch innovative Erwachsenenbildner auf eine bessere Zukunft des lebensbegleitenden Lernens vor. Dabei spielen die Produktion interaktiver und unterhaltsamer E-Learning-Kurse sowie die kompetente Beratung für das Lernen mit Hilfe neuer Medien eine wichtige Rolle. Auch die erwachsenengerechte Begleitung der individuellen Lernprozesse bildungswilliger Menschen wird immer wichtiger. Inhaltlich betrachtet dient derzeit ein sehr großer Teil der Angebote der Erwachsenenbildung dem Erwerb von Fähigkeiten und Fertigkeiten für den Beruf. Dagegen hat das Segment der allgemein- und persönlichkeitsbildenden Angebote der Erwachsenenbildung in den vergangenen Jahren an Bedeutung verloren. Zukünftig bleibt die Anpassung der Kompetenzen an die immer rascher voranschreitenden Veränderungen des Berufslebens zwar wichtig, aber Bildung für den großen Rest des Lebens darf dabei nicht vernachlässigt werden. Nicht nur die Dynamik der Arbeitswelt, sondern auch die Beziehungs- und Erziehungsprobleme in der Familie, die bunte Vielfalt des modernen Freizeit-, Konsum- und Geldlebens, die Gestaltung eines gesundheitsbewussten Alltags sowie die politische Partizipation im konkreten Wohnumfeld und das ehrenamtliche Engagement für den sozialen Zusammenhalt erfordern immer wieder neues Wissen und Können. Auch der Bildungsbedarf in der Altersgruppe 50 plus wird zukünftig eine deutlich größere Rolle spielen, u. a. im Hinblick auf die *mentale Altersvorsorge*.

1.5.5.3 Denken auf Vorrat[14]

Lebensbegleitende Bildung, die mehr sein will als zeitgeistige Anpassungsqualifizierung, ermöglicht das Verstehen von komplexen Zusammenhängen. Dieses Verstehen

---

13   Siehe dazu auch unter Zukunftsdiskurs Nr. 1 (Punkt 2.1.7.: „Digitale Bildung") weiter unten im vorliegenden Beitrag.

14   Diese Überschrift verdanke ich Eckard Minx und Christian Neuhaus.

ist eine der wesentlichen Ressourcen für die Gestaltung zukünftiger Lebensqualität. Zukünftige Lernprozesse in einer auf viele Lernorte und auf mehrere Lebensphasen verteilten *Schule des Lebens* beziehen sich nur mehr zum kleineren Teil auf die Kinder- und Jugendzeit. Vielmehr geht es um *lebenslange* Lebensqualität in der Arbeitswelt, in der Familie und der Freizeit sowie in der immer länger dauernden nachberuflichen Lebenszeit.

2. SIEBEN DISKURSE ZUR ZUKUNFT DER ARBEITSWELT

Für den folgenden Teil des vorliegenden Beitrags wurden aus der Vielzahl der möglichen Aspekte zur Zukunft der Arbeitswelt sieben Zukunftsdiskurse ausgewählt:

- Arbeit 4.0 – und das menschliche Maß,
- Mensch – Arbeit – Zeit,
- Globale und mobile Märkte – lokal orientierte und sesshafte Menschen,
- Produktion und Dienstleistung im Wandel,
- Flexibilisierung – Beschleunigung – Resilienz,
- Diversity – bunte Vielfalt der Bedürfnisse,
- Management mit dem Menschen im Mittelpunkt.

2.1 ZUKUNFTSDISKURS NR. 1: ARBEIT 4.0 – UND DAS MENSCHLICHE MASS

Die wissenschaftlich fundierte Einschätzung der zukünftigen psychischen, sozialen und ökonomischen Folgen neuer Technologien ist gerade im Bereich der Arbeitswelt von großer Bedeutung.

2.1.1 Technikfolgen – oder: Warum wir die Technik nicht allein den Ingenieuren überlassen sollten

Leider wissen wir nicht, wer das Rad oder das Segel erfunden hat. Die Folgen dieser Erfindungen für das soziale und wirtschaftliche Miteinander sowie für das kriegerische Gegeneinander kennen wir jedoch aus der Frühgeschichte. Noch besser kennen wir die komplexen Auswirkungen der technischen Innovationen der vergangenen Jahrhunderte auf gesellschaftliche Entwicklungsprozesse, also die positiven und negativen Technikfolgen von Buchdruck, Dampfmaschine, Dynamit, Elektro- und Verbrennungsmotor, Eisenbahn, Automobil, Flugzeug, Radio, Fernseher, Staubsauger oder Wasch- und Geschirrspülmaschine. Bei jüngeren Technologien, wie z. B. Computer, Roboter, Internet, mobiler Telekommunikation oder Bio- und Gentechnik, wissen wir allerdings noch viel zu wenig über die künftigen Chancen und Gefahren für Mensch, Gesellschaft und Wirtschaft.

Werden wir zukünftig zu Sklaven der Technik, wie wir dies aus Johann Wolfgang von Goethes „Der Zauberlehrling" und aus manchen Science-Fiction-Filmen kennen? In Anbetracht dieser weitgehend ungewissen Technologiedynamik entstand in den 70er Jahren des vergangenen Jahrhunderts – zuerst in den USA und später auch in Europa – ein mit der Zukunftsforschung eng verbundener, neuer Typus von Forschung, der im Englischen als *Technology Assessment* und im Deutschen meist als *Technikbewertung* bzw. *Technologiefolgenabschätzung* bezeichnet wird.[15] Dabei geht es nicht nur um Ethik, sondern auch um die wissenschaftliche Auseinandersetzung mit den vielfältigen Auswirkungen neuer Technologien. Interdisziplinäre Technologiefolgenforschung ist übrigens keineswegs technikfeindlich, sondern geht von der unverzichtbaren Bedeutung technischer Innovationen für unsere Zukunft aus, überlässt jedoch die Technik nicht nur den Technikern. Vielmehr wird der technische Fortschritt daran gemessen, ob er zur nachhaltigen und humanen Weiterentwicklung von Gesellschaft und Wirtschaft beiträgt.

Offensichtlich brauchen wir zukünftig mehr Ingenieure mit gesellschaftlichem Weitblick, mehr Interesse für Technik bei den Nicht-Technikern sowie mehr Politikberatung und öffentliche Diskussionen im Bereich der Technikbewertung. Diese Ziele sind nur dann erreichbar, wenn die Wissenschaft, die Politik, das Bildungswesen und die Medien eng kooperieren.

2.1.2 Digitalisierung der Arbeitswelt

Der wahrscheinlich wichtigste Einfluss auf die zukünftige Arbeitswelt geht von der kontinuierlichen Digitalisierung und Automatisierung[16] aus. So ermöglicht es etwa die „mechatronische" Verbindung von digitalen und mechanischen Prozessen, dass bereits heute weltweit in tausenden Fabrikhallen rund zwei Millionen Industrieroboter ohne Pausen Tag und Nacht „arbeiten"; Tendenz stark steigend. Auch außerhalb der Industrie, z. B. im Gesundheitswesen, macht die Robotik große Fortschritte. Außerdem zählen derzeit global mehr als 3,7 Milliarden Menschen zur zukünftig stark wachsenden Zahl der aktiven Internetnutzer und -nutzerinnen.[17] Ebenso nimmt die Anzahl der Smartphones permanent zu.

2.1.2.1 Begriff „Digitalisierung"

Der Begriff „Digitalisierung" wurde von dem lateinischen Wort „digitus" (dt.: Finger) abgeleitet. Da im klassischen Altertum häufig mit den *Fingern gezählt* wurde, bedeutete dieses Wort auch „Zähleinheit". Mit „Digitalisierung" ist die Vielzahl jener Prozesse gemeint, die Daten (Texte, Bilder, Töne …) auf elektronische Medien (Festplatte, CD, DVD …) übertragen, um diese Daten – mit Hilfe von mathematisch

---

15   Ausführlich dazu siehe u. a. in: Bröchler/Simonis/Sundermann 1999; Grunwald 2016.

16   Siehe dazu auch im Beitrag von Ursula della Schiava-Winkler („Arbeit anders. Plädoyer für eine zukunftsfähige Unternehmenskultur: agil – digital – kooperativ") weiter unten im vorliegenden Buch.

17   Internet World Stats 2017.

definierten Handlungsanleitungen (Algorithmen) – zu speichern, zu bearbeiten und zu verknüpfen. Als wichtigster Wegbereiter der Digitalisierung gilt der britische Mathematiker und Informatiker Alan Turing (1912–1954), der u. a. den ersten Schachcomputer entwickelte und im Zweiten Weltkrieg für den britischen Abwehrdienst einen sehr komplizierten Geheimcode des deutschen Militärs („Enigma-Code") entschlüsselte.

2.1.2.2 Digitalisierung – mehr Chancen als Gefahren

Wahrscheinlich sind mit der Digitalisierung aller Lebensbereiche – auch des Arbeitslebens – mehr Chancen als Gefahren verbunden. Gleichwohl muss vor einem unkritischen Alles-wird-gut-Optimismus gewarnt werden. Vielmehr empfiehlt sich eine kritisch-differenzierende, wissenschaftlich fundierte und interdisziplinäre Analyse möglicher Technikfolgen. So ist etwa der Einsatz von Robotern bei schweren, monotonen oder gefährlichen Arbeiten seit Jahren eine Selbstverständlichkeit und wird in Zukunft zu noch produktiverer, sicherer und ressourcenschonender Arbeit führen. Andererseits gibt es auch Einsatzfelder (z. B. das weite Spektrum der Human-Enhancement-Techniken), für die sowohl eine fachliche als auch eine ethische Technikfolgenanalyse unverzichtbar ist.

2.1.2.3 Der Durchschnittsmensch tickt langsamer als die Planer in den Technikkonzernen

Die Planer in den Entwicklungsabteilungen der Technikkonzerne versuchen den Takt vorzugeben und träumen von der digitalen *Revolution*. Aber der Durchschnittsmensch in der Gesellschaft, der Wirtschaft und der Politik tickt deutlich langsamer. Deshalb irren sich die im Bereich der Technikvorausschau tätigen Zukunftsforscherinnen und -forscher, die sich vor allem an den Prognosen der Entwicklungsingenieure orientieren, fast immer beim prognostizierten Zeitpunkt der Markteinführung einer innovativen Technologie. Dies gilt nicht nur für selbstfahrende Autos, sondern auch für das papierlose Büro, das bereits Ende der 1960er Jahre prognostiziert wurde, jedoch bis heute nicht realisiert ist.

2.1.2.4 Demokratische Evolution statt technodiktatorischer Revolution

Angesagte Revolutionen finden bekanntlich selten statt. Auch die sogenannte digitale Transformation ist kein revolutionärer Umsturz, sondern ein bereits seit mehreren Jahrzehnten laufender Prozess. Im Bereich der Digitalisierung, Technisierung und Automatisierung unserer Arbeitswelt spricht also nichts für eine zukünftige digitale *Revolution*, jedoch vieles für eine sehr dynamische Fortsetzung der bisherigen Entwicklungen, also für die digitale *Evolution*. Der Begriff „digitale Revolution" ist missverständlich und fördert die Zukunftsangst.

Die Zukunft – auch die technische Zukunft – kommt *nicht schicksalhaft* auf uns zu. Vielmehr lassen sich viele zukünftige Entwicklungen vorausdenken und vorbereiten. Zukunft ist also planbar und gestaltbar! Dabei sollten freilich möglichst viele Menschen mitdenken und mitreden. Denn es gibt einen größeren Handlungsspielraum, als viele Menschen glauben. Bei der Gestaltung der zukünftigen Digitalisierung gibt es selbstverständlich eine Vielzahl von Interessen und Bedürfnissen. Der produktive und sozial verträgliche Umgang mit dieser Vielfalt kann nur mit Hilfe demokratischer Diskurse und rechtsstaatlicher Verfahren gelingen.

2.1.2.5 Die Zukunft der Digitalisierung wird vom Menschen gestaltet

Digitalisierte Maschinen werden zukünftig technisch immer besser sowie in der Arbeits- und Lebenswelt immer wichtiger, bleiben jedoch *Werkzeuge* der Menschen. Wie sich das Verhältnis zwischen den Menschen und den digitalisierten Maschinen entwickelt, bestimmt der Mensch durch gesellschaftliche Klärungsprozesse und demokratische Entscheidungen. Denn die meisten großen Herausforderungen der Arbeits- und Lebenswelt lassen sich nicht von Robotern mit Bits und Bytes, sondern – wie bisher – nur von Menschen aus Fleisch und Blut bewältigen. So werden auch in der Arbeitswelt von morgen und übermorgen nicht die mathematische Rationalität von Robotern, sondern die kommunikative Kompetenz, die Kompromissbereitschaft, die Kreativität und die kollegiale Kooperation von Menschen für motivierende Arbeitsqualität und leistungsfördernde Arbeitszufriedenheit sorgen. Sinngemäß gilt dies auch für die Verbesserung der Vereinbarkeit zwischen dem Beruf, der Familie und dem großen Rest der weiteren wichtigen Lebensbereiche, für die Gestaltung einer alter(n)sgerechten Arbeitswelt, für die Gleichstellung von Frauen oder ebenso für die großen Herausforderungen der Flexibilisierung.

Auch zukünftig werden die Zuständigkeit sowie die rechtliche und moralische Verantwortung für wichtige Entscheidungen dem Menschen bzw. den aus Menschen bestehenden Entscheidungsgremien vorbehalten bleiben. So gesehen ist es in mehrfacher Hinsicht fragwürdig, warum das in Hongkong ansässige Investmentunternehmen „Deep Knowledge Ventures" bereits 2014 einen Roboter in seinen Vorstand berief und dieser Maschine ein Mitbestimmungsrecht bei allen wichtigen Entscheidungen gab.

2.1.3 Digitalisierung als Wachstumsmotor

In der Weiterentwicklung der Informations- und Kommunikationstechnologien sowie der digitalisierten Prozesstechnologien liegt ein beachtliches Potenzial für das zukünftige wirtschaftliche Wachstum. In diesen Technologiesegmenten sind zukünftig besondere Wachstumseffekte durch die Verbesserung der Automatisierung mit Hilfe intelligenter mechatronischer Systeme sowie durch die Verbesserung der Interaktion zwischen Mensch und Maschine – u. a. durch die Weiterentwicklung der Sensortechnologie – zu erwarten. Auch die Verkleinerung der technischen Module in diversen Geräten und Maschinen ist ein zukunftsweisendes Thema. Diese Miniaturisierung gelingt u. a. durch die Verknüpfung von Mikroelektronik und Mikrooptik sowie durch neue Formen von Photovoltaikzellen.

Eine wichtige Herausforderung liegt in der weiteren Verbesserung der Schnitt- bzw. Nahtstellen des Informationsaustausches zwischen Mensch und Computer, z. B. durch Spracherkennung oder durch Eye-Tracking, also durch Registrierung der Blickbewegung. Außerdem wird es zukünftig eine stark wachsende Nachfrage nach Sicherheitslösungen geben, u. a. durch biometrische Verfahren wie etwa Fingerprinting oder Iris-Erkennung. Generell schafft die Dynamik der Durchdringung aller Lebensbereiche mit immer leistungsfähigeren, immer kleineren, komplex vernetzten und überall verfügbaren Computern einen Wachstumsmarkt, der sich im Alltag der Menschen besonders gut nachvollziehen lässt. In diesem Zusammenhang spielt auch die im Freizeitleben vieler Menschen immer wichtiger werdende *Unterhaltungselektronik* eine bedeutende Rolle. Mit den im folgenden Teil des vorliegenden Beitrags kurz skizzierten Entwicklungen in den Bereichen *Industrie 4.0*, *Internet der Dinge*, *3-D-Druck*, *Dolmetschprogramme* und *Roboter als Assistenten im Gesundheitswesen* zeichnen sich komplexe Technikfolgen sowohl für das Arbeitsleben[18] als auch für die außerberuflichen Lebenswelten ab.

2.1.3.1 Industrie 4.0

In der zukünftigen Weiterentwicklung der bereits realisierten Digitalisierungs- und Automatisierungsprozesse wird die enge Kooperation von Menschen mit Robotern gerade auch im Bereich der industriellen Produktion eine wichtige Rolle spielen. Diese Mensch-Maschine-Kooperation bezieht sich sowohl auf die Techniker und Technikerinnen in den Industriebetrieben als auch auf die Kunden und Kundinnen sowie Geschäftspartner und -partnerinnen, deren *spezifische* Bedürfnisse durch die sogenannte Industrie 4.0 stärker als bisher berücksichtigt werden können. Denn die zukünftige Industrieproduktion wird innerhalb einer flexibilisierten Großserienproduktion eine starke Individualisierung der Produkte ermöglichen. Dies erleichtert eine intensivere Verkopplung von Produktion, Logistik, Wartung, Recycling und weiteren hochwertigen Dienstleistungen.

2.1.3.2 Internet der Dinge

Das „Internet der Dinge"[19] bezeichnet eine Verbindung zwischen der Mechanik, der Elektrik und der Elektronik, also zwischen der handfesten Welt der Dinge (z. B. Heizungen bzw. Klimaanlagen, Fahrzeugen, Kühlschränken, Jalousien …) und der

---

18   Siehe dazu im Interview mit Julia Bock-Schappelwein (Mahringer/Bock-Schappelwein: „Zukunft des Arbeitsmarkts. Prognosen und politischer Gestaltungsbedarf – am Beispiel Österreich") weiter unten im vorliegenden Buch.

19   Siehe dazu u. a.: Lanier 2014; Sprenger/Engemann 2015.

virtuellen Welt der Daten. Dadurch können voneinander entfernte Alltagsgegenstände über das Internet vernetzt und von jedem beliebigen Ort aus kontrolliert und gesteuert werden. Dies ermöglicht u. a. die umfassende Kontrolle und Steuerung der Haustechnik, die automatische Bestellung von Waren oder auch das automatische Fahren von Autos. Der beachtliche Preis der durch das Internet der Dinge ermöglichten Bequemlichkeit besteht allerdings darin, dass die Vielzahl der damit verbundenen Informationen in gigantischen Datenbanken gespeichert und personenbezogen ausgewertet werden kann („Big Data"). Außerdem stehen den vielen Vorteilen des *Internets der Dinge* die Nachteile des möglichen kriminellen Missbrauchs durch Hacker gegenüber.

2.1.3.3 3-D-Druck

Die Idee und die Technik sind verblüffend einfach: Erforderlich sind lediglich ein Laptop und ein digitalisierter Bauplan für einen dreidimensionalen Gegenstand. Außerdem wird ein mit dem Laptop verbundener 3-D-Drucker benötigt, dessen Druckkopf – ähnlich wie bei einem Tintenstrahldrucker – den gewünschten Gegenstand aus einem Kunststoffgemisch Schicht für Schicht aufbaut. In den kommenden Jahren werden die Preise für diese Druckgeräte weiter sinken und die Bedienung wird ebenso einfach werden wie der Druck eines Dokuments. Gleichzeitig werden im Internet tausende Baupläne für Ersatzteile, Kleidung, Schmuck, Spielzeug, Toaster, Tassen, Teller, Wecker und Werkzeuge kursieren. Mit einer aus verschiedenen biologischen Komponenten individuell kombinierbaren Paste lassen sich auch Lebensmittel produzieren, von der knusprigen Pizza bis hin zur kunstvoll dekorierten Geburtstagstorte. Was derzeit noch nach einer Spielerei für Technikfreaks klingt, könnte bereits in naher Zukunft nicht nur in der Lebensmittelindustrie, sondern in der gesamten produzierenden Wirtschaft und im Handel zu innovativen Entwicklungen führen.

Kein Fall für Hobbydrucker ist und bleibt freilich die Herstellung von Bauteilen für Flugzeuge oder Autos. In diesen professionellen Produktionsprozessen wird meist mit einem Laserdruckverfahren gearbeitet, bei dem Metallpulver schichtweise zu technisch hochwertigen Objekten verschmolzen wird. Noch sensibler ist der 3-D-Druck von Prothesen und Implantaten.

2.1.3.4 Dolmetschprogramme

Auf unserem Planeten gibt es rund 7.100 Sprachen. An der Spitze der weltweit meistverbreiteten Sprachen steht Hochchinesisch als Muttersprache von rund 1,2 Milliarden Menschen. Mit großem Abstand folgen Englisch, Spanisch, Arabisch, Hindi, Bengalisch, Portugiesisch, Russisch und Japanisch. Deutsch schafft es im globalen Vergleich gerade noch unter die Top Ten der meistverbreiteten *Mutter*sprachen. All diese Sprachen spielen freilich auch als häufig erlernte *Fremd*sprachen eine wichtige Rolle. Dies gilt genauso für Französisch und Italienisch. Berücksichtigt man sowohl die muttersprachlichen als auch die fremdsprachlichen Kompetenzen, dann kann man sich mit etwa der Hälfte der EU-Bürgerinnen und -Bürger auf Englisch unterhalten. Allein in der Europäischen Union gibt es übrigens 24 Amtssprachen. Die Übersetzung mündlicher und schriftlicher Texte kostet der EU-Administration mehr als zwei Milliarden Euro pro Jahr.

Auch zukünftig wird es wohl nur sehr wenige Menschen geben, die über die Muttersprache hinaus mehr als eine oder zwei Sprachen gut beherrschen. Deshalb überrascht es kaum, dass an einigen Universitäten sowie in den Entwicklungsabteilungen mehrerer Elektronik- und Internetkonzerne an technischen Lösungen für den pragmatischen Umgang mit der globalen Sprachenvielfalt gearbeitet wird. Die derzeit angebotenen Übersetzungsprogramme sind allerdings noch gewöhnungsbedürftig. Mit hoch komplexen wissenschaftlichen Texten, mit lyrischen Gedichten sowie mit Liebeserklärungen und sonstigen emotionalen Varianten des sprachlichen Ausdrucks werden derartige Programme freilich noch langfristig überfordert sein. Aber für den alltagssprachlich orientierten Kommunikationsbedarf von Geschäftsreisenden und Touristen wird der technische Durchbruch schon bald gelingen. Diese digitalen Dolmetschprogramme würden die globale Kommunikation spürbar erleichtern.

2.1.3.5 Roboter als Assistenten im Gesundheitswesen

Auch im Bereich des Gesundheitswesens und der Pflege wird der Stellenwert der Technik zukünftig rasant wachsen. Man denke etwa an Operationsroboter, an miniaturisierte Sensoren für die Diagnostik, an biokompatible künstliche Organe, an Hightech-Rollstühle, Hightech-Prothesen und Exoskelette sowie an Pflegeroboter, welche die Vitalfunktionen messen, die Mobilisation und die Nahrungsaufnahme unterstützen und immer öfter ebenso eine sensorgesteuerte Kommunikation mit pflegebedürftigen Menschen aufbauen. Überwiegend als maschinelle Kommunikationspartner für gesunde Menschen aller Altersstufen wurden etwa „Ifbot" oder „Ohanas" konstruiert. Andere Roboter wurden vor allem für Therapiezwecke entwickelt, etwa die Babyrobbe „Paro", die erste Ahnungen von der künftigen Pflegewelt ermöglicht. „Paro" hat die äußere Form eines kuscheligen Plüschtiers und ist mit einem technisch sehr aufwendigen Innenleben ausgestattet. Zahlreiche Sensoren reagieren auf Berührung, Zuspruch und Positionswechsel. In den Pflegeberufen wird der Einsatz derartiger Maschinen eher skeptisch bewertet. Vielfach werden die Einsparung von Pflegepersonal und eine Entpersonalisierung der Pflege befürchtet. Jedenfalls wirft die zunehmende Technisierung des Pflegealltags eine Reihe von ethischen und rechtlichen Fragen auf. Pflegeroboter sollten jedenfalls nicht als Ersatz, sondern als sinnvolle Ergänzung menschlicher Pflegeexpertinnen und -experten eingesetzt werden. Ebenso könnten Pflegeroboter in der *häuslichen Pflege* zur Entlastung überforderter Angehöriger beitragen.

Die unter dem Titel *„Ambient Assisted Living"* (= Leben in einer unterstützenden Umgebung) entwickelten Service- und Sicherheitstechnologien können außerdem einen längeren Verbleib von pflegebedürftigen Personen im eigenen Haushalt unterstützen. Während die Technisierung des Pflegealltags im asiatischen Raum rasant fortschreitet, muss in Deutschland und Österreich mit beachtlichen Akzeptanzproblemen – sowohl aus der Sicht der pflegebedürftigen Menschen als auch aus der Sicht der Angehörigen und der Pflegekräfte – gerechnet werden.

2.1.4 Folgen der Digitalisierung am Arbeitsmarkt: Sowohl zusätzliche Arbeitsplätze als auch Jobverluste

Die vielfältigen Ausprägungsformen der Digitalisierung, u. a. im Bereich der *Industrie 4.0*, des *Internets der Dinge* oder des *3-D-Drucks*, schaffen also einerseits viele zusätzliche Arbeitsplätze in der Entwicklung und der Produktion der Informations- und Kommunikationstechnologien sowie im Bereich der damit verbundenen vielfältigen Servicedienstleistungen. Andererseits führen die zukünftig rasant vorangetriebene Automatisierung und Digitalisierung an einigen Stellen der Arbeitswelt zu erheblichen Jobverlusten. Dies erzeugt bei vielen Menschen beachtliche Zukunftsängste.

2.1.4.1 Arbeitslosigkeit durch Digitalisierung? Nehmen Maschinen den Menschen die Arbeit weg – oder nehmen sie uns vor allem lästige Arbeiten ab?

Selbst sehr moderne Maschinen können derzeit nur relativ einfache Arbeitsprozesse durchführen. Das wird sich jedoch schon bald ändern. Denn an vielen Universitäten und in den Entwicklungslabors der großen Technologiekonzerne wird mit Hochdruck an immer leistungsfähigeren Computerprogrammen und Robotern gearbeitet. Der Begriff „Roboter" wird dabei nicht auf die aus Science-Fiction-Filmen bekannten menschenähnlichen Maschinen (Androiden, humanoide Roboter) reduziert, sondern bezieht sich auf ein weites Spektrum digitalisierter Geräte, von fahrerlos gesteuerten Autos bis hin zu Industrie- und Pflegerobotern. Roboter werden auch für das Löschen von Bränden, für Bauarbeiten, für das Service in Restaurants, für Hilfsdienste in Großküchen oder für Übersetzungsarbeiten entwickelt. Bereits in kurzfristiger Perspektive können digitalisierte Maschinen wahrscheinlich auch viele Routinearbeiten (z. B. Suche nach Informationen, Verknüpfung von Daten, Kontrolle und Korrektur von häufig verwendeten Textbausteinen …) im Rechtswesen, in der Versicherungsbranche und im Bereich der Finanzdienstleistungen übernehmen. Mit Blick auf diese technischen Möglichkeiten befürchten viele Menschen (in Deutschland *62 Prozent*[20]), dass diese „intelligenten" Maschinen zukünftig den Menschen die Arbeit *wegnehmen.*

---

20   Reinhardt/Popp 2018, S. 80.

2.1.4.2 Die Angst vor Massenarbeitslosigkeit durch technische Entwicklungen und Automatisierung ist nicht neu

So propagierten die englischen Textilarbeiter zu Beginn des 18. Jahrhunderts wegen der Sorge um ihre wirtschaftliche Existenz die Zerstörung der damals aufkommenden mechanischen Webstühle. Seit der Erfindung der Dampfmaschine haben technische Innovationen immer wieder Arbeitsplätze – ja sogar ganze Berufe – verschwinden lassen, manchmal sogar in einem dramatischen Ausmaß. Man denke etwa an die im vergangenen Jahrhundert produktiv bewältigten gigantischen Jobverluste durch die Automatisierung in der Landwirtschaft oder an die Jobverluste durch die Digitalisierung in der Repro- und Druckbranche.

Die Befürchtung einer unvermeidlichen Massenarbeitslosigkeit durch die Technisierung und Automatisierung hat es – historisch betrachtet – bei jeder großen technischen Innovation gegeben. Seit jeher war auch die Wissenschaft nicht frei von Zukunftsangst. So warnte etwa der weltberühmte Ökonom John Maynard Keynes in seiner 1930 erschienenen Zukunftsstudie mit dem Titel „Wirtschaftliche Möglichkeiten für unsere Enkelkinder" vor der „Krankheit der technologischen Arbeitslosigkeit". Aber die Angst vor Maschinen als Jobkiller hat sich in der bisherigen Arbeits- und Wirtschaftsgeschichte meist nur kurzfristig bestätigt.[21] Vieles spricht dafür, dass sich das bei den digitalisierten Maschinen ähnlich abspielen wird, wenn wir nicht allzu viel falsch machen.

Im Endeffekt hat die mit Hilfe von Maschinen gestiegene Arbeitsproduktivität bisher immer dazu geführt,

*   dass die Produkte billiger und manchmal sogar besser wurden,
*   dass neue Arbeitsplätze an anderer Stelle entstanden,
*   dass die Arbeitszeit sank,
*   dass die Löhne – zumindest moderat – stiegen und
*   damit auch die Kaufkraft zunahm.

2.1.4.3 Abbau von Arbeitsplätzen oder Umbau des Arbeitsmarkts?

Manche Medien inszenieren die Zukunft der digitalisierten Arbeitswelt als alarmistische Horror-Picture-Show. In diesem Zusammenhang werden leider häufig nur jene Experten zitiert, die eine drohende Katastrophe in der Arbeitswelt prophezeien, etwa Jeremy Rifkin, der seine negativen Prognosen bereits seit vielen Jahren in regelmäßigen Abständen wiederholt. In jüngster Zeit sorgten die beiden Ökonomen Carl Benedikt Frey und Michael Osborne[22] von der Universität Oxford für Schlagzeilen, indem sie bereits in mittelfristiger Perspektive den Verlust von knapp der Hälfte der heute existierenden Arbeitsplätze vorhersagten.

---

21   Siehe dazu auch: Piper 2012.
22   Frey/Osborne 2017.

Bei derartigen *monokausalen* Prognosen wird allerdings die Vielfalt, Komplexität und Flexibilität moderner Arbeitsmärkte unterschätzt. Seriöse Studien kommen erfreulicherweise zu weniger beängstigenden Ergebnissen, z. B. eine Studie des Österreichischen Instituts für Wirtschaftsforschung (WIFO)[23] oder eine Studie des deutschen Instituts für Arbeitsmarkt- und Berufsforschung (IAB).[24] Der Branchenverband „International Federation of Robotics" (IFR) betont in seinem Weltreport 2016 die positiven Effekte von Roboterinstallationen auf die Beschäftigung und verweist auf das Beispiel des deutschen Automobilsektors: So nahm dort von 2011 bis 2016 die Zahl der Beschäftigten kontinuierlich zu, obwohl sich der Roboterbestand in diesem Zeitraum deutlich erhöhte.[25]

2.1.4.4 Zukünftig werden nicht nur Jobs wegfallen, sondern auch neue Jobs dazukommen!

Einige Zukunftsstudien prognostizieren sogar einen Zuwachs an Arbeitsplätzen: Laut einer aktuellen Prognose des deutschen Bundesministeriums für Arbeit und Soziales[26] werden in Deutschland bis zum Jahr 2030 rund 750.000 Arbeitsstellen in 27 Wirtschaftszweigen aufgrund der beschleunigten Digitalisierung *abgebaut werden*. Besonders Arbeitnehmerinnen und Arbeitnehmer im Einzelhandel, in der Papierproduktion und im Druckgewerbe sowie in der öffentlichen Verwaltung werden davon betroffen sein. Jedoch rechnen die Experten dieses Ministeriums gleichzeitig mit insgesamt einer Million *neuer Arbeitsplätze* in 13 verschiedenen Wirtschaftszweigen. Zu den Gewinnern der Digitalisierung zählen beispielsweise die Branchen Maschinenbau und Mechatronik, Forschung und Entwicklung sowie die vielfältigen IT-bezogenen Dienstleistungen. Zuwächse sind auch in gesundheitsbezogenen Dienstleistungen sowie in Freizeitberufen zu erwarten. In diesem Sinne könnte es etwa in Deutschland im Jahr 2030 sogar 250.000 Jobs mehr geben als heute! Sinngemäß gilt diese plausible Annahme auch für Österreich. Allerdings geht es in der zukünftigen Arbeitswelt nicht nur um die *Quantität* der Arbeitsplätze, sondern auch um die *Qualität* der traditionellen und neuen Arbeitsformen.

2.1.4.5 Umbau des Arbeitsmarkts bei guten Rahmenbedingungen

Generell sollten wir bedenken, dass sich die zukünftigen Veränderungen in der Arbeitswelt nicht explosionsartig, sondern in Form eines kontinuierlichen Prozes-

---

23 Fink/Horvath/Huber u. a. 2017 sowie zusammenfassend im Interview mit Helmut Mahringer (Mahringer/Bock-Schappelwein: „Zukunft des Arbeitsmarkts. Prognosen und politischer Gestaltungsbedarf – am Beispiel Österreich") weiter unten im vorliegenden Buch.

24 IAB-Forschungsbericht 11/2015. Siehe dazu auch: Landmann/Heumann 2016; ausführlicher dazu: Reinhardt/Popp 2018, S. 76 ff.

25 INGENIEUR.de 2016.

26 Bundesministerium für Arbeit und Soziales 2016.

ses realisieren werden. Dazu kommt noch, dass sich diese Dynamik – jedenfalls in Ländern wie Deutschland und Österreich – unter den Rahmenbedingungen einer gut organisierten und sozialpartnerschaftlich begleiteten Arbeitsmarktentwicklung abspielen wird.

> Übrigens: In jenen Ländern der Welt, in denen die Digitalisierung und Automatisierung sehr weit fortgeschritten sind (u. a. auch in Deutschland und Österreich), ist die Arbeitslosigkeit relativ gering. Umgekehrt ist in vielen Ländern, die diesbezüglich noch einen erheblichen Nachholbedarf haben, die Arbeitslosenrate sehr hoch. Dieser Zusammenhang deutet darauf hin, dass *durch die Digitalisierung der Arbeitswelt* nicht nur die Produktivität steigt, sondern auch neue Jobs geschaffen werden können![27]

2.1.5   Datenbrille statt Bildschirm am Schreibtisch?

Wer hätte vor drei Jahrzehnten gedacht, dass in absehbarer Zeit die Festnetztelefone von unseren Tischen verschwinden und das permanent mitgeführte Mobiltelefon bzw. Smartphone in der Hand- oder Hosentasche zur Selbstverständlichkeit, ja für manche Menschen sogar unverzichtbar wird? Erste Mobiltelefone gab es zwar schon in den 1980er Jahren, jedoch waren sie damals sehr teuer und ähnelten in Größe und Gewicht einem Ziegelstein. Ab den 1990er Jahren wurden die Geräte nach und nach kleiner und billiger, die Batterieleistung besser und die Mobilfunknetze ausgebaut. In der Folge kam die Verbindung mit dem Internet dazu, und eine rasch wachsende Menge von Servicefunktionen wie etwa Fotografie, Musik, Spiele und Navigation machten aus dem *mono*funktionalen mobilen Telefon eine *multi*funktionale und *multi*mediale Informations-, Kommunikations- und Unterhaltungsmaschine.

Vieles spricht dafür, dass sich die Entwicklung der Telefonie bei Laptops und Tablets wiederholen wird. Computer- und Internetfirmen arbeiten seit Jahren daran, diese sperrigen Geräte von unseren Tischen verschwinden zu lassen und durch modisch designte Datenbrillen bzw. Datenhelme, die eine miniaturisierte Kombination aus Smartphone und Laptop sind, zu ersetzen. Die Google-Datenbrille markiert hierbei nur einen Bruchteil dieser Entwicklung und fungiert lediglich als Wegweiser für zukünftige Technologien.

Es ist sehr wahrscheinlich, dass Datenbrillen bzw. Datenhelme bereits in mittelfristiger Zukunft die Schnittstelle – oder besser: die *Naht*stelle – zwischen dem Individuum und dessen umfassend digitalisierter Konsum-, Wohn- und Arbeitswelt sein werden.

---

27   Eine von dem hier vertretenen positiven Zukunftsbild abweichende Meinung äußern u. a.: Ramge/Mayer-Schönberger 2017.

2.1.5.1 Digitaler „Butler James" als Nahtstelle zwischen Individuum und Mitwelt

In naher Zukunft könnte die *Datenbrille* zu einer mit dem Menschen eng verbunde-nen ganz persönlichen virtuellen Servicezentrale[28] werden; quasi zum digitalen *Butler James.* Butler James erkennt dann unsere Stimme, kennt unsere Vorlieben, unseren Lebensstil und unser Konsumprofil, ist unser persönlicher Einkaufsberater, navigiert im Hinblick auf unser gewohntes Konsumverhalten den Einkaufswagen durch den Supermarkt, verwaltet den Terminkalender, misst regelmäßig unser körperliches Wohlbefinden und leitet daraus Tipps für Gesundheit und Ernährung ab, steuert die Haustechnik, checkt täglich das Fernseh-, Kultur- und Sportangebot, empfiehlt uns neue Leseangebote im E-Book-Store, macht lebensstiltypische Vorschläge für unsere Freizeitgestaltung, liefert Daten für unsere Urlaubsplanung, vergleicht die Preise für Haushaltseinkäufe und bestellt online usw.[29] Dieser virtuelle Butler James kann uns auch durch den *Arbeits*alltag begleiten.

2.1.5.2 Datenbrille und virtuelle Realität

Die Kombination von Datenbrillen (bzw. Datenhelmen) mit unterschiedlichen Aus-prägungsformen der „virtuellen Realität" wird bereits in kurzfristiger Zukunft eine Vielzahl von innovativen Anwendungen ermöglichen. So können etwa mit Hilfe von 3-D-Projektionen Hotels oder Urlaubsorte virtuell besichtigt, Wohn- oder Bü-roeinrichtungen detailgetreu geplant und chirurgische Eingriffe realitätsnah geübt werden. Auch für das zukünftig immer wichtiger werdende E-Learning bieten sich bisher ungeahnte Möglichkeiten. So lassen sich etwa Lehrinhalte multimedial prä-sentieren, komplexe Zusammenhänge in Form von Strategiespielen besser verste-hen sowie unterschiedliche praktische Anwendungen in Form von „Serious Games" spielerisch trainieren. Diese Angebote des spielerischen und interaktiven Lernens können zukünftig auch für betriebliche Lernprozesse produktiv genutzt werden. Dass sich auch diese technischen Entwicklungen nicht nur sinnvoll *ge*brauchen, son-dern auch manipulativ *miss*brauchen lassen, versteht sich von selbst. Dies spricht für eine zeitgerechte Technikfolgen- und Risikoabschätzung sowie für klare rechtliche Regelungen.

2.1.6 E-Commerce

Die vielfältigen Ausprägungsformen des Handels sorgen sowohl in Deutschland als auch in Österreich für eine Vielzahl an Arbeitsplätzen. Deshalb haben tiefgreifende Trends – wie etwa der Bedeutungszuwachs von *E-Commerce* – erhebliche Folgen für die Zukunft der Arbeitswelt.[30]

---

28   Erste Ansätze dieser Entwicklung finden wir bereits heute bei „Siri" (von Apple) oder „Alexa" (von Amazon).

29   Siehe dazu: Gassner/Steinmüller 2005.

30   Vertiefend dazu: Popp/Reinhardt 2015, S. 150 ff.

2.1.6.1 Im Spannungsfeld zwischen stationärem Handel und Onlineshopping

Auch zukünftig wird der gute alte Einkaufsbummel zu den beliebtesten Freizeitaktivitäten zählen. Dabei lässt sich das Angenehme mit dem Nützlichen verbinden: Gefühlter Erlebniskonsum mit gesundheitsfördernder Bewegung. Allerdings wird in der Zukunft die Bewegung immer öfter wegfallen. Denn die Besichtigung kunstvoll gestalteter Schaufenster lässt sich auch virtuell am häuslichen Bildschirm erledigen und der Einkauf funktioniert per Mausklick und Kreditkarte. Im Zusammenhang mit dieser Entwicklung werden bereits in mittelfristiger Zukunft viele Millionen Quadratmeter Verkaufsfläche nicht mehr benötigt werden.

Für die Konsumenten bringt E-Commerce sowohl *Vorteile* als auch *Nachteile*. Für den stationären Handel ist der Trend zum virtuellen Konsum freilich eine beachtliche Herausforderung. Die auffällig großen Wachstumsraten im Bereich des E-Commerce beschränken sich allerdings auf wenige Sparten, vor allem auf Kleidung, Elektrogeräte, elektronische Medien, Spielwaren und Bücher. Überdurchschnittlich häufig werden auch Erotikartikel online bestellt.

2.1.6.2 Stationärer Handel und Onlineshopping: Stärken und Schwächen

Von den stationären Handelsbetrieben wird vielfach beklagt, dass immer mehr Konsumentinnen und Konsumenten gerne die Beratungskompetenz des Fachhandels nutzen, um dann doch lieber anonym – und meist ein wenig billiger – im Internet einzukaufen. Dieses Verhalten trifft tatsächlich für eine wachsende Minderheit der Konsumentinnen und Konsumenten zu. Aber der große Rest der Kundinnen und Kunden verschafft sich zuerst im Internet einen guten Überblick und kauft dann im Einzelhandel. Trotz der Verbesserung der Servicequalität werden jedoch zukünftig im stationären Handel Umsätze und Arbeitsplätze verloren gehen. Umgekehrt werden im Internethandel neue Jobs dazukommen, allerdings meist nicht vor Ort. Denn die großen Onlinehandelskonzerne brauchen nur wenige zentrale Standorte und die Jobprofile des dortigen Servicepersonals haben mit den Kompetenzen der Profis für den Face-to-face-Verkauf nur wenig zu tun. Im lokalen Bereich profitieren freilich die Post und das Transportgewerbe von vermehrten Zustellungen. Für den Onlinekauf sprechen viele Vorteile, u. a.:

- bequeme Bestellung von zu Hause aus und Lieferung nach Hause,
- Öffnungszeiten rund um die Uhr,
- meist etwas günstigere Preise,
- kein Druck durch Verkäufer und Verkäuferinnen,
- Nutzung von Produktbewertungen bzw. von (positiven und negativen) Erfahrungen anderer Konsumentinnen und Konsumenten.

Aber auch für den Einkauf im Geschäft vor Ort gibt es selbstverständlich gute Gründe:

- Möglichkeit des Anfassens und Testens eines Produkts,
- vertrauensvolle Face-to-face-Kommunikation,
- persönliche und auf die individuellen Bedürfnisse abgestimmte Beratung,
- Möglichkeit der direkten Mitnahme des Produkts,
- Unterstützung der weiteren Existenz der kommerziellen Infrastruktur vor Ort.

2.1.6.3 Fake-Shops: Gefahren beim Onlinehandel

In dieser Sonderform der Internetkriminalität werden Marken- bzw. Produktfälschungen (Plagiate) angeboten oder Waren trotz Zahlung nicht geliefert. Nützliche Warnhinweise finden sich u. a. auf der Plattform „watchlist-internet.at".

2.1.6.4 Stationärer Handel: Servicequalität, sinnliches Erlebnis und Kooperation mit Onlinekonzernen

Mit großer Wahrscheinlichkeit wird es auch zukünftig eine Vielzahl von Konsumentinnen und Konsumenten geben, die den Einkauf mit allen Sinnen und in der lokalen Lebenswelt genießen wollen. Dies spricht für beratungsintensiven Erlebniskonsum.

Zukunftsträchtig ist es selbstverständlich auch, wenn der stationäre Einzelhandel die Möglichkeiten der neuen Medien umfassend nutzt, u. a. mit professionellen Internetauftritten, mit punktgenauer E-Mail-Werbung und in manchen Fällen auch in Form der Kooperation mit Onlinekonzernen. Diese Kooperation von stationärem Handel und Onlineshopping wird vor allem größeren Betrieben gelingen. Kleinere Betriebe müssen mit noch besserer Kundenbetreuung punkten; eine emotionale und kommunikative Qualität, die ein Onlineanbieter in dieser *persönlichen* Form niemals bieten kann.

2.1.7 Digitale Bildung

Die digitale Evolution wird die Arbeits- und Lebenswelt zukünftig noch stärker prägen als bereits heute. Während E-Working, E-Banking, E-Commerce und E-Government boomen, hält sich jedoch die Entwicklungsdynamik beim *E-Learning* noch in engen Grenzen.

2.1.7.1 Zukünftig wächst die pädagogische Potenz elektronischer Medien

Dennoch ist es für die digitale Bildung in Schulen nicht zielführend, ein eigenes Unterrichtsfach zu schaffen. Vielmehr muss der *technisch* kompetente und *inhaltlich* kritisch-differenzierende Umgang mit digitalisierten Maschinen und Medien *alle* Bereiche der schulischen Bildung durchdringen.

Zukünftig wird das Lernen – sowohl in den Bildungsprozessen des Kindes- und Jugendalters als auch beim lebenslangen Lernen – immer öfter ohne Lehrer und Lehrerinnen funktionieren.[31] Dennoch werden Pädagoginnen und Pädagogen zukünftig immer wichtiger werden. Allerdings wird sich ein Teil dieser Berufsgruppe auf die Produktion von qualitätsvollen und *interaktiven* Lehr- und Lernprogrammen (multimedialen Informationen, Strategiespielen, Serious Games …) für alle Altersgruppen spezialisieren. Diese digitalisierten Angebote machen Bildung – zumindest teilweise – unabhängig von vorgegebenen Orten und Zeiten. Die Bildungsprozesse in der Kinder- und Jugendphase müssen auf die zukünftigen Formen des lebenslangen Lernens im Erwachsenenalter vorbereiten. Dabei geht es um die ausgewogene Kombination von *individualisierten* Lernprozessen mit *kommunikativen* Sozialphasen.

Bei der Nutzung der neuen Medien besteht ein nicht zu unterschätzendes generationenspezifisches Zukunftsproblem in der *digitalen Spaltung* zwischen Jung und Alt. Dies ist eine durchaus schwerwiegende Herausforderung. Denn zukünftig wird es immer schwieriger, *offline* zu leben! Hier kann und muss zukunftsfähige Erwachsenenbildung wertvolle Lebenshilfe leisten.

2.1.7.2 Digitalisierte Maschinen als Bildungswerkzeuge des Menschen

Mit Hilfe der neuen Medien haben sich bereits heute die Möglichkeiten des Zugriffs auf das weltweit verfügbare Wissen vervielfacht. In diesem Prozess der Globalisierung des Wissens stehen wir allerdings erst am Anfang. Zukünftig wird es bei den Bildungsprozessen immer weniger um die *Speicherung* von Wissen gehen. Das können digitalisierte Maschinen viel besser. Denn das menschliche Gehirn ist keine Festplatte. Deutlich besser als der beste Computer ist unser Gehirn jedoch beim Verstehen, Planen und Gestalten von komplexen Zusammenhängen – im Zusammenspiel zwischen *rationaler Analyse, sozialer Empathie, kreativer Innovation, kooperativem Handeln* und *ethisch fundierten Werturteilen*.

In der zukünftigen Wissensgesellschaft brauchen wir eine Arbeitsteilung zwischen dem *gebildeten* Menschen einerseits und seinen Bildungs*werkzeugen*, den *wissensspeichernden* und *datenverknüpfenden* Maschinen, andererseits.[32]

2.1.8 Künstliche Intelligenz – menschliche Intelligenz

48 Prozent der repräsentativ befragten Deutschen glauben daran, dass es in 20 Jahren Roboter geben wird, die etwa so intelligent sind wie Menschen. Danach – so meinen

---

31   Erste Ansätze finden wir bereits heute bei Plattformen (z. B. „Skillshare"), die jedem bzw. jeder ermöglichen, Onlinekurse sowohl anzubieten als auch zu nutzen.

32   Dazu u. a.: Müller, O. 2010.

sie – wird sich die Intelligenz der Roboter weit über die menschliche Intelligenz hinaus entwickeln.[33]

2.1.8.1 Was künstlich intelligente Maschinen besser können als der Mensch

Wenn man mit Intelligenz vor allem die *Fähigkeit zum Speichern und Verknüpfen* von gigantischen Datenmengen meint, wäre das oben präsentierte Meinungsbild berechtigt. Denn das ist genau jene Intelligenzleistung, bei der die sogenannte „künstliche Intelligenz" schon heute besser ist als der Mensch. Deshalb gewinnen künstlich intelligente Maschinen gegen Menschen beim Schach oder bei Quizspielen. In den kommenden Jahrzehnten wird die Technikentwicklung für viele Verbesserungen sorgen, und deshalb werden die sogenannten „Roboter" in dem oben skizzierten Leistungsbereich zukünftig noch mehr können als bereits heute.

2.1.8.2 Was der Mensch besser kann als die besten Maschinen

Wenn man allerdings unter Intelligenz das in der langen Evolution des Homo sapiens entwickelte hochkomplexe Gesamtkunstwerk der *menschlichen* Intelligenz versteht, fällt der Vergleich zwischen Mensch und Maschine völlig anders aus. Denn selbst sehr hoch entwickelte Roboter werden auch zukünftig nur sehr wenig von all dem können, was die *menschliche* Intelligenz ausmacht – und übrigens auch, *was das menschliche Leben lebenswert macht*. Roboter können nicht lieben und nicht streiten, haben keine Freunde, empfinden kein Mitgefühl, existieren jenseits von Erotik und Sexualität, haben keine Sehnsüchte und Träume, erleben weder die Pubertät noch die Altersweisheit, können sich nicht über gute Musik – egal ob von Mozart oder Madonna – freuen, können weder Kunst noch gutes Essen und guten Wein genießen und selbstverständlich fehlt ihnen auch der Humor. Die Besonderheit der menschlichen Intelligenz liegt in der hoch entwickelten Fähigkeit zur Verknüpfung von kognitiver Intelligenz mit körperlicher, emotionaler und sozialer Intelligenz. Und zur sozialen Intelligenz zählen auch die politische Intelligenz sowie die Fähigkeit, nach ethischen Werten zu handeln.

2.1.8.3 Künstliche Intelligenz und menschliche Intelligenz arbeiten nach sehr unterschiedlichen Funktionskonzepten

Während die *künstliche* Intelligenz digitalisierter Maschinen mit Hilfe von elektronischen Prozessen funktioniert, beruht die menschliche Intelligenz überwiegend auf *biochemischen* Prozessen. (Die elektrische Energie spielt dabei nur eine geringe Rolle.) Trotz der äußerst komplexen Leistungsfähigkeit des menschlichen Gehirns ist

---

33 Siehe Reinhardt/Popp 2018, S. 79 ff. Vergleichbare Befragungsergebnisse für Österreich liegen leider nicht vor.

der Energieverbrauch extrem gering. Künstlich intelligente Maschinen verbrauchen für einen Bruchteil der Leistung ein Vielfaches an Energie.

Ein menschliches Gehirn hat etwa 100 Milliarden (!) Nervenzellen, die jeweils bis zu 10.000 Vernetzungen mit anderen Nervenzellen haben. Die menschliche Intelligenz lässt sich jedoch nicht nur durch die biologische und physiologische Analyse der Leistungen des Gehirns erklären. Vielmehr muss auch die Verbindung des Gehirns mit den Sinnesorganen sowie mit der Vielzahl von Körperfunktionen hinreichend berücksichtigt werden. Außerdem sollte hinlänglich beachtet werden, dass die menschliche Intelligenz das Produkt einer permanenten und von Emotionen begleiteten Interaktion, Kommunikation und Kooperation mit anderen Personen ist. Die menschliche Intelligenz ist also auch ein soziales Phänomen und das Gehirn ein soziales Organ! So gesehen besteht wohl in sehr langfristiger Perspektive die beste Methode, komplexe Intelligenz auf dem Niveau des *menschlichen* Gehirns zu entwickeln, darin, ein Kind zu zeugen, zu gebären sowie mit viel emotionaler und sozialer *menschlicher* Intelligenz zu erziehen.[34]

2.1.8.4 Roboter sind Werkzeuge – und keine Lebewesen

Roboter sind nur hochtechnisierte Werkzeuge, die von Menschen konstruiert und programmiert wurden und die der Mensch auch kontrollieren muss. Selbst wenn *humanoide* Roboter so entworfen sind, dass sie wie Menschen aussehen, sind sie keine Lebewesen, sondern bleiben Maschinen! Ähnlich wie bei vielen anderen in der Menschheitsgeschichte entwickelten Technologien gibt es auch im Bereich der künstlichen Maschinenintelligenz von Robotern genügend Mittel und Wege, das durchaus vorhandene Gefahrenpotenzial durch die politische und juristische Intelligenz von Menschen zu begrenzen und zu beherrschen.

2.1.8.5 Die Herrschaft von Robotern über die Menschheit ist nicht in Sicht

Wir sollten uns auch nicht von der in einigen Science-Fiction-Filmen und von den durch manche Zukunftsgurus in den Zeitgeistmedien begeistert verbreiteten Utopien beeindrucken lassen, dass bereits in zwei bis drei Jahrzehnten superintelligente Roboter die Menschheit beherrschen werden.

2.1.9 Cyberkriminalität und der gläserne Mensch

Alles, was zum Nutzen von Menschen *ge*braucht werden kann, lässt sich auch für kriminelle Zwecke *miss*brauchen. Diese Binsenweisheit hat sich im Laufe der Menschheitsgeschichte bei nahezu jeder neuen Technologie bestätigt. Die Problematik der

---

34   Diese plakative Aussage verdanke ich einem Zitat aus einem Interview mit dem renommierten Experten für neuronale Netze und Informatikprofessor an der Freien Universität Berlin, Raul Rojas; siehe Wagner 2015, S. 62.

negativen Nebenwirkungen ist aber keineswegs nur das Spezifikum der Technik. Denn fast jede positive Wirkung hat auch negative Nebenwirkungen. Dieses Phänomen kennen wir ebenso aus den Beipackzetteln unserer Medikamente. Selbstverständlich gilt dies in ähnlicher Weise für die modernen Informations- und Kommunikationstechnologien. Kein Wunder, dass die großen Versicherungsgesellschaften die durch Internetkriminalität verursachten Schäden zu den wichtigsten Risiken der Zukunft zählen.[35]

2.1.9.1 Schutz vor Datendieben

Wie bei fast allen Arten von Verbrechen gibt es auch bei der zukünftigen Cyberkriminalität ein weites Spektrum an Tätertypen. Am wenigsten gefährlich werden die Amateure sein, die vom Computer im Wohnzimmer aus agieren. Viel stärker müssen wir uns vor erfahrenen IT-Profis mit krimineller Energie fürchten. Man denke etwa an elektronische Erpresserprogramme oder an den kriminellen Missbrauch von Bankdaten. Noch größere Schäden drohen vom organisierten Verbrechen, für das sich neben dem Glücksspiel und dem Handel mit Menschen, Müll und Drogen zunehmend auch der groß angelegte Diebstahl von Daten lohnt. Terroristischen Organisationen geht es bei gezielten Internetattacken weniger um Geld als um die Verbreitung von Angst und Schrecken. Und dann gibt es noch einen Tätertypus, der sich vor der polizeilichen Verfolgung nicht fürchten muss, nämlich die global agierenden staatlichen Geheimdienste mit ihrer Lizenz zum nahezu unbegrenzten Eingriff in die Cybersysteme. Zukünftig wird der Schutz vor Datendieben ähnlich wichtig werden wie der Einbau von einbruchsicheren Fenstern und Türen.

2.1.9.2 Auf dem Weg zur gläsernen Arbeitswelt?

Auch die legale Sammlung, Speicherung und Verknüpfung der vielfältigen Daten von Individuen, Institutionen und Unternehmen in immer leistungsfähigeren Datenbanken macht vielen Bürgerinnen und Bürgern Angst. Bereits heute verraten unsere Kredit-, Kunden- und Sozialversicherungskarten, unsere Telefon- und E-Mail-Kontakte sowie unsere Interessen beim Suchen und Surfen im Internet sehr viel über unsere Freizeit-, Urlaubs- und Sportbedürfnisse, unsere Mediennutzung, unsere Krankheiten und unser Kauf- und Kommunikationsverhalten. Deshalb werden zukünftig nicht nur die staatlichen Geheimdienste im Privatleben der Bürger und Bürgerinnen spionieren, sondern immer öfter auch private Unternehmen möglichst viel über die Wünsche, Meinungen und Marotten ihrer Kunden und Kundinnen erfahren wollen. Firmen, die sich auf die Vernetzung dieser Daten und auf das Erstellen von Lebensstil- und Konsumstilprofilen spezialisiert haben, bewegen sich in einem dynamisch wachsenden Geschäftsfeld. Dabei geht es um die Erhebung sowie in weiterer Folge um die Kombination und Korrelation einer Vielzahl von Daten, wie z. B.:

---

35   Allianz SE/Allianz Global Specialty SE 2016.

Name, Adresse (Wohngegend, Häufigkeit des Wohnungswechsels …), E-Mail-Adressen (beruflich, privat …), Geschlecht, Bildungsgrad, Alter, Fahrzeugtypus, Versicherungsverträge, Reiseverhalten (Häufigkeit, Reisebudget, benutzte Verkehrsmittel …), Sozialversicherungsnummer, Religion, Kaufverhalten (Konsumpräferenzen, Höhe der Ausgaben, Art der Bezahlung …), Wohnkosten, Haushaltseinkommen, Kreditwürdigkeit, Spar- bzw. Anlageverhalten, Gesundheitsdaten (gekaufte Medikamente, Internetsuche nach bestimmten Symptomen bzw. Krankheiten, Tabak- bzw. Alkoholkonsum …), Nutzung von Mobiltelefonen bzw. Smartphones, Kontakte über soziale Medien (soziale Netzwerke, Freundeskreis, familiäre Kontakte, veröffentlichte Beiträge bzw. Postings …) etc.

Im Zusammenhang mit der fortschreitenden Digitalisierung aller Lebensbereiche kommen in der Zukunft noch weitere Informationen über unseren Energie- und Wasserverbrauch, unseren Biorhythmus, unsere Ernährungs-, Lese- und Fernsehgewohnheiten sowie unser Mobilitätsverhalten dazu. Dies schafft viele Vorteile für die individuelle Betreuung von Konsumentinnen und Konsumenten. Aber zwischen dem sinnvollen Gebrauch und dem gefährlichen Missbrauch befindet sich nur ein schmaler Grat. In den kommenden Jahren stellt sich die große und komplexe Herausforderung, klare und streng sanktionierbare rechtliche Grenzen gegen Daten-*miss*brauch zu ziehen, ohne jedoch die Chancen des sinnvollen *Ge*brauchs von Daten und Informationen in der zukünftigen digitalisierten Arbeits- und Lebenswelt durch allzu rigide Verbote zu behindern. Die seit dem 25. Mai 2018 in Kraft getretene EU-Datenschutz-Grundverordnung (EU-DSGVO) ist ein wichtiger Schritt in diese Richtung. Weitere Schritte müssen folgen!

2.1.9.3 Menschliche Machtansprüche und mathematische Maschinenlogik

Auch in der Arbeitswelt steckt hinter der *mathematischen* Logik der Algorithmen eine interessengeleitete und von Machtansprüchen geprägte *inhaltliche* Logik, die selbst den Programmentwicklern nicht immer vollkommen bewusst ist und die jedenfalls nur sehr selten transparent gemacht wird. Deshalb sollten zukunftsfähige Arbeitnehmerinnen und Arbeitnehmer verstärkt darauf achten, dass beim Umgang mit ihren Daten die Grenze zwischen Recht und Unrecht klar definiert wird!

Diese Problematik lässt sich am folgenden Beispiel drastisch verdeutlichen: Einige Firmen, wie etwa das belgische Unternehmen „NewFusion" implantieren ihren Mitarbeitern einen reiskorngroßen Chip unter die Haut, mit dem sie Türen öffnen, sich am PC anmelden, den Drucker bedienen oder auch Nachrichten abfragen können. In Deutschland und Österreich sind die Vorbehalte gegenüber solchen Entwicklungen und die Angst vor einer zukünftig möglichen lückenlosen Überwachung dagegen noch groß. Für diese Vorsicht gibt es gute Gründe!

2.1.10. „Transhumanismus" – die derzeit weltweit einflussreichste Technikutopie (bzw. -dystopie)

Die heute weltweit einflussreichste Utopie, die auch von einer *radikalen Veränderung der Arbeitswelt* ausgeht, ist der sogenannte Transhumanismus.[36] *Kurzfristig* geht es diesen Technofuturisten um *Human Enhancement,* also um die Steigerung der menschlichen Fähigkeiten durch leistungsfördernde Medikamente und Implantate, um vielfältige Antiaging-Verfahren, um gentechnische Eingriffe (CRISPR/Cas-Methode), um die Züchtung und Transplantation von Organen sowie vor allem um die signifikante Verlängerung des Lebens.

Mittelfristig wird – mit Hilfe der dynamischen Weiterentwicklung der oben skizzierten bio-, gen- und neurotechnischen Enhancement-Verfahren – die tiefgreifende Optimierung sowohl der physischen und psychischen Existenz des Menschen als auch des menschlichen Zusammenlebens angestrebt. Da die Technologie heutiger digitalisierter Maschinen diese Herausforderungen nicht bewältigen kann, glauben die Transhumanisten an die baldige Entwicklung von Quantencomputern mit nahezu unbegrenzter Rechenkapazität und gigantischer Rechengeschwindigkeit. Durch die neurotechnische Verbindung dieser extrem leistungsfähigen Technologie mit den komplexen Prozessen in den menschlichen Gehirnen sowie durch bio- und gentechnische Veränderungen soll – aus transhumanistischer Sicht – eine neuartige *Mischung aus Mensch und Maschine* entstehen, deren Superintelligenz sich selbst kontinuierlich weiterentwickelt und die der heutigen menschlichen Intelligenz deutlich überlegen ist. Den Zeitpunkt, zu dem diese Entwicklung *unumkehrbar* realisiert wird, bezeichnen die Transhumanisten als „Singularity". Dieser Entwicklungsstand soll nach der – freilich fragwürdigen – Prognose des Chefingenieurs von Google, Ray Kurzweil,[37] anscheinend bereits 2038 erreicht sein.

In weiterer Folge soll dieses immer intelligenter werdende und sich selbst reproduzierende und reparierende Mensch-Maschine-Wesen in einer perfekt gesteuerten Welt sogar ewig leben können.[38] Der Bedeutungszuwachs dieser geradezu religionsähnlich anmutenden Zukunftsvision hängt nicht zuletzt mit der Strahlkraft – und der Finanzstärke – der von großen Technologiekonzernen unterstützten „Singularity University" im Silicon Valley zusammen. Der Name dieser Universität bezeichnet offensichtlich das angestrebte Ziel. Durch diese „Singularität" würde freilich die heutige Variante des Menschen zum Auslaufmodell werden.

Die transhumanistische Prognose der anscheinend unaufhaltsam nahenden Singularität beruht allerdings nicht – wie behauptet – auf einem wissenschaftlichen Konzept, sondern ist eher das Glaubensbekenntnis einiger technikverliebter Freaks. Offensichtlich wird hier ein alter Mythos aufgegriffen, den wir schon aus den Geschichten von „Golem" und „Frankenstein" kennen und der auch in einer Vielzahl von Science-Fiction-Büchern und -Filmen verarbeitet wird. Die *Singularität* wird

---

36   Siehe u. a.: Jansen 2015; Popp/Rieken/Sindelar 2017, S. 54 f.; Saage 2013; Wagner 2015.

37   Kurzweil 1999 und 2014.

38   Dazu u. a.: Hülswitt/Brinzanik 2010; O'Connell 2017.

von den Transhumanisten als Heilslehre für die Rettung der Welt propagiert. Letztlich handelt es sich jedoch um eine menschenverachtende, antidemokratische und technodiktatorische *Utopie* – und so gesehen eigentlich um eine *Dystopie* (= negatives Gegenbild zu einer positiven Utopie).

> **Die Digitalisierung ist wichtig, aber keinesfalls die einzige Herausforderung für die Arbeitswelt der Zukunft**
>
> Viele große Herausforderungen haben zwar unter anderem auch mit der Digitalisierung zu tun, lassen sich jedoch keineswegs von digitalisierten Maschinen, sondern nur durch kluges Handeln von Menschen bewältigen. So wird auch zukünftig eine gute Arbeitsqualität aus Fähigkeiten resultieren, über die selbst der beste Roboter niemals verfügen wird, u. a. aus kompetenter Kommunikation, menschlicher Empathie und wertschätzender Führung. Ebenso lässt sich der für ein leistungsförderndes Arbeitsklima erforderliche zukunftsfähige Mix an Maßnahmen nur von Menschen aus Fleisch und Blut und nicht von Robotern mit Bits und Bytes planen und umsetzen!
>
> Auch für die vielfältigen Kompromisse zwischen Arbeitgebern und Arbeitnehmern wird in den kommenden Jahrzehnten die lösungsorientierte Konfliktkultur von sozialpartnerschaftlich argumentierenden *Menschen* und nicht die mathematische Rationalität von *Robotern* sorgen.

2.2   ZUKUNFTSDISKURS NR. 2: MENSCH – ARBEIT – ZEIT

2.2.1   Lebensarbeitszeit – in Relation zur Lebenserwartung

In den meisten Ländern Europas, auch in Deutschland und Österreich, hat sich das Verhältnis zwischen der *beruflich* gebundenen Zeit einerseits und der *außerhalb des Berufs* verbrachten Zeit andererseits im Laufe des vergangenen 20. Jahrhunderts in einem fast unglaublichen Ausmaß verschoben. Konnte der Durchschnittsbürger bzw. die Durchschnittsbürgerin zu Beginn des 20. Jahrhunderts mit einer Lebenszeit von rund 50 Jahren rechnen, so hat sich die durchschnittliche Lebenserwartung bis heute auf mehr als acht Jahrzehnte verlängert. Die Tendenz ist bekanntlich steigend. Deshalb werden viele heuer geborene Kinder noch einige Geburtstage zu Beginn des 22. Jahrhunderts feiern.

Heute dauert ein Menschenleben in Deutschland und Österreich rund 720.000 Stunden. Zukünftig wird die statistische Lebenswartung um rund zweieinhalb Monate pro Jahr bzw. innerhalb von fünf Jahren um ein Jahr ansteigen. In den nächsten 20 Jahren wächst also die durchschnittliche Lebens*erwartung* in Deutschland und Österreich um rund vier Jahre.

2.2.2 Beruf: Nur mehr ein Zehntel der Lebenszeit!

Selbst im Falle einer in Österreich noch sehr selten, jedoch in Deutschland bereits häufiger realisierten Vollzeitarbeit bis 65, werden in diesen beiden Ländern nur rund zehn Prozent der Lebenszeit[39] für die berufliche Arbeit verwendet! Dies wird sich auch zukünftig nicht ändern. Denn das Ausmaß der Lebens*arbeits*zeit wird zwar steigen, aber die Lebens*erwartung* steigt noch rascher. Insgesamt betrachtet hängen Lebenszufriedenheit und Lebensglück für eine wachsende Zahl von Menschen vermehrt von der Qualität der Lebensbereiche *außerhalb* des Berufs ab. Dennoch wird der Beruf selbstverständlich auch langfristig wichtig bleiben. Aber die Arbeitswelt wird sich – wie bereits zu Beginn des vorliegenden Beitrags kurz skizziert – weiter wandeln.

2.2.3 Jahresarbeitszeit

Die heute – und wohl auch in mittelfristiger Zukunft – für Vollzeitbeschäftigte geltenden rund 1.600 Arbeitsstunden pro Jahr entsprechen etwa der Jahresarbeitszeit *vor* Beginn der Industrialisierung. Die *Verteilung* der Arbeitszeit hat sich jedoch im Laufe der Geschichte deutlich verändert: Im Mittelalter und bis weit in die sogenannte Neuzeit hinein gab es für die meisten Menschen an Werktagen eine längere *Tages*arbeitszeit, die von Sonnenaufgang bis Sonnenuntergang reichte. Allerdings gab es neben den 52 Sonntagen eine Vielzahl kirchlicher Feiertage, an denen Arbeit verboten war.[40] In der vorindustriellen Zeit war also das Ausmaß der *Jahres*arbeitszeit nicht viel größer als heute. Im Hinblick auf die Zeitstrukturen und die Rahmenbedingungen der Arbeit gab es freilich tiefgreifende Unterschiede. Zudem war die Lebenserwartung früher deutlich geringer als heute, weshalb der *Anteil* der *Arbeits*zeit an der Lebenszeit erheblich höher war.

Der starke Anstieg der Arbeitszeit erfolgte nur in der ersten Phase der Industrialisierung und bezog sich vor allem auf die Industriearbeiter – wobei der häufig verwendete Begriff „Industriezeitalter" genau genommen missverständlich ist. Denn auch im sogenannten *Zeitalter der Industrialisierung* arbeitete der größte Teil der Bevölkerung entweder in der Landwirtschaft, in handwerklichen Kleinbetrieben, im Handel oder als Dienstboten bei Adeligen oder Großbürgern.

Heute werden – im Fall einer Vollzeitbeschäftigung – knapp zwei Drittel der Tage eines Kalenderjahres für die berufliche Arbeit verwendet. Mehr als ein Drittel der Tage eines Jahres sind arbeitsfreie Zeit: Wochenenden, Feiertage und Urlaubstage. An dieser Struktur der Jahresarbeitszeit wird sich in mittelfristiger Perspektive nicht viel ändern.

---

39 Diese Aussage klingt zwar überraschend, lässt sich jedoch rasch nachrechnen: 1.600 Stunden Jahresarbeitszeit × 45 Arbeitsjahre = 72.000 Stunden Lebens*arbeits*zeit. Dies sind in Relation zur durchschnittlichen Lebenserwartung (720.000 Stunden) rund zehn Prozent.

40 De Grazia 1972.

2.2.4 Sabbaticals

Mehrere Umfragen[41] belegen, dass *selbst gewählte* längere Auszeiten, also sogenannte Sabbaticals, in weiten Teilen der Bevölkerung immer beliebter werden. In den Niederlanden sowie in Dänemark, Schweden und Norwegen sind Sabbaticals bereits ein weitverbreitetes Phänomen. In diesen Ländern gibt es auch entsprechende arbeitsrechtliche Regelungen, um sozialrechtlich Nachteile zu vermeiden und nach der Auszeit eine Rückkehr an den früheren Arbeitsplatz zu ermöglichen.[42] Deutschland und Österreich haben diesbezüglich noch einen langen, aber lohnenswerten Weg vor sich.

2.2.5 Wochenarbeitszeit

Noch zu Beginn des vergangenen Jahrhunderts gab es bekanntlich in manchen Fabriken die 72-Stunden-Woche. Die rasante Mechanisierung und Automatisierung von Arbeitsprozessen einerseits sowie gewerkschaftliche Forderungen und die Umsetzung von Konzepten der Sozialen Marktwirtschaft andererseits ermöglichten im Laufe des 20. Jahrhunderts beinahe eine Halbierung der Wochenarbeitszeit.

2.2.6 Zukünftige Entwicklung der Arbeitszeit

Im Hinblick auf die Arbeitszeit sind für Deutschland und Österreich in mittelfristiger Zukunft folgende Entwicklungen zu erwarten:

- Stärkere Flexibilisierung der Tages- und Wochenarbeitszeit.
- Keine tiefgreifende Arbeitszeitverkürzung; allenfalls moderate Verkürzung der Wochenarbeitszeit vor allem im Produktionssektor.
- Keine nennenswerte Veränderung des gesetzlich geregelten Ausmaßes des Erholungsurlaubs.
- Verbesserung der rechtlichen und faktischen Möglichkeiten für selbstgewählte längere Auszeiten (Sabbaticals).
- Moderate Verlängerung der Lebensarbeitszeit durch gesetzliche und faktische Erhöhung des Antrittsalters für die Altersrente bzw. Pension.
- Späterer Einstieg in das Arbeitsleben durch die faktische Verlängerung der Ausbildungszeit.

Interessant sind in diesem Zusammenhang auch die Veränderungen des subjektiven Zeitverständnisses und Zeiterlebens.[43]

---

41 U. a.: Reinhardt/Popp 2018, S. 175 ff.
42 Opaschowski 2013, S. 131.
43 Siehe dazu ausführlicher in: Popp/Rieken/Sindelar 2017, S. 124 ff. (Beitrag von Julia Grundnig).

2.2.7 Life-Domain-Balance

Die Qualität des Lebens entwickelt sich zwischen Beruf bzw. Schule, Familie und Freizeit. Für die Vereinbarkeit dieser Lebensbereiche hat sich in unserer Umgangssprache der Begriff *„Work-Life-Balance"* eingebürgert. Dieser Begriff signalisiert zwar das richtige Anliegen, ist aber genau genommen falsch. Denn er suggeriert, dass es um eine Balance zwischen *Beruf* und *Leben* gehe. Allerdings ist der Beruf selbstverständlich ein Teil des Lebens und es geht um eine möglichst hohe Lebensqualität in allen Bereichen unserer menschlichen Existenz. Die beiden Wirtschaftspsychologen Eberhard Ulich und Bettina Wiese schlagen einen neuen Begriff vor: *„Life-Domain-Balance"*.[44]

2.2.7.1 Beruf – Familie – Freizeit

Die Vereinbarkeit aller Lebensbereiche stellt die meisten Arbeitnehmerinnen und Arbeitnehmer vor große Herausforderungen. Nach der Erfüllung der *beruflichen* Verpflichtungen geht es im *familiären* Leben nicht nur um eine gute Beziehung in der Partnerschaft, sondern auch um die gerechte Aufteilung der vielfältigen Funktionen im Haushalt und bei der Kindererziehung sowie zukünftig immer öfter um die häusliche Pflege älterer Angehöriger. Außerdem sollten die *individuelle* Erholung und die Freizeitgestaltung nicht zu kurz kommen.

Aber auch die Unternehmen werden durch das Interesse vieler Arbeitnehmerinnen und Arbeitnehmer an der Vereinbarkeit des Berufes mit den familiären und privaten Bedürfnissen und Pflichten herausgefordert. Zukunftsfähige Unternehmen wissen, dass sich die Rücksicht auf das außerberufliche Leben der Mitarbeiterinnen und Mitarbeiter auch ökonomisch lohnt. Denn wer sich ganzheitlich *wertgeschätzt* fühlt, trägt auch mehr zur betrieblichen *Wertschöpfung* bei. Außerdem bringt das Image als familienfreundliches Unternehmen auch Pluspunkte beim Marketing.

2.2.7.2 Bedeutungszuwachs der Freizeit

Noch nie in der Menschheitsgeschichte hatte ein so großer Teil der Bevölkerung in wirtschaftlich hoch entwickelten Ländern so viel freie Zeit zur Verfügung wie heute. Zukünftig wird der frei verfügbare Teil des gesamten Lebenszeitbudgets weiter wachsen. Für die Gestaltung der Freizeit gibt es bereits gegenwärtig eine sehr vielfältige Angebotsstruktur; Tendenz weiter steigend.

Das wirtschaftliche Wachstumspotenzial der mit dem gesellschaftlichen Phänomen „Freizeit" verbundenen Märkte und Berufe ist beachtlich. Dies liegt allerdings nicht nur am durchaus wichtigen Teilbereich des Tourismus, also an Gastronomie, Hotellerie, Seilbahnen, Reisebüros und Kur- bzw. Wellnessbetrieben, sondern noch viel mehr an den freizeitbezogenen Entwicklungen im weiten Spektrum von Erlebniskonsum, Medien, Sport, Kultur, Unterhaltung und Bildung. So gesehen gibt es

---

44 Vgl. Ulich/Wiese 2011.

eine Reihe von Berufen, die zwar nicht Freizeitberufe im engeren Sinne sind, in denen jedoch ein wesentlicher Teil der Funktionen mit den vielfältigen Ausprägungsformen des modernen Freizeitlebens eng verbunden ist. Dies gilt etwa für viele Jobs in der Medienwirtschaft, bei der Bahn, in der Auto-, Rad- und Motorradbranche, in der boomenden Sportgeräte- und Spieleindustrie und in wesentlichen Teilen des Handels. Dazu kommen noch einige freizeitorientierte Arbeitsplätze im Segment des öffentlichen Dienstes, z. B. Mitarbeiterinnen und Mitarbeiter im Freizeitbereich ganztägiger Schulformen, in öffentlichen Bädern, Parks, Spiel- und Eislaufplätzen oder auch bei der Polizei, etwa wenn es um die Regelung des wachsenden Freizeitverkehrs oder um die Sicherung von Sportveranstaltungen geht. Übrigens erfüllen auch Friedhöfe – zumindest für die Lebenden – eine vielfach unterschätzte Freizeitfunktion. So paradox dies im Gegensatz zum weit verbreiteten Alltagsverständnis von „Freizeit" klingt: Freizeit ist ein wichtiger Jobmotor der Zukunft!

2.3 ZUKUNFTSDISKURS NR. 3: GLOBALE UND MOBILE MÄRKTE – LOKAL ORIENTIERTE UND SESSHAFTE MENSCHEN

2.3.1 Globaler Arbeitsmarkt – ein Zukunftsprojekt

„Globalisierung" ist ein vieldeutiger Begriff, mit dem eine große Zahl von sehr unterschiedlichen Prozessen der Mobilität und Vernetzung gemeint sein kann. Es gibt zumindest sechs Aspekte der Globalisierung, zwischen denen meist nicht klar genug differenziert wird:

- die weit vorangeschrittene Globalisierung der Finanzwirtschaft,
- die ebenfalls weit entwickelte Globalisierung im Bereich des internationalen Warenverkehrs, also beim Import und Export von Waren,
- die Globalisierung im Rahmen der internationalen Arbeitsteilung im Bereich der Produktion, z. B. in der Automobilindustrie, und
- die Globalisierung der digitalisierten Informations- und Kommunikationstechnologien, besonders deutlich erkennbar am World Wide Web.
- Auch im Zusammenhang mit der Internationalisierung der touristischen Reiseströme wird gelegentlich von Globalisierung gesprochen.
- Am wenigsten entwickelt ist die Globalisierung im Bereich der internationalen Arbeitsmärkte.

2.3.2 Globalisierung der Arbeitsmärkte?

Seeleute – vom Matrosen über den Schiffskoch bis zum Kapitän – repräsentieren den wohl ältesten Typus eines globalisierten Berufs. Mit dem rasanten Fortschritt der Verkehrstechnologien gibt es jedoch mittlerweile viel mehr Möglichkeiten für den Transport von Menschen und Gütern. Die Anzahl der international mobilen Arbeitskräfte, die für den Betrieb der modernen Fahr- und Flugzeuge sowie Schiffe erforderlich ist, hat sich seit den Zeiten von Odysseus oder Kolumbus vervielfacht. Mit dem Wachstum des Welthandels und mit dem Bedeutungszuwachs von multi-nationalen Unternehmen entstand zudem für eine kleine Minderheit von Expertin-nen und Experten ein globaler Arbeitsmarkt weit über das traditionell globalisierte Verkehrs- und Transportwesen hinaus. Die Globalisierung und Europäisierung der Arbeitsmärkte wird zwar immer wichtiger, das Ausmaß der internationalen Mobili-tät der Arbeitskräfte wird jedoch in der öffentlichen Meinung oftmals überschätzt. Selbst in der Europäischen Union, in der die rechtlichen Rahmenbedingungen für die Berufsausübung über die Grenzen des eigenen Landes hinaus sehr weit fortge-schritten sind, bewegt sich der Großteil der Arbeitskräfte nur auf den nationalen bzw. lokalen Arbeitsmärkten. Fast alle EU-Bürgerinnen und -Bürger leben und ar-beiten in ihren Herkunftsländern und nur sehr wenige in einem anderen Land. Dies gilt auch für Deutschland und Österreich. Zukünftig wird die Mobilität der Arbeits-kräfte, also die sogenannte Arbeitsmigration, langsam, aber beständig zunehmen.[45]

2.3.3 Europäische Union (EU)

Weltweit gibt es keinen *multinationalen* Lebensraum, in dem die Freizügigkeit am Arbeitsmarkt derartig offen geregelt ist wie in der EU. Dies schafft große wirtschaft-liche Vorteile, verstärkt jedoch einerseits in den *Zuwanderungs*ländern die Angst vor Konkurrenz und Lohndumping sowie andererseits in den Ländern mit hohen *Ab-wanderungs*quoten die Angst vor dem Verlust qualifizierter Arbeitskräfte.

Obwohl die politische Bedeutung der EU in den vergangenen Jahren immer stär-ker zugenommen hat, ist das Gefühl der Zugehörigkeit zur Europäischen Union bei vielen Bürgerinnen und Bürgern kontinuierlich gesunken. Wie in allen Mitglieds-ländern der EU ist auch in Deutschland und Österreich das Zugehörigkeitsgefühl zum jeweiligen Nationalstaat deutlich stärker ausgeprägt als das Selbstverständnis, Bürgerin oder Bürger der Europäischen Union zu sein. Bei Menschen mit höherem Bildungsabschluss sowie bei Jugendlichen und jungen Erwachsenen ist das Gefühl, ein Europäer zu sein, überdurchschnittlich häufig zu finden. Dies gibt Hoffnung für die Zukunft.

Deutschland und Österreich zählen übrigens zu jenen Ländern, denen die Teil-nahme am europäischen Binnenmarkt bisher einen großen Zuwachs an wirtschaft-lichem Wohlstand ermöglicht hat und auch zukünftig ermöglichen wird.

2.3.3.1 Die EU ist klein, aber die Nationalstaaten sind noch viel kleiner

Der Alltag in Deutschland und Österreich ist bereits heute ziemlich europäisch. Viele Menschen haben Möbel aus Schweden, trinken Wein aus Italien, essen Oliven aus Griechenland, genießen Käse aus Frankreich, lieben belgische Schokolade und

---

45 Die Arbeitsmigration bezieht sich allerdings nicht nur auf die *Zu*wanderung, sondern auch auf die *Ab*wanderung.

verreisen im Urlaub nach Kroatien oder Spanien. Im Bereich der Politik nehmen jedoch viele Menschen in Deutschland und Österreich nicht wahr, dass die auf der EU-Ebene getroffenen Entscheidungen die politischen Systeme der EU-Mitgliedsstaaten schon heute tiefgreifend verändert haben. Denn bereits gegenwärtig werden die Rahmenbedingungen für die nationalen Arbeits- und Lebenswelten viel stärker von der Politik der Europäischen Union als von den nationalen Parlamenten und Regierungen gestaltet. In der Zukunft wird sich der politische Einfluss noch stärker von Berlin und Wien nach Brüssel und Straßburg verschieben. Der unmittelbare Einfluss dieser Entwicklungen auf den Lebensstandard und die Lebensqualität der Menschen in den jeweiligen EU-Mitgliedsländern ist nicht immer auf den ersten Blick sichtbar, gelangt aber bei genauerer Betrachtung rasch an die Oberfläche. In diesem Zusammenhang ist bei allem Verständnis für die Sehnsucht vieler Menschen nach ihren überschaubaren nationalen Gepflogenheiten zu bedenken, dass in der als zu groß und zu unübersichtlich empfundenen politischen Landschaft der Europäischen Union gegenwärtig nur knapp sieben Prozent der Weltbevölkerung leben. Tendenz – nicht nur durch den Brexit, sondern auch wegen der demografischen Entwicklungen – weiter sinkend. Diese kleine Minderheit sorgt jedoch für rund ein Viertel der globalen Wertschöpfung! Für eine noch bessere Positionierung der Europäischen Union im zunehmenden globalen Wettbewerb ist zukünftig eine gemeinsame Wirtschafts- und Steuerpolitik, eine gemeinsame Sicherheits- und Sozialpolitik, eine gemeinsame Außen- und Verteidigungspolitik, ein gemeinsamer Schutz der EU-Außengrenzen sowie eine weitere Stärkung des EU-Parlaments, verbunden mit der stärkeren Demokratisierung der EU, zielführend. In jenen Politikbereichen, die auch zukünftig überwiegend in den EU-Mitgliedsländern gestaltet werden, wird die EU vor allem eine Koordinationsfunktion wahrnehmen.

2.3.3.2 Europäischer Qualifikationsrahmen

2.3.3.2.1 Bedeutungsverlust schulischer Zeugnisse?

In den vergangenen drei Jahrzehnten verengte sich der öffentliche Bildungsdiskurs, nicht zuletzt im Interesse der Arbeitgeber- und Arbeitnehmerverbände, auf die Forderung nach *Employability*, also nach der optimalen Verwertbarkeit von Bildung für die Herausforderungen in der Arbeits- und Wirtschaftswelt. Dabei trat der Begriff „Kompetenz" in den Vordergrund. Wo und wie diese Kompetenzen erworben wurden und werden, ob in einer Schule oder Hochschule, im dualen Bildungssystem, im Bereich der Weiterbildung oder in der betrieblichen Praxis, wurde und wird immer unwichtiger. Dazu kommt noch, dass schulisches Wissen ein immer früheres Ablaufdatum hat, denn alle drei Jahre verdoppelt sich das weltweit verfügbare Wissen. Unter diesen Bedingungen verlieren schulische und hochschulische Zeugnisse zunehmend ihre dominante Bedeutung.

2.3.3.2.2 EU-weite Harmonisierung von Bildungsabschlüssen und Berufsberechtigungen

Gleichzeitig stellt sich die große Herausforderung für die Berufs- und Wissenswelt von morgen, neue und praktikable Formen der Zertifizierung auch für nicht schulisch erworbenes Wissen zu entwickeln. Dies ist jedoch nur ein Teil des zukünftigen Handlungsbedarfs. Denn die Organisation der Bildungssysteme, die Aus- bzw. Weiterbildungsabschlüsse sowie die Qualifikationsvoraussetzungen für die Ausübung von Berufen sind in den EU-Mitgliedsstaaten sehr unterschiedlich geregelt. Im Hinblick auf wechselseitige Anerkennungen und mit dem mittelfristigen Ziel einer weitgehenden Harmonisierung wurde bereits 2008 vom EU-Parlament und vom EU-Rat der „Europäische Qualifikationsrahmen" (EQR) beschlossen. Auf der Basis dieser allgemeinen EU-Empfehlung sollte jedes Mitgliedsland einen regionalspezifischen „Nationalen Qualifikationsrahmen" erarbeiten. Sowohl in Deutschland als auch in Österreich wurde diese Empfehlung bereits umgesetzt.

2.3.3.3 EU: Im weltweiten Vergleich der Lebensraum mit der größten Lebensqualität

Wenn von der Zukunft der EU die Rede ist, geht es aber nicht nur um die Fortsetzung der wirtschaftlichen Erfolgsstory dieses größten Binnenmarkts der Welt, sondern auch um die Weiterentwicklung des wichtigsten Friedensprojekts der Neuzeit. Ohne eine starke Europäische Union sind die Wirtschaftskraft, die innere und äußere Sicherheit, die globale politische Bedeutung sowie der Lebensstandard und die Lebensqualität der europäischen Mitgliedsländer in Gefahr. In diesem Zusammenhang sollte nicht vergessen werden, dass die EU im weltweiten Vergleich der Lebensraum mit der größten Lebensqualität ist!

Zukünftig müssen sich die Europäer die Frage stellen, ob es durch eine teilweise Preisgabe der nationalen Souveränität nicht mehr zu gewinnen als zu verlieren gibt. Die EU-Mitgliedschaft und der Euro bringen Deutschland und Österreich heute und zukünftig erheblich mehr Vorteile als Nachteile. Für viele Menschen wäre eine bessere politische und volkswirtschaftliche Bildung, an der sich nicht nur die Schulen, sondern vor allem auch die Medien beteiligen müssten, hilfreich. Denn derzeit ist das Meinungsbild zur Zukunft des europäischen Zusammenlebens sowohl in Deutschland als auch in Österreich stärker von ängstlichen Gefühlen als von zukunftsweisenden Fakten geprägt.

2.3.4 Migration und Arbeitswelt

Migration ist die längerfristig angelegte räumliche Veränderung des Lebensmittelpunktes. (Kurzfristige Reiseaktivitäten, etwa Urlaubs- oder Geschäftsreisen, gelten ausdrücklich *nicht* als Migration.) Unterschieden werden muss auch zwischen der *nationalen* Migration (bzw. Binnenmigration), also der Übersiedlung *innerhalb* des jeweiligen Herkunftslandes, und der *internationalen* Migration, bei der die Mobilität über die jeweiligen Staatsgrenzen hinweg stattfindet. Die folgenden Überlegungen beziehen sich nur auf die *internationale* Migration, mit besonderer Berücksichtigung der „Arbeitsmigration".

Die Gründe für die Entscheidung zur Migration sind sehr vielfältig und ebenso unterschiedlich wie die migrierenden Personen. Im Hinblick auf die wichtigsten Migrationsgründe lassen sich folgende Ausprägungsformen unterscheiden:

- *Ökonomische Migration* resultiert aus der Hoffnung auf eine bessere wirtschaftliche Situation.
- *Arbeitsmigration* zielt auf eine bessere Verwertbarkeit der beruflichen Qualifikation ab.
- *Politische Migration* hängt ursächlich mit der Verfolgung aus politischen, religiösen oder ethnischen Gründen zusammen.
- *Soziale Migration* realisiert sich vor allem in Form der Familienzusammenführung.

Deutschland und Österreich bleiben Einwanderungsländer – mit besonderer Berücksichtigung der Arbeitsmigration. In beiden Ländern ist ein Zuwachs der Bevölkerung – insbesondere im *erwerbsfähigen* Alter – langfristig nur durch *Zu*wanderung möglich: Alle seriösen Bevölkerungsprognosen gehen davon aus, dass die Anzahl der aus Deutschland und Österreich *ab*wandernden Arbeitskräfte deutlich niedriger sein wird als die Zahl der *Zu*wanderer.

In beiden Ländern werden zukünftig gut ausgebildete Fachkräfte besonders gefragt sein. Das Kriterium der guten Ausbildung bezieht sich jedoch nicht nur auf Akademiker, sondern auch auf Qualifikationen in der Altenpflege und im weiten Spektrum des Handwerks.

Jenseits der Interessenlage der nationalen Arbeitsmärkte der *Ein*wanderungsländer sollte freilich nicht vergessen werden, dass die *Ab*wanderungsländer durch die Arbeitsmigration gut qualifizierte Arbeitskräfte verlieren.

Im Zusammenhang mit Fragen der Migration sollte sich der öffentliche Diskurs zukünftig nicht – wie derzeit üblich – nahezu ausschließlich mit Flüchtlingen und Asylsuchenden beschäftigen, sondern auch mit der noch besseren Inklusion der bereits heute sehr großen und wichtigen Bevölkerungsgruppe der *Arbeits*migrantinnen und -migranten samt ihrer Familien. Im Gegensatz zu den diesbezüglich weitverbreiteten Vorurteilen kommt übrigens ein sehr großer Teil dieser Arbeitsmigrantinnen und -migranten keineswegs aus sogenannten Entwicklungsländern, sondern (auf der rechtlichen Basis der *Freizügigkeit* am EU-weiten Arbeitsmarkt) aus Mitgliedsländern der EU.

Ein Blick auf die Bevölkerungsentwicklung in Deutschland und Österreich reicht aus, um die wirtschaftliche Notwendigkeit der Zuwanderung zu erkennen: Zukünftig wird der Anteil der Menschen im erwerbsfähigen Alter sinken und die Kosten für die Altersrenten sowie für das Gesundheits- und Pflegesystem werden gleichzeitig zunehmen. Ohne die notwendige Zahl von Mitarbeiterinnen und Mitarbeitern kann die Wirtschaft – insbesondere der Dienstleistungssektor – die für die Erhaltung des hohen Lebensstandards nötige wachsende Wertschöpfung nicht erzielen. Es spricht demnach vieles dafür, dass zukünftig die berechtigte Sorge um den Verlust der Wirtschaftskraft und der damit verbundenen Lebensqualität größer sein wird als die Bedenken in Bezug auf eine *kontrollierte* Zuwanderung. Deshalb wird sich in Deutschland und Österreich der Bevölkerungsanteil der Menschen mit nichtdeutscher bzw. nichtösterreichischer Staatsbürgerschaft zukünftig wahrscheinlich noch um einige Prozentpunkte erhöhen. Allerdings wird sich die Herkunft der Zuwanderer deutlich zugunsten von EU-Bürgern verschieben.

Offensichtlich erschweren jedoch bei der wirtschafts- und gesellschaftspolitisch wichtigen Zukunftsfrage der Migration irrationale Ängste und fragwürdige Klischees den Weg in eine bessere Zukunft.

2.4 ZUKUNFTSDISKURS NR. 4: PRODUKTION UND DIENSTLEISTUNG IM WANDEL

Bildlich gesprochen: Künftig wird es in Deutschland und Österreich weniger rauchende Schlote, aber viel mehr rauchende Köpfe, sowohl in der zukunftsfähigen Produktion als auch im weiten Spektrum der produktionsnahen und wissensbasierten Dienstleistungen, geben.

2.4.1 Die historische Dynamik der großen Wirtschaftssektoren

In den vergangenen zwei Jahrhunderten veränderte sich der Anteil der Erwerbstätigen in den drei großen Sektoren der Wirtschaft erheblich:

- *Primärer* Sektor (= Land- und Forstwirtschaft): Extrem starke Reduktion der Anzahl der Erwerbstätigen durch die Technisierung der Arbeitsprozesse (bei gleichzeitigem starkem Anstieg der Produktivität).
- *Sekundärer* Sektor (= produzierendes Gewerbe und Industrie): Reduktion der Anzahl der Erwerbstätigen (bei gleichzeitigem starkem Anstieg der Produktivität und der wirtschaftlichen Wertschöpfung durch Technisierung und Automatisierung).
- *Tertiärer* Sektor (= Dienstleistungen): Sehr starker Anstieg des Anteils der Erwerbstätigen.

Am Beispiel Deutschlands[46] lassen sich diese Wandlungsprozesse folgendermaßen grafisch[47] verdeutlichen:

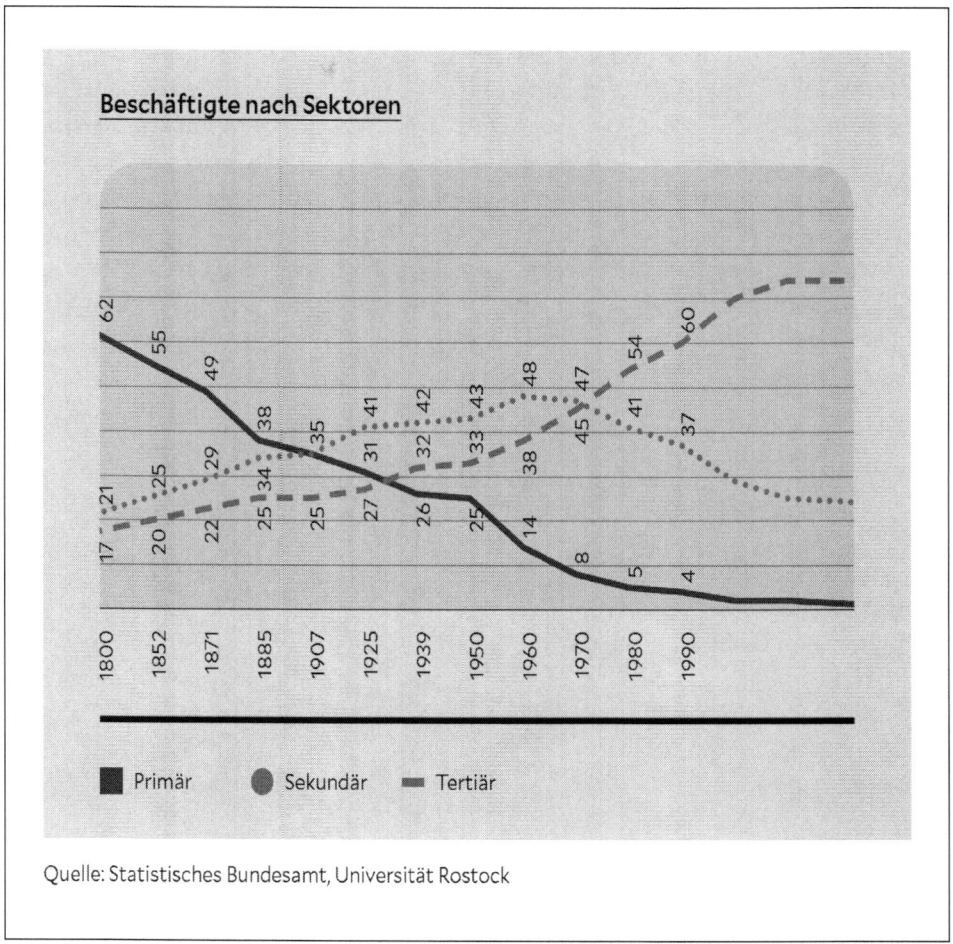

Quelle: Statistisches Bundesamt, Universität Rostock

46   Siehe dazu auch: Reinhardt/Popp 2018, S. 73. Zur zukünftigen Entwicklungsdynamik des sekundären und des tertiären Wirtschaftssektors in *Österreich* siehe: Fink/Horvath/ Huber u. a. 2017 sowie zusammenfassend in den Interviews mit Helmut Mahringer und Julia Bock-Schappelwein (Mahringer/Bock-Schappelwein: „Zukunft des Arbeitsmarkts. Prognosen und politischer Gestaltungsbedarf – am Beispiel Österreich") weiter unten im vorliegenden Buch.
47   Siehe dazu Popp 2018, S. 52.

2.4.2 Mythos „Dienstleistungsgesellschaft"

Trotz des Bedeutungszuwachses des *Dienstleistungssektors* (siehe oben) ist der Begriff „Dienstleistungsgesellschaft" missverständlich.[48] Denn dieser Begriff suggeriert, dass es in der Wirtschaftswelt und am Arbeitsmarkt der Zukunft nur mehr *Dienstleistungsbetriebe* und *Dienstleistungsberufe* geben wird. Richtig ist vielmehr, dass auch die vielfältigen Formen der *Produktion* (einschließlich der Industrie) zukünftig wichtig und unverzichtbar bleiben. Der Großteil der Jobs wird aber auch zukünftig im Bereich der Dienstleistungen bestehen und entstehen. In der öffentlichen Diskussion leidet der Begriff der *„Dienstleistung"* vielfach unter dem *Dienstboten*image. Wer jedoch bei Dienstleistung in erster Linie an Pizzaservice, Zeitungsboten oder Babysitting denkt, hat die große Vielfalt des gesamten Systems der Dienstleistungen nicht erkannt.

2.4.2.1 Das weite Spektrum der Dienstleistungsberufe

Die quantitative und qualitative Dynamik des Dienstleistungssektors wird zukünftig vor allem von den großen gesellschaftlichen Entwicklungen in den folgenden Bereichen beeinflusst werden:

* industrienahe Dienstleistungen,
* Finanzen und Versicherungen,
* Bildung und Erziehung,
* Gesundheitsförderung und Krankheit,
* Freizeit und Tourismus,
* Medien und Kultur,
* Handel und Erlebniskonsum,
* öffentliche Verwaltung.

2.4.2.2 Der Mythos vom Ende des Produktionssektors in Deutschland und Österreich

Manche Trendforscher prognostizieren seit Jahren das Ende des Produktionssektors in unseren Breiten und die unausweichliche Dynamik in Richtung einer Dienstleistungsgesellschaft. Richtig ist vielmehr, dass sich sowohl in Deutschland als auch in Österreich mehr als ein Viertel der Erwerbstätigen in der produzierenden Wirtschaft (einschließlich der Bauwirtschaft sowie der Land- und Forstwirtschaft) engagiert. In Anbetracht der wachsenden Automatisierung sowie der zukunftsträchtigen Kombination traditioneller *mechanischer* Technologien mit *digitalisierten* Informations-

---

48 Übrigens ist auch der Begriff „Industriegesellschaft" missverständlich. Denn selbst in den Hochphasen der industriellen Entwicklung war der überwiegende Teil der Erwerbstätigen nicht in Industriebetrieben tätig. Siehe dazu unter Zukunftsdiskurs Nr. 2 (Punkt 2.2.3.: „Jahresarbeitszeit") weiter oben im vorliegenden Beitrag.

und Kommunikationstechnologien liegt der im Produktionssektor erwirtschaftete Anteil an der gesamten Wertschöpfung deutlich über dem Anteil an der Gesamtzahl der Erwerbstätigen.

Viele Menschen assoziieren den Begriff „Produktion" – und noch viel mehr den Begriff „Industrie" – mit Bildern von Hochöfen und qualmenden Schornsteinen. Um diesen Typus von Produktionsbetrieben geht es jedoch in den meisten Ländern der EU – und selbstverständlich auch in Deutschland und Österreich – immer weniger. Vielmehr geht es immer häufiger um Zukunftstechnologien, die nur in technisch und wirtschaftlich sehr fortgeschrittenen Ländern existieren können. In diesem Zusammenhang sollte auch an die hohe Forschungsquote des Produktionssektors – vor allem der Industrie – gedacht werden. Außerdem sind moderne Produktionsunternehmen eng mit industrienahen Dienstleistungen und mit Dienstleistungsbetrieben für Werbung, Verkauf, Einschulung und Service sowie mit Unternehmen der Finanz- und Versicherungswirtschaft verzahnt.

2.4.2.3 Die Zukunft der Arbeitswelt ist bunt und nicht schwarz-weiß

Ohne den *produktionswirtschaftlichen bzw. industriellen Kern* kämen viele Dienstleistungsunternehmen rasch in existenzgefährdende Schwierigkeiten. Weder steht also die produzierende Wirtschaft vor dem Aus noch ist – in Ländern wie Deutschland oder Österreich – eine ausschließlich auf Dienstleistungen reduzierte Arbeitswelt ernsthaft vorstellbar und wünschenswert. Auch in Zukunft wird der Erfolg der Wirtschaftsstandorte Deutschland und Österreich aus einem guten Mix von vielfältiger Produktion und einer Vielzahl von Dienstleistungen resultieren.[49]

2.4.2.4 Deutschlands und Österreichs Standortqualität

In der medialen Öffentlichkeit wird immer öfter vor der Abwanderung von Unternehmen – vor allem von größeren Industriebetrieben – in Billiglohnländer gewarnt. Dabei wird meist sehr undifferenziert und unrealistisch argumentiert. Durchaus berechtigt ist diese Sorge bei Betrieben bzw. Betriebsteilen mit sehr *lohnintensiven* Produktionsprozessen. Eher gering ist die Gefahr der Standortverlagerung jedoch bei Betrieben, deren Produktion sehr eng mit den *regionalen* Märkten verbunden ist. Außerdem gibt es eine Reihe von Unternehmen, in denen Forschung und Entwicklung, hoch entwickelte Automatisierung sowie spezialisierte Verfahren der Fertigung und Endmontage[50] eine zentrale Rolle spielen. Für diese zukunfts- und innovationsorientierten Produktionsbetriebe geht es weniger um die Übersiedlung in Billig-

---

49   Ausführlicher dazu in den Interviews mit Helmut Mahringer und Julia Bock-Schappelwein (Mahringer/Bock-Schappelwein: „Zukunft des Arbeitsmarkts. Prognosen und politischer Gestaltungsbedarf – am Beispiel Österreich") weiter unten im vorliegenden Buch.

50   Ausführlicher dazu siehe: Schmid/Mayr 2013, S. 431–456.

lohnländer, sehr wohl jedoch um den Standortwettbewerb zwischen Ländern, die – ähnlich wie Deutschland und Österreich – die folgenden qualitativ hochwertigen Rahmenbedingungen bieten können:

- ein in weiten Teilen der Bevölkerung verbreitetes hohes Bildungsniveau,
- ein hohes Maß an innerer und sozialer Sicherheit,
- rechtsstaatliche Strukturen (u. a. einklagbare Eigentumsrechte, Vertragsfreiheit),
- Meinungsfreiheit und Vertrauen in die Freiheit des bzw. der Einzelnen,
- ein demokratisch verfasstes politisches System,
- eine vielfältige und hochwertige Infrastruktur.

So gesehen haben Deutschland und Österreich im internationalen Vergleich vielfach unterschätzte Standortvorteile gerade auch für moderne Unternehmen im Segment der Zukunftstechnologien.

2.4.2.5 Fachkräftemangel in Produktion und Dienstleistung: Kluge Köpfe verzweifelt gesucht

Zukünftig geht es sowohl im Bereich der Produktion als auch im weiten Spektrum der Dienstleistungen nicht nur um den immer wieder beklagten Fachkräftemangel, sondern generell um fehlende Arbeitskräfte. Denn in den nächsten Jahren wird die Zahl der erwerbsfähigen Menschen sowohl in Deutschland als auch in Österreich schrumpfen. Dieser Entwicklung können Wirtschaft und Politik im Wesentlichen durch sechs Maßnahmen entgegenwirken:

- *Erstens* durch die Erhöhung der Frauenerwerbsquote.
- *Zweitens* durch die Förderung der Zuwanderung von Menschen mit arbeitsmarktrelevanten Qualifikationen und die Anerkennung ihrer Abschlüsse.
- *Drittens* durch die bessere Integration von jungen Menschen mit Migrationshintergrund am Arbeitsmarkt.
- *Viertens* durch die gezielte Weiterbildung und bessere Wiedereingliederung von Arbeitslosen in den Arbeitsmarkt.
- *Fünftens* durch die bessere berufliche Einbindung von Menschen mit Behinderungen.
- *Sechstens* durch die kontinuierliche Anhebung des *faktischen* Rentenalters in Verbindung mit einer altersgerechten Gestaltung der Arbeitsbedingungen.

Im Bereich des *Fachkräfte*mangels im engeren Sinne kommt zu diesen sechs Maßnahmen noch eine *siebte* hinzu:

- Die gezielte Förderung von arbeitsmarktrelevanten Bildungsmaßnahmen, sowohl im Bereich des dualen Bildungssystems als auch an höheren Schulen und Hochschulen, ohne die zukunftsrelevanten allgemein- und persönlichkeitsbildenden Aufgaben der Bildungsarbeit zu vernachlässigen.

Die angesprochenen Maßnahmen erfordern ein enges Zusammenwirken von Politik und Wirtschaft.

2.5 ZUKUNFTSDISKURS NR. 5: FLEXIBILISIERUNG – BESCHLEUNIGUNG – RESILIENZ

2.5.1 Flexicurity – statt radikaler Flexibilisierung der Arbeitswelt

Die Flexibilisierung der Arbeitswelt wird sich voraussichtlich nicht in der häufig kolportierten *radikalen* Weise einstellen, sondern vor allem in Form einer zwischen Arbeitnehmern und Arbeitgebern vereinbarten Flexibilisierung der Arbeit*organisation*, der Arbeit*orte* und der Arbeit*zeit*. Dies entspricht auch der Bedürfnislage der großen Mehrheit der Bürger und Bürgerinnen, die sich „Flexicurity" wünschen, also *Flexibilität* gepaart mit *Sicherheit*.

Allem Anschein nach wird die Flexibilisierung der Arbeit*organisation* vom fortschreitenden Abbau starrer Arbeitsstrukturen und Arbeits*zeiten* geprägt sein.[51] Für eine wachsende Zahl von Arbeitnehmerinnen und Arbeitnehmern treten stärkere Eigenverantwortung und Selbstkontrolle an die Stelle der alten, hierarchischen Kontrolle durch betriebliches Aufsichtspersonal. Dadurch entsteht einerseits mehr Spielraum für eine verstärkte zeitliche, räumliche und inhaltliche Autonomie bei der Organisation der Arbeit. Andererseits wird damit aber auch die Verantwortung für das Arbeitsergebnis stärker auf die Arbeitnehmerinnen und Arbeitnehmer übertragen. Dies kann einerseits die Arbeitsfreude und Arbeitsmotivation erheblich steigern, aber auch zu mehr Arbeitsintensität und Stress führen. Die unselbstständige (bzw. abhängige) Erwerbstätigkeit wird also im Innenverhältnis immer selbstständiger – mit allen Vor- und Nachteilen.

2.5.2 Vertrauensarbeitszeit

In Deutschland und Österreich gibt es bekanntlich klare rechtliche Vorgaben für die Dauer der Tages- und Wochenarbeitszeit und der Arbeitspausen. Nach dem Motto „Vertrauen ist gut, Kontrolle ist besser" wird in vielen Unternehmen die Arbeitszeit vom Betreten bis zum Verlassen der Arbeitsstätte genau erfasst. Dies soll beiden Seiten dienen, dem Arbeit*geber* als Kontrollinstrument und dem Arbeit*nehmer* als Schutzinstrument.

Der genauen Zeiterfassung steht das Konzept der *Vertrauensarbeitszeit* gegenüber.[52] Hier gelten die gesetzlichen Bestimmungen selbstverständlich ebenso, jedoch werden die Stunden nicht erfasst, sondern die Einhaltung basiert auf dem Vertrau-

---

51 Siehe dazu auch im Beitrag von Ursula della Schiava-Winkler („Arbeit anders. Plädoyer für eine zukunftsfähige Unternehmenskultur: agil – digital – kooperativ") weiter unten im vorliegenden Buch.

52 Ausführlicher dazu: Frevert 2013; Hartmann 2011; Richter 2017; Schweer/Thies 2003; Sprenger 2007.

en der Arbeitgeber gegenüber den Arbeitnehmern. Bei diesen vertrauensbasierten Arbeitsformen werden die zeitlichen, örtlichen und inhaltlichen Grenzen immer flexibler. Vertrauensarbeitszeit ermöglicht die Erledigung von Aufgaben nach eigenem Ermessen. Dabei steht eine *Aufgabe* im Mittelpunkt und nicht die *Zeit*, die dafür benötigt wird. Damit verändern sich allerdings die Wesensmerkmale eines abhängigen (bzw. unselbstständigen) Dienstverhältnisses in Richtung der *selbstständigen* Erwerbstätigkeit; mit Vorteilen für die Freiheit, aber mit möglichen Nachteilen im Bereich der sozialen Absicherung.

Diese Entwicklung kann freilich auch zu neuen Zwängen für die Arbeitnehmerinnen und Arbeitnehmer führen, z. B. unterschiedliche Projekte gleichzeitig zu bearbeiten, rund um die Uhr erreichbar zu sein und auf Veränderungen der Arbeitsinhalte, -zeiten oder -orte spontan reagieren zu müssen.[53] Kritiker befürchten, dass auf diese Weise die Arbeitszeiten schleichend ausgedehnt werden könnten. Unter der Hand werden die versprochenen Flexibilitätsspielräume dann zu einem „Arbeiten ohne Ende" bzw. zum Verzicht auf Pausen.[54]

2.5.3 Räumliche Flexibilisierung und Homeoffice: Wohnen und Arbeiten unter einem Dach

Im größten Teil der Menschheitsgeschichte war Arbeiten und Wohnen unter einem Dach – vor allem in der Landwirtschaft und im Gewerbe – weit verbreitet. Manchmal wird diese Lebensform mit dem Begriff der „*Großfamilie*" romantisch verklärt. Realistisch betrachtet gab es jedoch eine strenge Hierarchie vom Hausvater bis hinunter zu den Dienstboten und einen von harter Arbeit und sozialer Kontrolle geprägten Alltag. Durch die Industrialisierung entwickelte sich – vorerst nur für die kleine Minderheit der Industriearbeiter – die räumliche und zeitliche Trennung zwischen der *Fabrik* einerseits und der sogenannten *Mietskaserne* mit ihren kleinen, aber keineswegs feinen Wohneinheiten andererseits. Im Laufe des 20. Jahrhunderts wurde diese Spaltung von Arbeits- und Lebenswelt zum Normalfall für fast alle Arbeitnehmer. In großen Teilen der Welt ist die Lebensform des *Ganzen Hauses* – vor allem im ländlichen Raum – nach wie vor weit verbreitet. In Deutschland und Österreich ist diese *alte* Ausprägungsform der Verbindung von Wohnen und Arbeiten – mit Ausnahme der Landwirtschaft – bekanntlich weitgehend Geschichte.

2.5.3.1 My home is my office

Allerdings entwickelt sich für manche Jobs zunehmend eine *neue* Variante dieser kombinierten Lebensweise. Denn mit den Möglichkeiten der modernen Medien und des Internets können immer mehr Arbeiten an jedem beliebigen Ort verrichtet werden – auch in den eigenen vier Wänden. War also die Trennung von Arbeiten und

---

53   Schaaf 2014, S. 20.
54   Opaschowski 2013.

Wohnen nur eine kurze Episode in der Menschheitsgeschichte? Kommt eine neue Form der Verbindung von Arbeiten und Wohnen – ohne autoritären Hausvater und mit elektronischen Dienstboten? Entkommen wir so dem täglichen Verkehrsstau zu den Hauptzeiten der Mobilität zwischen der Arbeitsstätte und dem Wohnort? Oder scheitert der neue Mix aus Beruf und Wohnen an viel zu kleinen Wohnungen? Geraten wir durch den Wegfall der im Büro oder in der Werkstatt unvermeidlichen zwischenmenschlichen Kontakte in die soziale Isolation? Kommt es durch das Fehlen von geregelten Arbeitszeiten zu verstärkter Selbstausbeutung? Vor diesen Gefahren muss jedenfalls bei den nach dem Motto „Kinder – Küche – Computer" beworbenen Formen von Billig-Telearbeit für junge Mütter gewarnt werden. Doch auch weit über diese Zielgruppe hinaus kann die neue Freiheit schnell zur Falle werden, wenn die räumlichen Rahmenbedingungen und die Kompetenzen für die Trennung von Berufs- und Privatleben nicht vorhanden sind. Die berufliche Arbeit kann dann die Betroffenen bis in ihr Schlafzimmer verfolgen, den bio-psychisch unverzichtbaren Wechsel von Anspannung und Entspannung gefährden und so der Gesundheit schaden.

2.5.3.2 Kombination von Homeoffice und Sozialphasen im Unternehmen

Wenn die vorher angesprochenen Bedingungen und Kompetenzen passen, ist jedoch die Kombination von klassischer Büroarbeit mit *Homeoffice* bei allen zeitlich und räumlich flexiblen Berufen durchaus zukunftsträchtig. Dies gilt nicht nur für Jobs in der Forschung oder in der Kreativwirtschaft, sondern für alle Arbeitnehmerinnen und Arbeitnehmer mit zeitlich und räumlich flexiblen Berufen. Bei diesem Zukunftsmodell wird der mit *sozialen Kontakten* verbundene Teil des Jobs an einem (mobilen) Arbeitsplatz in der Firma ausgeübt. Denn Teamwork funktioniert am effektivsten *face-to-face* und *analog*. Nur der *individuelle* Teil des Berufes wird online am Schreibtisch zu Hause erledigt. In diesem Sinne spricht vieles für die zunehmende *räumliche Flexibilisierung* des Arbeitsplatzes – im Spannungsfeld zwischen dem Büro und der Wohnung. In den kommenden zwei Jahrzehnten werden also immer mehr Menschen feststellen: „My home is my office." Allerdings bleibt das Arbeiten von zu Hause aus auch zukünftig ein Minderheitenprogramm. Denn beim größten Teil der Jobs, etwa im Handel, im Tourismus oder in der Produktion, wird auch in Zukunft die Berufstätigkeit dort stattfinden müssen, wo die Kunden und Kundinnen hinkommen oder wo die Maschinen stehen.

2.5.4 Atypische Arbeitsverhältnisse nehmen zu, werden aber nicht typisch

Zur Zukunft der Arbeitswelt gibt es eine Reihe von extrem negativen Prognosen, welche bei genauerer Betrachtung – jedenfalls für Deutschland und Österreich – nicht sehr plausibel sind. Besonders hartnäckig hält sich das Zukunftsbild, dass die atypischen Arbeitsverhältnisse, also *geringfügige Beschäftigungen, Werkverträge, Leiharbeit* und *befristete Dienstverhältnisse*, schon sehr bald typisch sein werden.

Richtig ist, dass diese atypischen Arbeitsverhältnisse auch in Deutschland und Österreich seit Jahren zunehmen und dass sich diese Entwicklung wahrscheinlich auch in den kommenden Jahren fortsetzen wird. Richtig ist ebenso, dass Österreich und Deutschland (nach den Niederlanden) über die zweit- bzw. dritthöchste Teilzeitquote in der EU verfügen und dass *jüngere* Arbeitnehmerinnen und Arbeitnehmer von atypischen Arbeitsverhältnissen stärker betroffen sind als *ältere*.

Ebenso trifft aber auch zu, dass sowohl in Deutschland als auch in Österreich der überwiegende Teil der Arbeitnehmerinnen und Arbeitnehmer in Form von unbefristeten Vollzeit-Dienstverhältnissen beschäftigt ist (einschließlich der – mit rund einem Zehntel aller abhängig bzw. unselbstständig Erwerbstätigen – großen Gruppe der Beschäftigten im öffentlichen Dienst). Auch in der Zukunft wird eine Vollzeitbeschäftigung nicht nur der wichtigste Ausweg aus der Armutsfalle, sondern auch der wichtigste Faktor für die Arbeitsmotivation, die Lebensqualität und die Leistungskraft von Arbeitnehmern sowie – aus der Sicht der Arbeitgeber – ein Garant für betriebliche Qualitätsentwicklung sein. Derzeit ist dieser zukunftsfähige Jobtypus allerdings (noch) eine klare Domäne der Männer. In der Zukunft der Arbeitswelt muss es – nicht zuletzt auch im Hinblick auf die Höhe der Altersrente – gelingen, den Anteil der Frauen an den Teilzeitbeschäftigten zu reduzieren und ihren Anteil im Bereich der unbefristeten Vollzeit-Dienstverhältnisse zu erhöhen.

2.5.5 Mythos Arbeitskraftunternehmer (und Gig-Ökonomie)

Von manchen Zukunftsgurus wird der Mythos kultiviert, dass in der Zukunft der Arbeitswelt schon bald der neue Typus des „Arbeitskraftunternehmers"[55] den Arbeitsmarkt beherrschen wird: hoch gebildet, hochgradig vernetzt, extrem flexibel und von den traditionellen Bindungen in der Arbeitswelt befreit. Viel wahrscheinlicher ist es jedoch, dass dieser Typus ein sehr kleines und nur leicht wachsendes Minderheitenprogramm bleiben wird und dass die Zukunftsmusik im weniger flexiblen Mehrheitsprogramm der beschäftigungsintensiven Berufe spielt. Denn die heute großen Berufsgruppen werden auch in zwei Jahrzehnten massenhaft gebraucht, etwa in der Gastronomie und Hotellerie, im Gesundheitswesen und in der Pflege, im Baugewerbe und in unterschiedlichen Branchen des Handwerks, in der Technik und im Verkehrswesen, im Einkauf und im Verkauf, im Bildungssystem, in diversen Bereichen der Beratung, in den Medien und der Werbung, in der Wissenschaft und der Forschung sowie in den vielfältigen Formen der Verwaltung.

Die realen Arbeitsbedingungen dieser Berufe werden sich – trotz mancher im vorliegenden Beitrag angesprochenen Veränderungen – auch in Zukunft wesentlich von den Bedingungen der *Arbeitskraftunternehmer* unterscheiden. Dieser sicherheitsspendende Rahmen wird jedoch von manchen sogenannten „Trendforschern" als das größte Hindernis für die zukünftige Arbeitswelt wahrgenommen. Aus deren Sicht gleicht die traditionelle Arbeitswelt einem freiheitsraubenden Gefängnis, wes-

---

55 Voß/Pongratz 1998.

halb die zukünftige Arbeitswelt von den Zwängen des Arbeitsrechts und der Kollektivverträge befreit werden müsse. Einer der bekanntesten „Zukunftsgurus", Matthias Horx, bringt diese Sehnsucht nach einem radikal flexibilisierten Arbeitsleben in der ihm eigenen plakativen Sprache auf den Punkt, indem er den Begriff „Arbeits*platz*" kritisiert. Denn „Platz", so Horx, sei ein Befehl für Hunde, eine untertänige Haltung einzunehmen.[56]

Im Gegensatz zu derartig ideologisch aufgeladenen, wissenschaftsfernen und unrealistischen Prognosen wird auch zukünftig kein Unternehmen die nur kurzfristig und projektbezogen beschäftigten Arbeitskraftunternehmer in die sensiblen Kernbereiche der eigenbetrieblichen Entwicklung von konkurrenzfähigem Wissen integrieren. Der Wirtschaftssoziologe Holger Rust entwirft dagegen einen ganz anderen Typus von zukunftsfähigen Mitarbeiterinnen und Mitarbeitern, nämlich die kreativen Individualistinnen und Individualisten, die in einem vertrauensvoll-kollegialen Kontext unter kooperativer Führung eine Grundloyalität zu ihrem Unternehmen aufbauen.[57] Aber auch im Hinblick auf die Arbeitsbedingungen des größten Teils der Arbeitnehmerinnen und Arbeitnehmer spricht vieles dafür, dass die Regeln für Arbeitszeit, Arbeitsort, Arbeitsorganisation und Arbeitsinhalt zukünftig – ähnlich wie heute – zwischen Arbeitgebern und Arbeitnehmern (sozial-)partnerschaftlich ausgehandelt werden.

2.5.5.1 Gig-Ökonomie (= Arbeit auf Abruf)

Die obigen vorausschauenden Überlegungen zum Thema „Arbeitskraftunternehmer" gelten sinngemäß auch für die Zukunft der sogenannten *Gig-Ökonomie* (= Arbeit auf Abruf). Der Begriff „Gig" stammt aus der Musikszene und bezeichnet dort Auftritte, die kurzfristig an einzelne Künstlerinnen und Künstler oder an Bands vermittelt werden. In den vergangenen Jahren erweiterte sich die Bedeutung dieses Begriffs. Als „Gig" gilt heute auch die Vermittlung von Gelegenheitsjobs über Internet-Plattformen (z. B. MyHammer, Foodora). Allgemein bekannte Ausprägungsformen der Gig-Ökonomie sind Fahrradboten oder der Fahrdienstleister „Uber", dessen grandios als „Zukunftsökonomie" beworbenes Angebot jedoch Ende 2017 vom Europäischen Gerichtshof auf den Boden der in den meisten EU-Ländern geltenden arbeits- und unternehmensrechtlichen Realität heruntergeholt wurde. Die sogenannte *Gig-Ökonomie* wird im europäischen Raum auch in mittelfristiger Perspektive ein marginaler Teil des gesamten Arbeitsmarkts bleiben.

---

56   http://www.horx.com/Zitate.aspx (Stichwort „Arbeit"; abgerufen am 12.09.2017).
57   Rust 2009a.

2.5.5.2 „Work-Life-Blending": Ständige berufliche Erreichbarkeit – auch nach der Arbeit, am Wochenende und im Urlaub?

Entgrenzte Arbeitsverhältnisse, bei denen eine klare Trennung zwischen Berufs- und Privatleben fehlt, sind für immer mehr Beschäftigte gelebte Realität. Dank Laptop und Smartphone sind viele Arbeitnehmerinnen und Arbeitnehmer überall und jederzeit erreichbar und arbeiten nach dem Motto *„work around the clock"* außerhalb der Dienstzeit weiter. Laut einer aktuellen Studie von Bitkom[58] nehmen sechs von zehn Beschäftigten dienstliche Anrufe sogar im Urlaub entgegen und jeder zweite beantwortet berufliche Kurznachrichten. Doch es sind nicht in erster Linie – wie vielleicht erwartet – die Vorgesetzten, die im Urlaub stören, sondern überwiegend die Kolleginnen und Kollegen. Zwei Drittel der Befragten wurden von Kollegen kontaktiert, ein Viertel von Kunden und nur jeder Fünfte von Vorgesetzten. Abgesehen von der Angst, den Anschluss zu verpassen, ist auch das Gefühl, unersetzbar zu sein, stark ausgeprägt. Diese grandiose Selbsteinschätzung steigt mit der Höhe der Hierarchiestufe an. Dabei belegen arbeitsmedizinische Studien, wie wichtig Erholungsphasen und eine klare Trennung zwischen Berufs- und Privatleben sind.[59] Immer mehr Unternehmen (z. B. Deutsche Telekom, Volkswagen) reagieren auf die rasche Zunahme stressbedingter Krankenstände und schalten nach Feierabend die E-Mail-Server ab. Der Grundsatz „Jeder Mitarbeiter und jede Mitarbeiterin haben ein Recht auf Nichterreichbarkeit" sollte sich zukünftig als sinnvolle und lohnende Entscheidung durchsetzen.

2.5.6 Flexibilisierung und Arbeitslosigkeit

2.5.6.1 Häufigerer Jobwechsel – häufigere Arbeitssuche

In Anbetracht der flexibleren Rahmenbedingungen des Arbeitsmarkts werden zukünftig die meisten Arbeitnehmerinnen und Arbeitnehmer im Laufe ihres Berufslebens mehrmals die Arbeitsstellen wechseln. Dies ist in vielen Fällen mit einer Phase der Arbeitslosigkeit und der Arbeitssuche verbunden. In diesem Zusammenhang ist eine gut funktionierende Arbeitsmarktpolitik – verbunden mit Institutionen des Arbeitsmarktmanagements[60] – unverzichtbar.

2.5.6.2 Arbeitslosigkeit und Arbeitsmarktpolitik in Deutschland und Österreich

Im internationalen Vergleich sind die Arbeitslosenquoten in Deutschland und Österreich gegenwärtig niedrig. Beim Vorausblick auf die mittelfristige Zukunft sprechen die folgenden drei Gründe dafür, dass in diesen beiden Ländern die Arbeits-

---

58   Bitkom 2016.
59   Siehe dazu u. a.: Initiative Gesundheit und Arbeit 2017.
60   In Deutschland: Bundesagentur für Arbeit; in Österreich: Arbeitsmarktservice.

losigkeit nicht zu einem schwerwiegenden gesellschaftlichen, wirtschaftlichen und politischen Problem werden wird:

- *Strukturell* betrachtet hängt das Ausmaß der Arbeitslosigkeit naturgemäß mit der wirtschaftlichen Lage eines Landes zusammen. Dabei spielen das Ausmaß und die Treffsicherheit der öffentlichen und privatwirtschaftlichen Investitionen sowie die Kaufkraft der Konsumentinnen und Konsumenten wesentliche Rollen. Derzeit gibt es keine Anzeichen dafür, dass sich diese Bedingungen sowohl in Deutschland als auch in Österreich in absehbarer Zeit signifikant verschlechtern. Dies gilt auch für die Technikfolgen der Digitalisierung.
- *Individuell* betrachtet sind die Qualifikationen und Kompetenzen von Arbeitssuchenden das wichtigste Kriterium für den Erfolg am Arbeitsmarkt. Es ist sehr wahrscheinlich, dass diesbezüglich sowohl in Deutschland als auch in Österreich die – im internationalen Vergleich – überdurchschnittlich guten gegenwärtigen Voraussetzungen auch zukünftig erfüllt werden. Dennoch gibt es in manchen Bereichen einen dringenden Handlungsbedarf.
- *Institutionell* betrachtet sind eine aktive Arbeitsmarktpolitik, eine ausgeprägte Kompromisskultur in der Beziehung zwischen Arbeitgeber- und Arbeitnehmerverbänden, Maßnahmen gegen Schwarzarbeit sowie für die Qualität der Arbeitsvermittlung und der arbeitsmarktbezogenen Bildungsmaßnahmen nachhaltig wirkungsvoll. Auch im Hinblick auf diese Rahmenbedingungen gibt es in beiden Ländern keinen Hinweis auf eine zukünftige Verschlechterung.

Je besser die Qualifikation,

- desto rascher gelingt es jungen Menschen, sich nach Abschluss der Ausbildung erfolgreich um einen passenden Job zu bewerben,
- desto geringer ist das Risiko, arbeitslos zu werden, und
- desto besser sind die Chancen, nach einer kurzen Phase der Arbeitslosigkeit und der Arbeitssuche wieder eine Anstellung zu finden.

Dagegen haben Menschen mit niederen formalen Bildungsabschlüssen sowohl am deutschen als auch am österreichischen Arbeitsmarkt – zukünftig noch mehr als bereits gegenwärtig – das höchste Arbeitslosigkeitsrisiko.

2.6 ZUKUNFTSDISKURS NR. 6: DIVERSITY – BUNTE VIELFALT DER BEDÜRFNISSE

Wenn die Aussage „der Mensch im Mittelpunkt" nicht nur ein schön klingender Slogan in Sonntagsreden, sondern die gelebte Praxis im betrieblichen Alltag ist, muss die bunte Vielfalt der Bedürfnisse, Interessen und Sichtweisen aller Mitarbeiterinnen und Mitarbeiter ernst genommen werden.

2.6.1 Die bunte Vielfalt der Akteure in der Zukunft der Arbeitswelt

Abgesehen von den Eigenheiten jedes Individuums gibt es offensichtlich manche Gemeinsamkeiten bei den Akteurgruppen mit den gleichen soziodemografischen Merkmalen, wie etwa: Lebensphase, Beziehungsstatus (z. B. Paar, Familie mit Kindern, Single), Geschlecht, soziale Herkunft, Bildungshöhe, Altersgruppe bzw. Generation u. Ä. Zunehmend bedeutsam ist auch die Auseinandersetzung mit den *interkulturellen* Aspekten der betrieblichen Kommunikation und Kooperation.

Für Arbeitgeber ist ein hinreichendes Wissen über die Spezifika der unterschiedlichen Akteurtypen in vielerlei Hinsicht relevant. Man denke etwa an die Wettbewerbsvorteile, die sich durch die akteurspezifische Suche nach jungen Talenten erzielen lassen. Die Besonderheiten der Arbeitsfähigkeit einer Akteurgruppe sollten auch bei der Gestaltung der Einarbeitungsphase für neue Mitarbeiter, bei der differenzierten Anwendung von Motivationsmethoden, beim Führungsstil, beim Generationenmanagement[61] und in der vorausschauenden Personalentwicklung berücksichtigt werden. Diese hier kurz skizzierte Diversity-Logik wird zukünftig immer wichtiger!

2.6.1.1 Altersgruppen bzw. Generationen

Im Zusammenhang mit dem Diversity-Diskurs erlangte der Blick auf die Spezifika der unterschiedlichen Altersgruppen bzw. *Generationen* in den vergangenen Jahren eine erhebliche Bedeutung. In diesem Sinne ist ein zukunftsfähiges *Personalmanagement* in besonderer Weise auch ein *Generationenmanagement*.

2.6.1.1.1 „Generation" ist ein vager Begriff
Meist ist damit eine bestimmte Altersgruppe gemeint, z. B. die Generation 60 plus, also alle Mitglieder einer Gesellschaft, die 60 Jahre und älter sind. Manchmal wird dem Generationenbegriff auch eine inhaltliche Bedeutung zugeschrieben, etwa „68er Generation". Im Hinblick auf bestimmte Geburtsjahrgänge wird häufig die folgende grobe Typisierung versucht, wobei es in der einschlägigen Literatur keine einheitliche Zuordnung von Geburtsjahrgängen zu den jeweiligen Generationen gibt. Deshalb ist es erforderlich, die in der vorliegenden Publikation für die Einteilung der *sechs „Generationen"* herangezogenen Alterskriterien transparent zu machen:

- Kriegs- und Nachkriegsgeneration: früher als 1952 geboren,
- Babyboomer-Generation: Geburtsjahre 1952 bis 1965,
- Generation X: Geburtsjahre 1966 bis 1979,
- Generation Y: Geburtsjahre 1980 bis 1995,
- Generation Z: Geburtsjahre 1996 bis 2010,
- Generation ? (evtl. „A"): ab 2011 geboren.

---

61   Ausführlicher dazu: Klaffke 2014.

Bei diesen Typisierungen wird also angenommen, dass die jeweiligen Altersgruppen durch prägende historische Ereignisse und/oder durch veränderte gesellschaftliche bzw. ökonomische Entwicklungen ähnliche Sicht- und Verhaltensweisen entwickelt haben. In den vergangenen Jahren richtete sich der Blick mancher Unternehmensberater und Arbeitsmarktexperten vor allem auf die *Gemeinsamkeiten* der gut unterscheidbaren Altersgruppen bzw. „Generationen".

In der Soziologie und der Sozialpsychologie gibt es eine Vielzahl von Definitionen des Begriffs „Generation", u. a. die folgende: Als Generation bezeichnet man „die Gesamtheit von Menschen ungefähr gleicher Altersstufe mit ähnlicher sozialer Orientierung und einer Lebensauffassung, die ihre Wurzeln in den prägenden Jahren einer Person hat.[62] Diese Prägung findet vor allem während der Kindheit, der Jugend und des frühen Erwachsenenalters statt, da in dieser Phase die Motivation für die Veränderung der individuellen Wertesysteme am stärksten ausgeprägt ist. Der damit verbundene generationenspezifische Wertewandel ermöglicht neue Sichtweisen, die wiederum zu modifizierten Lebens- und Arbeitsweisen führen. Im Hinblick auf die Arbeitswelt wird davon ausgegangen, dass durch diesen Wandel herkömmliche Strukturen, Funktionen und Prozesse in den Betrieben in Frage gestellt werden, manche unternehmerischen Anreizsysteme für Mitarbeiter ihre Bedeutung verlieren und eingespielte Hierarchien relativiert werden.

2.6.1.1.2 Kritik am Generationenkonzept

Vor den Gefahren einer allzu rigiden Anwendung des Generationenkonzepts muss in aller gebotenen Deutlichkeit gewarnt werden! Denn niemandem sollten nur aufgrund des Geburtsjahres oder äußerer Einflussfaktoren bestimmte Eigenschaften ab- oder zugesprochen werden. Umstandslose Verallgemeinerungen sind auch deshalb nicht angebracht, weil es innerhalb jeder Generation ähnlich viele Unterschiede (z. B. im Hinblick auf Bildung, familiäre Herkunft oder Einkommen) wie Gemeinsamkeiten gibt. Eine noch stärkere Differenzierung als bei der Einteilung in Altersgruppen ergibt sich, wenn man vom Sinus-Konzept der verschiedenen Milieus und der darin dominierenden Lebensstile ausgeht.[63] In *Deutschland* kommen zu all diesen differenzierenden Einflussfaktoren noch die unterschiedlichen Prägungen durch die bis zum Beginn der 1990er Jahre getrennten Lebenswelten und Lebenserfahrungen einerseits in der BRD und andererseits in der DDR.

Die typisierende Beschreibung von „Generationen" hat durchaus Vorteile, weil sie ein *grobes Orientierungsmuster* für die Veränderungen von Wertesystemen durch gesellschaftliche Wandlungsprozesse anbietet und somit eine Reduktion der Komplexität ermöglicht. Allerdings sollte dabei die differenzierte Betrachtung der Individuen nicht zu kurz kommen. Obwohl die Mitglieder einer bestimmten Altersgruppe manche Ähnlichkeiten aufweisen, gilt sowohl heute als auch zukünftig für alle

---

62 Mangelsdorf 2015, S. 12.
63 Für weitere Informationen zu Sinus-Milieus siehe SINUS Markt- und Sozialforschung GmbH: www.sinus-institut.de

menschlichen Beziehungen – auch in der Arbeitswelt – der folgende Leitsatz: Jedes Individuum ist einzigartig!

2.6.1.2 Sechs Generationen

Eine Vielzahl von Unternehmensberatern lebt gut von der allzu umstandslosen Typisierung bestimmter Altersgruppen (Babyboomer, Generation X, Generation Y, Generation Z …). Weiter oben im vorliegenden Beitrag wurde bereits auf die notwendige Relativierung derartiger Verallgemeinerungen hingewiesen. Denn innerhalb jeder Altersgruppe gibt es nicht nur *gemeinsame* Merkmale, sondern auch viele *Unterschiede*. Die Beschreibung auffälliger Gemeinsamkeiten der Mitglieder der unten aufgelisteten sechs Generationen kann also bestenfalls eine gewisse zukunftsbezogene Orientierung bieten. Unter Berücksichtigung dieser kritischen Überlegungen werden im Folgenden die Spezifika dieser „Generationen" im Hinblick auf die zukünftige Arbeitswelt kurz skizziert[64]:

2.6.1.2.1 Kriegs- und Nachkriegsgeneration (früher als 1952 geboren)

Die älteren Mitglieder dieser Generation kennen den Auf- und Abstieg des Nationalsozialismus und die Wirren des Zweiten Weltkriegs nicht nur von Erzählungen, sondern aus eigener Erfahrung. Die meisten Mitglieder dieser Generation verbrachten ihre Kindheit und Jugend entweder noch unter den schwierigen Lebensbedingungen des Krieges oder unter den entbehrungsreichen Bedingungen der Nachkriegszeit. Im Laufe des Berufslebens dieser Generation kam es zu erheblichen Verkürzungen der Arbeitszeit (vor allem der Wochen- und Jahresarbeitszeit), zur Erhöhung des Urlaubsanspruchs sowie zu einer Steigerung des Lohnniveaus. Für die in den ersten Jahren der Nachkriegszeit geborenen Deutschen bzw. Österreicherinnen und Österreicher treffen viele Merkmale der weiter oben im vorliegenden Buch skizzierten *älteren* Babyboomer zu. Diese Ähnlichkeiten beziehen sich vor allem auf die erfreulichen Erfahrungen einer ununterbrochenen Friedensphase sowie eines rasanten Wertewandels in der tiefgreifenden Modernisierungs- und Liberalisierungsphase in der zweiten Hälfte der 1960er und in der ersten Hälfte der 1970er Jahre. Gegenwärtig sind in Deutschland nur mehr knapp drei Prozent dieser zur Kriegs- und Nachkriegsgeneration zählenden Altersgruppe beruflich aktiv. In Österreich ist der beruflich aktive Anteil der Mitglieder dieser Generation noch geringer. In der zukünftigen Arbeitswelt wird diese Altersgruppe nur mehr in sehr wenigen Ausnahmefällen präsent sein.

---

64 Ausführlicher zu den im Punkt 2.6.1.2. dargestellten Generationen: Reinhardt/Popp 2018, S. 41–50.

2.6.1.2.2 Babyboomer-Generation (Geburtsjahre 1952 bis 1965)

Der sogenannte *Babyboom* begann in Deutschland und in Österreich ab etwa 1952 und klang im Gefolge des „Pillenknicks" (ab 1965) langsam ab. Sowohl in Deutschland (nur in Westdeutschland bzw. der BRD!) als auch in Österreich besteht die gemeinsame Erfahrung dieser Altersgruppe in der schrittweisen Demokratisierung sowie in den Vorteilen einer wachsenden Wirtschaft. Gleichzeitig sorgte der steigende Wohlstand bei vielen Mitgliedern dieser Generation für eine positive Zukunftsorientierung. Bei vielen Männern und bei den – in dieser Altersgruppe noch eher wenigen – berufstätigen Frauen galt und gilt der Beruf als Zentrum des Lebens. Die Loyalität gegenüber dem Arbeitgeber hatte und hat einen hohen Stellenwert. Der überwiegende Teil der Babyboomer wird in den kommenden Jahren noch berufstätig sein. Ein erheblicher Teil der Führungsfunktionen in den deutschen und österreichischen Betrieben sowie im öffentlichen Dienst liegt (noch) in den Händen dieser Generation. In diesem Zusammenhang müssen die Babyboomer in kurzfristiger Zukunft die Herausforderung einer produktiven und sozial verträglichen Übergabe der Verantwortung an die nächste Generation bewältigen. Viele ältere Mitglieder dieser Generation befinden sich in den letzten Jahren ihrer beruflichen Aktivität und sehnen sich nach einer altersgerechten Arbeitswelt. Die älteren Babyboomer erlebten in der Kinder- und Jugendzeit häufig noch eine sehr strenge und zwanghafte Erziehung. Die damit verbundenen traditionalistischen Einstellungen wurden in der Jugendphase bzw. im jungen Erwachsenenalter – ähnlich wie bei den in den ersten *Nachkriegs*jahren geborenen Mitgliedern der vorhergehenden Generation – durch die ab der Mitte der 1960er Jahre rasant verbreiteten antiautoritären Ideen zum Teil tiefgreifend in Frage gestellt. Dies gilt sinngemäß auch für die Forderungen nach einer Humanisierung der Arbeitswelt, nach einer verstärkten Demokratisierung aller Politikbereiche und nach einer partizipativen Erziehung und Bildung sowie für die Relativierung der traditionellen Genderrollen und die radikale Veränderung der kulturellen Ausdrucksformen. Die in dieser kurzen historischen Phase (etwa 1965 bis 1975) bei vielen jungen Menschen dominierende Verklärung der Jugend drückte sich besonders deutlich in dem 1965 produzierten Song „My Generation" der britischen Rockgruppe „The Who" aus. Der Schlüsselsatz dieses Liedes lautete: „I hope I die before I get old." Dank der kontinuierlich gewachsenen Lebenserwartung ging dieser Wunsch für den größten Teil dieser jugendbewegten Generation bisher glücklicherweise nicht in Erfüllung.[65]

2.6.1.2.3 Generation X (Geburtsjahre 1966 bis 1979)

Der Begriff „Generation X" geht auf das gleichnamige Buch von Douglas Coupland aus dem Jahr 1991 zurück. (Coupland meinte mit diesem Begriff allerdings – abweichend von der Zuordnung der Geburtsjahrgänge im vorliegenden Beitrag – die in

---

65   Für die *älteren* Babyboomer treffen viele Merkmale jener weiter oben im vorliegenden Buch skizzierten Menschen zu, die in den ersten Jahren der Nachkriegszeit geboren wurden.

den ausklingenden 1950er und in den 1960er Jahren geborenen Menschen.) Diese – im Sinne der Definition der Generation X unter dem vorliegenden Stichwort (= Geburtsjahre 1966 bis 1979) – *heute* im mittleren Alter befindliche Bevölkerungsgruppe wurde in der Kinder- und Jugendzeit von der gemeinsamen Erfahrung geprägt, dass sich die Dynamik des Wirtschaftswunders der 1950er und frühen 1960er Jahre sowie des damit verbundenen ökonomischen und gesellschaftlichen Aufbruchs deutlich verlangsamte. Außerdem verblasste die Begeisterung für die in der vorhergehenden Generation sehr einflussreichen Ziele der Liberalisierung aller Lebensbereiche. Diese Ernüchterung führte bei vielen Mitgliedern dieser Generation zu einer skeptischeren Grundhaltung und zu geringerem Zukunftsoptimismus sowie zu einem tendenziellen Rückzug ins Private. In der nahen und mittelfristigen Zukunft übernehmen Persönlichkeiten aus der Generation X die Führungsrollen sowohl in der Wirtschafts- und Arbeitswelt als auch in der Politik. Mit ihrer pragmatischen Logik der kleinen Schritte werden sie einerseits manche grandiosen Ideen der Babyboomer auf das kurzfristig Machbare zurückschrauben und andererseits den sozial-ökologischen Optimismus der Generation Y etwas einbremsen. Im produktiven Zusammenspiel zwischen dem Idealismus und den Selbstverwirklichungsansprüchen der Vorgänger- und Nachfolgergenerationen neigt die Generation X mit ihrem skeptischen Realismus dazu, die innovativen Ansprüche der Jüngeren und der Älteren einem permanenten Machbarkeitstest zu unterziehen. Wenn diese Skepsis übertrieben wird, könnte dies wichtige Innovationsdynamiken allzu stark bremsen. Eine maßvoll eingesetzte Realitätsprüfung kann allerdings zur produktiven Entwicklung einer *pragmatischen* Innovationskultur führen.

2.6.1.2.4 Generation Y (Geburtsjahre 1980 bis 1995)

Diese Altersgruppe ist mit den neuen Medien aufgewachsen und bildet die erste Generation der Digital Natives. Viele Mitglieder dieser Generation halten die Digitalisierung der Arbeits- und Freizeitwelt für ein selbstverständliches und unverzichtbares Merkmal der Gegenwart und der Zukunft. Die Jugendphase dieser Bevölkerungsgruppe war u. a. vom dynamischen Ausbau vielfältiger Bildungsangebote geprägt. Entsprechend gilt lebenslange Bildung in dieser Generation als wichtigste Voraussetzung für ein qualitätsvolles Leben. Ebenso hat eine starke internationale Orientierung – und damit verbunden das Erlernen von Fremdsprachen – eine große Bedeutung. Die Generation Y weist eine intensive Familienorientierung auf und wünscht sich eine möglichst harmonische Balance zwischen Beruf, Familie und Freizeit. Diese Generation pflegt häufig eine über die Jugendphase hinausgehende gute Beziehung zu den Eltern. Die in der Babyboomer-Generation noch stark ausgeprägten Generationenkonflikte sind in der Generation Y eher selten. Dennoch verfolgt auch diese Generation durchaus hartnäckig tiefgreifende Veränderungsinteressen. Dabei geht es um die konsequente Umsetzung einer mehrperspektivischen Lebensqualität mit der Kombination von Geld und Genuss, Familie und Freundeskreis, sinnvolle und persönlich befriedigende Arbeit, lebenslange Bildung und vielfältige kulturelle Aktivitäten sowie Engagement für mehr Humanität und ökologische Sensibilität. Für die Realisierung dieser Ziele übernehmen die meisten Mitglieder der Generation Y auch gerne Verantwortung. Im Gegensatz zur Erfahrung vieler junger Menschen in den 1960er und 1970er Jahren, dass die jugendlichen Lebenskonzepte nur im Konflikt mit den Eltern und mit dem gesellschaftlichen „Establishment" durchzusetzen sind, glaubt die Generation Y an die normative Kraft des Faktischen. Nach dem vom ehemaligen US-Präsidenten Barack Obama geprägten Motto „Yes we can" machen sie einfach, was sie für richtig halten. Wegen dieses unspektakulären, selbstbewussten und pragmatischen Idealismus hält der Jugend- und Sozialisationsforscher Klaus Hurrelmann viele Mitglieder der Generation Y für „heimliche Revolutionäre",[66] die in den kommenden Jahrzehnten für nachhaltige Veränderungen in der Arbeits- und Lebenswelt sorgen werden. Jedoch gilt dies nicht uneingeschränkt für alle Menschen in dieser Altersgruppe. Etwa ein Fünftel startet mit widrigen familiären und schulischen Voraussetzungen in das Erwachsenenalter und hat dadurch auch im Arbeitsleben nur eingeschränkte Chancen.

2.6.1.2.5 Generation Z (Geburtsjahre 1996 bis 2010)

In Deutschland ist dies die erste Generation der Nachkriegszeit, die den Eisernen Vorhang und die Berliner Mauer sowie die Teilung des Landes in die BRD und die DDR nur noch aus Erzählungen und aus dem Geschichtsunterricht kennt. Diese Altersgruppe lebt jedoch – sowohl in Deutschland als auch in Österreich – im permanenten Krisenmodus: Terroranschläge, ökologische Krise, Wirtschafts- und Finanzkrise, EU- und Eurokrise, Flüchtlingskrise. Die gesamte Kinder- und Jugendzeit wurde von der Erfahrung geprägt, dass es außerhalb des Kinderzimmers und der Wohnung äußerst bedrohliche Entwicklungen gibt, die sich durch eigenes Engagement kaum beeinflussen lassen. Dieses Grundgefühl der Unsicherheit sorgt für eine beachtliche Portion Zukunftsangst. Dem Bedrohungspotenzial der globalen Außenwelt steht jedoch der emotional befriedigende und beruhigende Rückzugsbereich der Familie gegenüber. Denn der überwiegende Teil der Generation Z hat es mit verständnisvollen Eltern zu tun, die sich – trotz steigender Scheidungsraten – auch in Sandwichfamilien wohlwollend und liebevoll um ihren Nachwuchs kümmern. Der starken Beziehung zu den Eltern entspricht auch die in dieser Generation sehr häufige intensive Beziehung zu *wenigen* Freunden. (Die vielen oberflächlichen Kontakte mit den Facebook-Freunden bleiben hier unberücksichtigt). Starke Konflikte und der Zwang zur kämpferischen Durchsetzung der eigenen Interessen spielen in der Sozialisation der Generation Z eine nachgeordnete Rolle. Dies führt dazu, dass viele Mitglieder der Generation Z gegenüber ihrer Mitwelt sehr fordernd auftreten, jedoch selbst die Übernahme von Verantwortung eher scheuen. Sie sehnen sich nach möglichst viel Spaß und leben nach dem Motto von Pippi Langstrumpf „Ich mach mir die Welt, widewide wie sie mir gefällt".[67] Diese ein wenig selbstverliebte, harmonie-

---

66 Vgl. Hurrelmann/Albrecht 2014.
67 http://die-generation-z.de/pippi-langstrumpf-bei-gen-z/

süchtige und auf ihre individuelle und gruppendynamische Lebensqualität bedachte Generation wird die Arbeitswelt der Zukunft mit ihrer Gelassenheit und Coolness sowie mit ihrer Forderung nach der Dominanz des Privatlebens nachhaltig beeinflussen. Mit den Mitgliedern der Generation X werden sie sich gut verstehen. Der Aktivitätsdrang der Generation Y sowie deren Sehnsucht nach Sinn und Innovation sind der Generation Z dagegen eher suspekt.

Da „Z" der *letzte* Buchstabe des Alphabets ist, drängt sich die Frage nach der Bezeichnung der nachfolgenden Generation auf.

2.6.1.2.6 Generation ? – evtl. „A" (ab 2011 geboren)

Die Altersgruppe der in den Jahren 1996 bis 2010 Geborenen wird mit „Generation Z", also mit dem *letzten* Buchstaben des Alphabets bezeichnet. Dies provoziert die Frage: Was kommt nach „Z"? Kommt nun der Buchstabe „A" – wie *Aufbruch* nach der Phase der großen Krisen, wie *Alpha* als Zeichen einer neuen Ära oder wie *App* als Ausdruck der umfassenden Digitalisierung einer ganzen Generation? Alle vorherigen Generationen sehen in den digitalisierten Technologien eher Werkzeuge, die zur Erreichung eines Ziels eingesetzt werden. Für diese jüngste Generation ist jedoch die digitalisierte Technik ein fester Bestandteil ihres Lebens und Teil ihrer Identität. Wenn diese Altersgruppe in eineinhalb bis zwei Jahrzehnten in die Arbeitswelt eintritt, wird sie vernetzter arbeiten wollen und hohe Ansprüche an die technische Ausstattung der Arbeitswelt stellen. Doch auch die sozialen Rahmenbedingungen des Lebens dieser jüngsten Generation werden sich verändern. Sie werden überwiegend Einzelkinder sein und ältere Eltern haben, von denen sie verwöhnt und umsorgt werden. Konflikte zwischen den Generationen nehmen weiter ab. Dadurch wird das Eltern-Kind-Verhältnis der Generation App noch enger als das der Generation Z sein. Im beruflichen Umfeld werden sie für ihren Erfolg nicht mehr kämpfen wollen, sondern möchten durch Coaches und Mentoren – ähnlich wie im Elternhaus – liebevoll gefördert und beraten werden. Der Großteil von ihnen wächst in einem urbanen Umfeld mit einer vielfältigen Angebotsstruktur auf und viele verfügen über ein hohes Bildungsniveau. Manche Zukunftsgurus prophezeien, dass die sozialen Fähigkeiten der Mitglieder der Generation A wegen der intensiven Einbindung in die zunehmend vernetzte Onlinewelt verkümmern werden. Sinngemäß gilt dies auch für die Befürchtung, dass bei der Generation A zukünftig nur mehr virtuelle Freunde zählen, echte persönliche Freundschaften an Bedeutung verlieren und die Einsamkeit steigt. Diese Sichtweise wird hier – mit Blick auf die in der menschlichen Psychodynamik stark verankerte soziale Orientierung – nicht vertreten! Vergleichbar alarmistische Prognosen gab es übrigens bei vielen Informations- und Kommunikationstechnologien, z. B. im Zusammenhang mit der massenhaften Verbreitung des Fernsehens.

2.6.1.3 Generationenverhältnis

In enger Verbindung mit der Analyse der spezifischen Bedürfnisse, Werthaltungen und Lebensziele der Mitglieder der einzelnen Generationen sind auch die *Beziehungen* zwischen den unterschiedlichen Altersgruppen, also das Generationenverhältnis, ein wichtiges zukunftsbezogenes Forschungsgebiet.

2.6.1.4 Junge Menschen werden zukünftig eine umworbene Zielgruppe am Arbeitsmarkt

Allein schon die niedrigen Geburtenraten sprechen für gute Jobaussichten der nachwachsenden Generationen. Denn zukünftig gibt es so wenig Nachwuchs für den Arbeitsmarkt wie schon lange nicht mehr. Außerdem sind viele junge Menschen nicht nur auf die heimischen Stellenangebote angewiesen, sondern können sich auch am internationalen Arbeitsmarkt bewerben. Aber auch in qualitativer Hinsicht haben bereits die heutigen und ebenso die zukünftigen jungen Arbeitnehmerinnen und Arbeitnehmer einiges zu bieten. Man denke nur an die meist recht guten Fremdsprachenkenntnisse, an die ausgeprägte mediale Kompetenz oder an die Fähigkeit zur kreativen Kooperation in Projekten. Noch nie in der Menschheitsgeschichte gab es einen so großen Anteil der jungen Generation mit einem vergleichbar hohen *formalen Bildungsniveau* wie bei den heutigen Jugendlichen und jungen Erwachsenen. Und das alles unter den privilegierten Rahmenbedingungen von Deutschland und Österreich, die zu den reichsten Ländern der Welt zählen.

Diese positive Diagnose und Prognose gilt jedoch nur für die große Mehrheit der jungen Menschen mit Abschlüssen im dualen Bildungssystem, an höheren Schulen oder an Hochschulen. Denn die Bedeutung der Bildung als Schlüsselfaktor für den Erfolg am Arbeitsmarkt, für den Lebensstandard und die Lebensqualität wird in den kommenden Jahren und Jahrzehnten weiter wachsen.

Gute Chancen bei der Suche nach einem qualitätsvollen Job gibt es allerdings nicht erst in der Zukunft. Denn bereits heute schaffen fast alle Jugendlichen und jungen Erwachsenen, die eine duale Ausbildung, eine höhere Schule oder eine Hochschule erfolgreich abgeschlossen haben, relativ bald nach dem Bildungsabschluss den Einstieg in das Berufsleben. Es spricht wenig dafür, dass sich diese positiven Bedingungen in mittelfristiger Perspektive ändern werden. Allerdings sollte die weniger gut gebildete Minderheit unter den jungen Menschen nicht vernachlässigt werden. Diese Gruppe wird es aber zukünftig – in Anbetracht des Bedeutungszuwachses der Bildung – leider noch schwerer haben als heute.

2.6.1.5 Alter(n)sgerechte Arbeitswelt

Der moderat verlängerte produktive Verbleib von älteren Arbeitnehmern im Erwerbsleben ist eine wichtige Herausforderung der zukünftigen Arbeitswelt. Allerdings stimmt dieses Ideal nicht immer mit der gegenwärtigen Personalentwicklung in den deutschen und österreichischen Unternehmen überein. Denn in der betriebs-wirtschaftlichen Praxis fallen allzu oft ältere (und meist teurere) Arbeitnehmerinnen und Arbeitnehmer einer kurzfristig orientierten Kosten-Nutzen-Rechnung zum Opfer. Grundsätzlich halten auch die meisten Arbeitnehmerinnen und Arbeitneh-mer die Anpassung der Lebensarbeitszeit an die verlängerte Lebenszeit für durchaus plausibel. Wenn es jedoch um die *individuelle* Lebensplanung geht, ist die Begeiste-rung für eine Verlängerung der Lebensarbeitszeit meist begrenzt.

Aber auch *außerhalb* der Arbeitswelt dominieren negative Altersbilder, etwa wenn in den Medien der diskriminierende Begriff „Überalterung" verwendet wird. Denn der Begriff „*Über*alterung" suggeriert, dass es in der 60plus-Generation zu vie-le Menschen gebe. Erstaunlicherweise gibt es im allgemeinen Sprachgebrauch keinen vergleichbaren Begriff für die demografischen Entwicklungen im jüngsten Segment der Bevölkerung, z. B. „Unterjüngung". Eine alter(n)sgerechte Arbeitswelt kann es also zukünftig nur dann geben, wenn sich in weiten Teilen der Gesellschaft, der Wirtschaft und der Politik ein positiveres Bild des Alter*n*s und des Alters durchsetzt.

2.6.1.5.1 Defizitorientierte Bilder des Alters und Alterns
Die EU-Leitlinie für Wachstum und Beschäftigung gab bereits für das Jahr 2010 in allen EU-Mitgliedsländern eine Beschäftigungsquote von mindestens 50 Prozent in der Altersgruppe der 55- bis 64-Jährigen vor. Während Deutschland die Quote längst erfüllt hat, gibt es in Österreich noch Nachholbedarf. Die zukünftigen Herausforde-rungen für die Gesellschaft, die Wirtschaft und die Politik bestehen darin, sowohl die Rahmenbedingungen als auch die individuelle Bereitschaft für den längeren Verbleib älterer Menschen in der Erwerbsarbeit noch weiter zu verbessern. Dabei geht es nicht nur um die betriebliche Gesundheitsförderung, sondern auch um eine positivere Sicht des Alters und des Alterns weit über das berufliche Leben hinaus. Gegenwärtig ist das Image von älteren Arbeitnehmern noch überwiegend negativ besetzt: zu teuer, zu langsam, zu unflexibel, zu oft krank. Zukünftig müssen auch jene Kompetenzen betont werden, bei denen ältere Arbeitnehmerinnen und Arbeitnehmer den meisten jüngeren Kollegen überlegen sind: Ausdauer, Erfahrung, Loyalität, soziale Kompe-tenz, Verlässlichkeit. Man könnte demnach festhalten: Unternehmen sollten nicht nur auf junge Angestellte setzen. Diese sind zwar häufig gut ausgebildet und schnell, viele ältere Mitarbeiterinnen und Mitarbeiter haben aber eine besondere und über viele Jahre entwickelte Expertise. Bei aller Wertschätzung des Alters sollten die viel-fältigen Qualitäten jüngerer Menschen jedoch nicht wegdiskutiert werden. Auch in der Arbeitswelt dürfen Jung und Alt nicht gegeneinander ausgespielt werden. Viel-mehr geht es um ein zukunftsorientiertes betriebliches Generationenmanagement, also um einen leistungsgerechten Umgang mit allen Altersgruppen.

2.6.1.5.2 Kriterien für eine alter(n)sgerechte Arbeitswelt
Eine alter(n)sgerechte Arbeitswelt zeichnet sich durch ein betriebliches Umfeld aus, das zumindest durch die folgenden vier Kriterien bestimmt ist:

- Erstens: Arbeitnehmerinnen und Arbeitnehmer werden nicht nur im Hinblick auf ihre berufliche Funktionsfähigkeit, sondern auch im Hinblick auf ihre allgemeine biologische und psychische Gesundheit gefördert.
- Zweitens: Zur Sicherung und Weiterentwicklung der professionellen Kompetenz der Arbeitnehmerinnen und Arbeitnehmer wird auf regelmäßige Weiterbildung geachtet.
- Drittens: Die individuellen Belastungsgrenzen der einzelnen Arbeitnehmerinnen und Arbeitnehmer werden nicht überschritten.
- Viertens: Die berufliche und persönliche Entwicklung und Entfaltung werden den Arbeitnehmerinnen und Arbeitnehmern unabhängig vom jeweiligen Alter ermöglicht.

2.6.1.5.3 Die folgenden Handlungsempfehlungen erleichtern die Umsetzung einer alter(n)sgerechten Arbeitswelt:

- Leitbilder für alternsgerechtes Arbeiten schaffen einen Orientierungsrahmen für Ziele und Strategien sowohl auf der betrieblichen Ebene als auch auf der Ebene der Politik.
- Auf der politischen Ebene braucht es sowohl rechtliche Regelungen und finanzielle Anreize als auch Koordinations- und Vernetzungszentren für alternsgerechtes Arbeiten – einschließlich praxisorientierter Beratungsangebote.
- Gelungene Praxisbeispiele erleichtern die Einführung von Innovationen. Sehr gute Modelle für alternsgerechtes Arbeiten gibt es in den skandinavischen Ländern, etwa in Finnland oder Norwegen.
- Alternsgerechtes Arbeiten muss als wichtiges betriebliches Querschnittsthema verstanden werden, das viele verschiedene Bereiche wie betriebliche Gesundheitsförderung, berufliche Weiterbildung, Ergonomie und betriebliches Generationenmanagement betrifft. Dies funktioniert in den meisten Fällen nur dann, wenn alternsgerechtes Arbeiten zur Chefsache erklärt wird.
- In diesem Sinne müssten die Interessenvertretungen der Arbeit*geber* das Problembewusstsein und die Lösungskompetenz der Führungskräfte in den Unternehmen durch Informations- und Sensibilisierungsprojekte deutlich verbessern.
- Auch auf der Ebene der Arbeit*nehmer* müssen die vielfältigen Herausforderungen des alternsgerechten Arbeitens besser verstanden werden. Gewerkschaften und Betriebsräte haben hier eine wichtige Funktion.
- Die sozialwissenschaftliche Forschung muss sich zukünftig viel mehr als heute der vorausschauenden Auseinandersetzung mit dem Thema Alter und Altern in hochentwickelten Gesellschaften widmen.
- Konzepte des alternsgerechten Arbeitens müssen zudem berücksichtigen, dass die Menschen sich auch in der nachberuflichen Lebensphase eine gute Lebensqualität wünschen. Denn das Leben nach dem Beruf dauert schon heute länger als zwei Jahrzehnte – mit zukünftig weiter steigender Tendenz.

2.6.1.6 Frauen und Arbeitswelt

Die schleppenden Fortschritte bei der Erwerbsbeteiligung, der besseren Entlohnung und der Karriereentwicklung von Frauen hängen – neben manchen strukturellen Gründen – auch mit den in der unbewussten Psychodynamik tief verankerten Rollenbildern zusammen. Denn der rationale Teil unserer Psyche denkt, aber der irrationale bzw. unbewusste Teil lenkt.

Heute gelten fast alle Maßnahmen im Bereich der Genderpolitik nur den gesellschaftlichen und politischen Rahmenbedingungen. Zukünftig braucht es jedoch beides: Veränderung der *Verhältnisse* und gleichzeitig des *Verhaltens* – einschließlich der unbewussten Motive. Für eine höhere Erwerbsbeteiligung von Frauen – auch in Vollzeitjobs, in gut bezahlten Technikberufen und als Führungskräfte – spricht jedenfalls das individuelle Ziel einer selbstbestimmten Lebensplanung. Dabei geht es nicht nur um das Einkommen in der beruflich aktiven Lebensphase, sondern auch in der immer länger dauernden nachberuflichen Zeit. Denn die staatlich geregelte Rente wird zukünftig nur bei einer langen Berufstätigkeit mit guter Entlohnung eine existenzsichernde Höhe erreichen.

Auf dem Weg zur Gleichstellung der Geschlechter gab es in den vergangenen Jahrzehnten – vor allem seit den 1970er Jahren – sowohl in der Arbeitswelt als auch im Familienleben einige wichtige Schritte in die richtige Richtung. Aber der größte Teil des Weges liegt noch vor uns.

Frauen in Technikberufen: Es ist hinlänglich bekannt, dass in Deutschland und Österreich sowohl im dualen Bildungssystem als auch bei den Hochschulstudien allzu viele Frauen einen großen Bogen um technisch orientierte Ausbildungen machen. Die Ausrede, Frauen wären wegen ihrer geringeren Körperkraft für Jobs in diesen Berufsfeldern weniger geeignet, ist freilich nicht stichhaltig. Denn in den meisten technischen Berufen hängt der Arbeitsalltag längst nicht mehr mit körperlichen Voraussetzungen zusammen. Die mentalen Aspekte der beruflichen Weichenstellung prägen sich oftmals in den ersten Lebensjahren aus. Denn in Deutschland und Österreich orientiert sich die Erziehung in vielen Familien noch sehr stark an geschlechtsspezifischen Stereotypen. Deshalb ist der geringe Anteil von Frauen in Technikstudiengängen und in gut bezahlten Technikberufen bis heute ein ungelöstes Problem. Oberflächliche Imagekampagnen kurz vor der Berufswahl der jungen Menschen bringen in dieser Frage nur wenig. Bei der Entwicklung von Maßnahmen für eine zukünftige Verbesserung sollte übrigens auch die überwiegend männlich geprägte Kommunikationskultur in den schulischen und hochschulischen Technikausbildungen nicht außer Acht gelassen werden. Die Erhöhung des Frauenanteils im Produktions- und Techniksektor stellt jedenfalls eine große Herausforderung für die Bildungs- und Arbeitswelt der Zukunft dar.

2.6.1.7 Zukünftig bessere Inklusion von Menschen mit Behinderungen

In jeder Gemeinschaft und in jeder Gesellschaft gibt es eine Vielzahl von Vorurteilen und Klischees, die in der soziologischen Fachsprache meist mit dem Begriff „Stereotype" zusammengefasst werden. Besonders stark ausgeprägt sind derartige verfestigte Meinungsbilder im Hinblick auf Menschen mit Behinderungen bzw. Beeinträchtigungen. Der größte Teil dieser Bevölkerungsgruppe ist von Behinderungen bzw. Beeinträchtigungen der *körperlichen Bewegungen und der Mobilität* betroffen. Dazu kommen noch Personen mit *Seh*behinderungen bzw. -beeinträchtigungen, mit erheblichen *Hör-* und *Sprach*behinderungen bzw. -beeinträchtigungen, mit erheblichen *geistigen* Behinderungen bzw. Beeinträchtigungen sowie der kontinuierlich wachsende Anteil der Menschen mit *psychischen* Behinderungen bzw. Beeinträchtigungen.

In der UN-Behindertenrechtskonvention wird die uneingeschränkte Teilhabe von behinderten bzw. beeinträchtigten Personen an allen Lebensbereichen (z. B. an der Schule, am Arbeitsplatz, in der Freizeit oder im Straßenverkehr) als Menschenrecht definiert. Obwohl diese Konvention von Deutschland und Österreich anerkannt wurde, haben sowohl das Bildungswesen[68] als auch die *Arbeitswelt* in beiden Ländern noch lange nicht alle Schritte auf dem langen Weg der konsequenten Umsetzung zurückgelegt. Menschen mit Behinderungen bzw. Beeinträchtigungen im arbeitsfähigen Alter sind – trotz vielfältiger Förderungsprogramme der öffentlichen Hand – sowohl in Deutschland als auch in Österreich in viel zu geringem Ausmaß in den Arbeitsmarkt integriert.

Im Zusammenhang mit der Wahrnehmung und Interpretation von Behinderungen bzw. Beeinträchtigungen kann die kreative Umdeutung von Stereotypen sehr wirkungsvolle Irritationen auslösen. So wandelte sich etwa seit den 1970er Jahren – vor allem im Bereich der körperlichen Beeinträchtigungen und Mobilitätsbehinderungen – die frühere Sichtweise des „Behindert*seins*" öffentlichkeitswirksam in Richtung des „Behindert*werdens*". Diese Umdeutung führte zu einem tiefgreifenden Umdenken in der Gesellschaft und der Politik. Wer sich auf diese kreative Logik einlässt, erkennt sehr rasch, dass sich etwa durch einen rollstuhlgerechten Lift oder eine abgeschrägte Gehsteigkante manche Behinderung leicht verhindern lässt. Dadurch verbessert sich auch die Lebensqualität von Menschen, die nur eine vorübergehende Mobilitäts- und sonstige Beeinträchtigungen aufweisen (z. B. Menschen nach Unfällen, Menschen in Krankenbehandlung, Mütter/Väter mit Kinderwägen etc.).

Auch im Hinblick auf die Bevölkerungsgruppe der gehörlosen Menschen war und ist der Diskurs über die Anerkennung als „sprachliche Minderheit" ein vergleichbar kreativer Anlass für eine neue und integrationsfreundliche Interpretation der speziellen Bedürfnisse einer kleinen Bevölkerungsgruppe. Offensichtlich läuft

---

68 Im Hinblick auf den thematischen Bezug zur *Arbeitswelt* wird im vorliegenden Beitrag auf die weitgehend ungelöste Zukunftsfrage des integrativen bzw. inklusiven Umgangs mit Beeinträchtigungen und Behinderungen im gesamten *Bildungswesen* (vom Kindergarten über Schulen bis hin zu Hochschulen) nicht näher eingegangen.

seit etwa vier Jahrzehnten ein Prozess des kontinuierlichen Abbaus von Vorurteilen gegenüber Menschen mit Behinderungen bzw. Beeinträchtigungen. Allem Anschein nach wird sich dieser Trend auch zukünftig fortsetzen.[69]

2.7 ZUKUNFTSDISKURS NR. 7: MANAGEMENT MIT DEM MENSCHEN IM MITTELPUNKT

2.7.1 Zukunftsfähiges Management zwischen Anspruch und Wirklichkeit

In den meisten Management-Lehrbüchern wird ein ideales Bild der Gestaltung von betrieblichen Strukturen und Funktionen gezeichnet, z. B. flache Hierarchien, Kombination von Führung und Selbstorganisation, flexible Orientierung an Unternehmenswerten statt an starren Regeln, offene Netzwerkstrukturen, Dezentralisierung der Prozess- und Ergebnisverantwortung, Förderung der Eigeninitiative der Mitarbeiterinnen und Mitarbeiter, realistische Zielvereinbarungen sowie Schaffung vielfältiger Freiräume auf allen betrieblichen Ebenen.[70] Das sind zweifellos außerordentlich wichtige Voraussetzungen für die Gestaltung von zukunfts- und innovationsfähigen Unternehmen. Die Realität sieht jedoch gegenwärtig allzu oft anders aus. Denn viele Führungskräfte handeln noch in der Logik längst überholter Führungskonzepte. Aber starre Strategien und rigide Hierarchien passen in innovativen und agilen Unternehmen nicht mehr zur Flexibilität des Tagesgeschäfts.

2.7.2 Zukunftsmanagement und Qualitätsentwicklung

Sowohl die Dynamik als auch die Komplexität der Märkte nehmen kontinuierlich zu.[71] Deshalb zählen zu den wichtigsten Aufgaben einer erfolgreichen Führungskraft die Herstellung einer von möglichst allen Mitarbeiterinnen und Mitarbeitern des jeweiligen Unternehmens mitgetragene *Zukunftsorientierung* (Leitbild, Vision, Szenarien ...) sowie das professionelle Management von Innovations- und Veränderungsprozessen. Auf diese Zukunftsziele hin müsste auch die *Qualitätsentwicklung*[72] eines Unternehmens ausgerichtet sein. Dabei geht es nicht nur um jene Aspekte, die beim *technokratischen Qualitätsmanagement* im Vordergrund stehen, nämlich um die

---

69 Dieses erfreuliche Zukunftsbild vertraten bei einer im Jahr 2014 durchgeführten repräsentativen Befragung rund zwei Drittel (67%) der Österreicherinnen und Österreicher. Die Männer (64%) waren etwas skeptischer als die Frauen (71 Prozent) und die Jüngeren (16- bis 29-Jährige: 59%) waren erheblich weniger optimistisch als der große Rest der Bevölkerung. Siehe dazu in: Popp 2015 (*Österreich 2033*), S. 33 und S. 298 f.

70 Dieses ideale Bild zukunftsfähiger Führungskräfte wird auch im Beitrag von Ursula della Schiava-Winkler („Arbeit anders. Plädoyer für eine zukunftsfähige Unternehmenskultur: agil – digital – kooperativ") weiter unten im vorliegenden Buch gezeichnet.

71 Siehe dazu u. a.: Grabmeier 2015.

72 Ausführlicher u. a.: Schmitt/Pfeifer 2015; Zech 2015.

(freilich sehr wichtige) Qualität von Produkten, Dienstleistungen, Arbeitsabläufen und Kundenbeziehungen, sondern auch um die Verbesserung der *Arbeitsfähigkeit* und der *Arbeitsqualität*, um die Förderung von *Kreativität und Innovationsfähigkeit*, um ein aktives *Ideenmanagement* sowie um mehrperspektivische (= ökonomische + ökologische + soziale) *Nachhaltigkeit*. In diesem Zusammenhang kommt der Partizipation der Mitarbeiterinnen und Mitarbeiter eine wachsende Bedeutung zu.

2.7.3 Förderung von Arbeitsfähigkeit und Arbeitsqualität

Im Zusammenhang mit der betrieblichen Qualitätsentwicklung zählt die mehrperspektivische Förderung von *Arbeitsfähigkeit* und *Arbeitsqualität* zu den wichtigsten Aufgaben zukunftsfähiger Managerinnen und Manager.

2.7.3.1 Arbeitsfähigkeit

Der Begriff „*Arbeitsfähigkeit*" *(work ability)* erlangte in den 1990er Jahren durch das internationale Engagement des finnischen Arbeitswissenschaftlers Juhani Ilmarinen große Popularität, wobei sich der Diskurs anfangs vor allem auf Fragestellungen der *alter(n)sgerechten Arbeitswelt* reduzierte. Schon bald erweiterte sich die Diskussion über die Zielgruppe älterer Arbeitnehmerinnen und Arbeitnehmer hinaus. Heute bezieht sich das arbeitswissenschaftliche Interesse auf die Arbeitsfähigkeit *aller* Akteure in der Arbeitswelt. Dabei werden vor allem die vielfältigen und komplexen Zusammenhänge zwischen den folgenden Faktoren analysiert.[73]

- den *betrieblichen Arbeitsanforderungen,*
- der *individuellen Arbeitsfähigkeit* (Kompetenzen, biopsychosoziale Leistungsfähigkeit, Motivation, persönliches Umfeld …) sowie
- den *betrieblichen Rahmenbedingungen zur Unterstützung der individuellen Arbeitsfähigkeit* (Führung, Kommunikation, räumliche Bedingungen, betriebliche Gesundheitsförderung, Leitbild …).[74]

2.7.3.2 Arbeitsqualität

Im größten Teil der Menschheitsgeschichte hielt sich die Begeisterung für die Arbeit bei den meisten Menschen in überschaubaren Grenzen. Schon in der Bibel gilt ja bekanntlich die Arbeit als Strafe Gottes für den Sündenfall: Erst nach der Vertreibung aus dem Paradies mussten die Menschen ihr Brot im Schweiße ihres Angesichts verdienen. Auch die Sprachgeschichte weist darauf hin, dass vor allem die körperliche

---

73 Ausführlicher dazu siehe u. a.: Giesert/Reuter/Liebrich 2017; Tempel/Ilmarinen 2013.

74 Ausführlicher zum betrieblichen Gesundheitsmanagement und zu biopsychosozialen Aspekten der betrieblichen Gesundheitsförderung siehe im Beitrag von Monika Spiegel und Reinhold Popp („Zukunft – Beruf – Gesundheit. Biopsychosoziale und soziokulturelle Perspektiven für die Arbeitwelt") weiter unten im vorliegenden Buch.

Arbeit früher ein schlechtes Image hatte. So bedeutete etwa das mittelhochdeutsche Wort „arebeit" *Mühe*, das gotische „arbaiphs" *Not* bzw. *Bedrängnis*, der griechische Begriff „ponos" *Last*, das russische „rabota" gar *Sklave* und das lateinische „laborare" *leiden*. Heute ist der Begriff „Arbeit" viel positiver besetzt. Dies liegt vor allem an der deutlich reduzierten Lebensarbeitszeit und an den verbesserten Arbeitsbedingungen.

2.7.3.3 Sechs Kriterien für die zukünftige Arbeitsqualität

Bei der Bewertung der Arbeitsqualität wird für die meisten Menschen auch zukünftig die Höhe des Gehalts eine wichtige Rolle spielen. Darauf weisen die Ergebnisse mehrerer repräsentativer Befragungen hin.[75] Aber Geld allein garantiert noch lange nicht eine hohe Lebensqualität in der Arbeitswelt. Auf der Basis vieler Forschungsergebnisse[76] lässt sich der für das Arbeitsplatzprofil von morgen und übermorgen wünschenswerte und zukunftsfähige Mix aus subjektiv befriedigenden und objektiv leistungsfördernden Faktoren folgendermaßen zusammenfassen:

- Gutes Einkommen und individuell passende Arbeitszeiten fördern den Fleiß.
- Abwechslung und selbstständige Arbeitseinteilung fördern die Zufriedenheit.
- Anerkennung und Wertschätzung fördern Erfolgserlebnisse.
- Karrierechancen und kollegiale Kommunikation fördern die Motivation.
- Qualitätsvolle Arbeitsräume fördern das Wohlbefinden.
- Mitbestimmung und Weiterbildung fördern die Identifikation mit dem Betrieb.

2.7.4 Zukunftsorientierte Organisationsentwicklung

Der Begriff „Organisationsentwicklung" bezieht sich auf Konzepte und Maßnahmen zur Planung und Realisierung von Wandlungsprozessen in Organisationen (Unternehmen, Institutionen, Vereinigungen ...). In diesem thematischen Zusammenhang geht es um die Theorie und Methodik des strategischen Managements, der strategischen Unternehmensplanung, der Planung im politisch-administrativen System sowie der Planung in den Bereichen der Regionalentwicklung, der Stadtentwicklung und der Infrastrukturentwicklung.[77] Von besonderer Bedeutung sind dabei die zukunftsweisende Fähigkeit zum strategischen Denken und der zukunftsorientierte

---

75 Siehe dazu u. a.: für *Deutschland*: Reinhardt/Popp, 2018, S. 270 ff.; für *Österreich*: Statistik Austria – Befragungsergebnisse im Rahmen des Projekts „Wie geht's Österreich?".

76 U. a.: Popp 2015 (*Österreich 2033*); Popp/Reinhard 2015 (*Zukunft!*); Reinhardt/Popp 2018, S. 142 ff.

77 Vertiefend zu diesem Themenspektrum: Botthof/Hartmann 2015; Godet/Durance 2011; Götz/Weßner 2009; Heintzeler 2008; Hoffmann/Bogedan 2015; Hungenberg 2001; Liebl 1996 und 2000; Mietzner 2009; Müller/Müller-Stewens 2009; Müller-Friemauth/Kühn 2017; Neuhaus 2006 und 2009; Roll 2004; Rust 2012b.

Umgang mit Komplexität.[78] In diesem Zusammenhang kann eine vorausschauende Organisationsberatung wertvolle Unterstützung bieten.[79]

2.7.5 Paradigmenwechsel beim Management

Werden die Führungskräfte in deutschen und österreichischen Unternehmen zukünftig besser managen als heute? Nur 37 Prozent der Deutschen und sogar nur 29 Prozent der Österreicherinnen und Österreicher[80] können sich diese positive Entwicklung vorstellen, wobei die jüngeren Generationen optimistischer gestimmt sind als die älteren. Um das Vertrauen in die Entscheidungsträger zu erhöhen, wäre in vielen Unternehmen ein Paradigmenwechsel beim Managementverständnis erforderlich. In diesem Sinne müsste das bei Firmenfeiern so gerne kommunizierte Motto „Der Mensch im Mittelpunkt" zum selbstverständlich gelebten Prinzip des realen Arbeitsalltags werden. So gesehen sollten sich zukunftsfähige Führungskräfte an den folgenden fünf Punkte orientieren:

* Wertschätzung ist gleich wichtig wie Wertschöpfung,
* Vertrauenskultur ersetzt die alte Kontrollkultur,
* Initiative und Kreativität werden gefördert,
* Diskurse kommen häufiger vor als Dekrete,
* Arbeitszeit ist auch persönliche Entwicklungszeit.

2.7.6 Managergehälter

Vergleicht man die Gehälter von hochrangigen Managern mit der durchschnittlichen Gehaltshöhe ihrer Mitarbeiterinnen und Mitarbeiter, zeigen sich enorme Unterschiede. Laut einer Harvard-Studie verdient ein geschäftsführendes Vorstandsmitglied in den USA im Jahr das 303-Fache eines einfachen Angestellten oder Arbeiters. Die repräsentativ befragten Bürgerinnen und Bürger in den USA erachten jedoch nur siebenmal so hohe Gehälter als gerecht.[81] Auch das diesbezügliche Meinungsbild

---

78   Dazu u. a.: Dörner 2003 und 2015; Füllsack 2011; Kappelhoff 2002; Scharmer 2014; Vester 1984 und 2002.

79   Ausführlichere Überlegungen zu einer zukunftsbezogenen Organisationsberatung im Hinblick auf die Entwicklung agiler, digitaler und kooperativer Unternehmenskulturen finden sich im Beitrag von Ursula della Schiava-Winkler („Arbeit anders. Plädoyer für eine zukunftsfähige Unternehmenskultur: agil – digital – kooperativ") weiter unten im vorliegenden Buch.

80   Quelle der *deutschen* Befragungsergebnisse: Reinhardt/Popp 2018, S. 111; Quelle der *österreichischen* Befragungsergebnisse: Popp 2015 (*Österreich 2033*), S. 121.

81   Economic Policy Institute (2015) *Top CEOs make 300 times more than typical workers.* URL: http://www.epi.org/publication/top-ceos-make-300-times-more-than-workers-pay-growth-surpasses-market-gains-and-the-rest-of-the-0–1-percent/

der Deutschen[82] weicht erheblich von der realen Einkommenshöhe im Spitzenmanagement ab: Siehe dazu Zukunftsbild Nr. 71 im Beitrag von Ulrich Reinhardt und Reinhold Popp („*77 Meinungen der Deutschen zur Zukunft der Arbeitswelt*") weiter unten im vorliegenden Buch.

2.7.7   Selbstständige Erwerbstätigkeit

„*Selbstständigkeit*" ist ein vieldeutiger Begriff. Er kann das Ausziehen von jungen Erwachsenen aus dem Elternhaus oder auch die eigenverantwortliche Lösung von beruflichen Problemen meinen. In der Welt der Wirtschaft wird dieser Begriff meist im Zusammenhang mit *selbstständiger Erwerbstätigkeit*, also der Gründung, dem Besitz und der Führung eines Unternehmens verwendet.

Der größte Teil der heute selbstständig Erwerbstätigen engagiert sich im weiten Spektrum der Dienstleistungen, im Handel, in kleineren produzierenden Betrieben, in der Industrie, in der Land- und Forstwirtschaft sowie in den freien Berufen. Derzeit beträgt der Anteil der Selbstständigen an allen Erwerbstätigen in Deutschland rund elf Prozent und in Österreich rund zwölf Prozent. In beiden Ländern liegt die Selbstständigenquote deutlich unter dem EU-Durchschnitt (rund 15 Prozent). Aus heutiger Sicht spricht wenig dafür, dass sich in Deutschland und Österreich in mittelfristiger Perspektive der Anteil der Selbstständigen signifikant erhöhen wird. Eine moderate Annäherung an den EU-Durchschnitt wäre bereits ein großer Fortschritt.

Ein überdurchschnittlich starker Zuwachs ist vor allem bei den Ein-Personen-Unternehmen zu erwarten. Viele dieser Kleinstbetriebe sind in den unterschiedlichen Ausprägungsformen des Beratungsgeschäfts oder in der Kreativwirtschaft tätig. Wichtige Motive für diese selbstständige Solokarriere liegen in der Sehnsucht nach Flexibilität, Selbstverwirklichung und Unabhängigkeit. In manchen Ein-Personen-Unternehmen, die *de jure* als selbstständig Erwerbstätige gelten, handelt es sich jedoch *de facto* um abhängig bzw. unselbstständig Beschäftigte.

Im öffentlichen Diskurs über die Zukunft der selbstständigen Erwerbstätigkeit spielen vor allem die sogenannten *Start-ups* eine zukunftsweisende Rolle. Von diesen Unternehmensgründungen werden vor allem innovative Entwicklungen im Zusammenhang mit der Digitalisierung erwartet. Eine Reihe von Erhebungen zeigt, dass die selbstständige Erwerbstätigkeit bei sehr vielen Menschen in Deutschland und Österreich grundsätzlich ein gutes Image hat. Faktisch entscheiden sich jedoch knapp 90 Prozent der erwerbstätigen Menschen für eine Anstellung, davon mehr als ein Zehntel im öffentlichen Dienst und der große Rest in der freien Wirtschaft.

---

82   Reinhardt/Popp 2018, S. 273 ff. Eine vergleichbare Befragung für Österreich liegt leider nicht vor.

2.7.8 Ideenmanagement

Auf das kreative Potenzial, das in den Köpfen von vielen Millionen Mitarbeiterinnen und Mitarbeitern in den deutschen und österreichischen Unternehmen schlummert, kann zukünftig kein Betrieb verzichten. Denn rund um die eigenen Arbeitsplätze gibt es keine besseren Expertinnen und Experten für Innovationen als die jeweiligen Mitarbeiter. So gesehen braucht ein zukunftsfähiger Betrieb Ideenmanager bzw. -managerinnen, also Spezialisten für das Suchen und Heben dieser Schätze. Kreativität ist die wesentliche Voraussetzung für ein gelingendes Ideenmanagement. Jeder Mensch kommt mit einer Fülle an kreativem Potenzial auf die Welt. Wenn dieser kreative Schatz in der Familienerziehung und in der Schule nicht verschüttet wurde, hat es ein Ideenmanager bzw. eine Ideenmanagerin relativ leicht. Wenn aber Familie und Schule bei der Kreativitätsförderung versagt haben, wird das Ideenmanagement mühsam. Denn Kreativität lässt sich nicht durch Aufträge verordnen. Die Bereitschaft, Ideen zur Verbesserung betrieblicher Prozesse beizusteuern, lebt von einer prinzipiell wertschätzenden, vertrauensvollen und partizipativen Unternehmenskultur. In einer angstgesteuerten Kontrollkultur wächst der Wille zum „Dienst nach Vorschrift". Wenn jedoch der Mensch im Mittelpunkt steht, fördert dies die Entwicklung und Kommunikation von kleinen, aber feinen Ideen. Dabei geht es nicht nur um finanzielle Belohnungen. Häufig ist der Stolz auf die im Unternehmen offiziell anerkannte Idee mindestens so wichtig wie die Prämie. Ideal ist also ein gut ausbalancierter Mix aus Geld und Anerkennung. Einer der größten deutschen Technologiekonzerne (Bosch) dokumentiert seit vielen Jahren die Ergebnisse seines Ideenmanagements. Die Verbesserungsvorschläge der Mitarbeiter bringen dem Unternehmen jährlich rund 40 Millionen Euro an Einsparungen oder zusätzlichen Einnahmen. Dafür werden rund acht Millionen Euro an Belohnungen ausgezahlt.

Der „Semmelweis-Effekt": Widerstand gegen innovative Ideen
Manchmal können auch unspektakuläre Ideen weltbewegende Konsequenzen haben. Man denke etwa an den österreichischen Arzt Ignaz Philipp Semmelweis (1818–1865), der seine ärztlichen Kollegen animierte, sich vor dem Kontakt mit den Patientinnen und Patienten die Hände zu waschen. Mit dieser – aus heutiger Sicht – sehr simplen Innovation konnten Millionen von Menschenleben gerettet werden. Die von Semmelweis in seinem engeren Wirkungsbereich eingeführte und evaluierte Innovation wurde jedoch vom größten Teil seiner Kollegen belächelt und in der damaligen Medizin vorerst nicht umgesetzt. Leider führt auch heutzutage in allzu vielen Unternehmen und Institutionen ein Verbesserungsvorschlag nicht zu einer höheren Anerkennung des Ideengebers bzw. der Ideengeberin, sondern häufig nur zu einem milden Lächeln und manchmal sogar zur sozialen Ausgrenzung. Dieser Widerstand gegen neue Ideen wird in der sozialwissenschaftlichen Innovationsforschung – durchaus treffend – als „Semmelweis-Effekt" bezeichnet.

Im Innovationsdiskurs wird gelegentlich auch der englische Begriff „Empowerment" verwendet. Dieser Begriff klingt etwas sperrig. Besser beschreibt der aus der emotionaleren romanischen Sprachwelt stammende Begriff „Animation", worum es beim Ideenmanagement geht. Denn Animation bedeutet Beseelen, Beleben bzw. Aktivieren. Und genau das ist entscheidend: Weg vom reinen Verwalten von Vorschlägen – hin zum lebendigen Interesse der Führungskräfte sowie der Kolleginnen und Kollegen an den Ideen jedes und jeder Einzelnen.

2.7.9   Intuition und zukunftsbezogene Entscheidungen

Die Planung zukünftiger Entwicklungen ist eng mit vorausschauenden Entscheidungen verbunden.

2.7.9.1   Im Spannungsfeld zwischen Logik und Intuition

Als der weltweit bekannteste Exponent der Forschung über die *intuitiven* Elemente zukunftsbezogener Entscheidungen gilt der US-amerikanische Psychologe und Nobelpreisträger für Wirtschaft, Daniel Kahneman.[83] Im deutschsprachigen Raum plädiert der Psychologe und frühere Leiter des *Max-Planck-Instituts für Bildungsforschung* in Berlin, Gerd Gigerenzer, für die stärkere Nutzung der Intuition im alltäglichen Leben, in der Arbeits- und Wirtschaftswelt sowie in der Wissenschaft. In seinem lesenswerten Buch „Risiko – Wie man die richtigen Entscheidungen trifft"[84] singt er zu Recht ein Loblied auf die Nutzung der Intuition im alltäglichen Leben, in der Arbeits- und Wirtschaftswelt sowie in der Wissenschaft. Er betrachtet die Intuition als eine – auf möglichst viel Fachwissen und Erfahrung, aber auch auf vereinfachenden Faustregeln beruhende – Form der Intelligenz. Die Problemlösungskompetenz der Intuition ist der Leistungsfähigkeit der Logik keineswegs unterlegen. Logik und Intuition sind keine Gegner, sondern eignen sich für die Bewältigung jeweils unterschiedlicher Herausforderungen.

*   Die *Intuition* ist vor allem dann gefragt, wenn Entscheidungen getroffen werden müssen, obwohl viele Einflussfaktoren der komplexen Rahmenbedingungen ungewiss sind. Diese Ausgangslage ist der Normalfall der Zukunftsplanung sowohl im Alltag der meisten Menschen als auch in der Wirtschaft und der Politik.
*   Das *logische Denken* ist dagegen ein Sonderfall. Es erweist sich nämlich nur dann als bester Weg, wenn alle zukunftsgestaltenden Faktoren ausreichend bekannt sind.

---

83   Kahneman 2015.
84   Gigerenzer 2013, S. 147.

2.7.9.2 Intuition – Heuristik – Improvisation

In unserer modernen Welt, die der Rationalität einen extrem hohen Stellenwert einräumt, gilt die Intuition häufig als äußerst fragwürdige Grundlage für zukunftsrelevante Entscheidungen. Deshalb wird die Intuition in unseren Schulen und Hochschulen nur selten als Zukunftskompetenz betrachtet, sondern als irrationales „Bauchgefühl" abgewertet.[85] Für eine Aufwertung der – freilich erfahrungs- und wissensbasierten – Intuition plädierte dagegen Albert Einstein mit der folgenden weisen Wortspende: *„Der intuitive Geist ist ein Geschenk und der rationale Geist ein treuer Diener. Wir haben eine Gesellschaft geschaffen, die den Diener ehrt und das Geschenk vergessen hat."*

Im Zusammenhang mit der *Intuition* spielt auch das Konzept der *Heuristik* eine wichtige Rolle: „Eine Faustregel oder Heuristik ist eine bewusste oder unbewusste Strategie, die Teile der Information ausklammert, um bessere Urteile zu fällen. Sie ermöglicht uns, ohne langes Suchen nach Information, aber doch mit großer Genauigkeit eine rasche Entscheidung zu fällen."[86] *Intuition* ist übrigens sehr eng mit der Fähigkeit zur *Improvisation* verbunden.

2.7.10. Kreativität und Innovationsfähigkeit

Im Zusammenhang mit der dynamischen Modernisierung der Wirtschaft, der Liberalisierung der Gesellschaft und der Veränderung der politischen Kultur entwickelte sich ab der Mitte der 1960er Jahre – auch im deutschsprachigen Raum – ein verstärkter Bedarf an zukunfts- und innovationsbezogenem Wissen in größeren Wirtschaftsunternehmen, in wichtigen gesellschaftlichen Institutionen, in Ministerien und in der Stadt- bzw. Regionalplanung. In einigen Publikationen wird auch die Bedeutung der Kreativität in der Forschung untersucht.[87]

Kreativität und Innovationsfähigkeit zählen – nicht nur für Führungskräfte – zu den wichtigsten Schlüsselkompetenzen in der zukünftigen Arbeitswelt. Kreativität fördert die Entdeckung von neuen Fragen und die innovative Lösung von Problemen. Die zukunftsträchtige Förderung von Kreativität und Innovationsfähigkeit in der Bildungs- und der Arbeitswelt lebt vom *Respekt vor der Neugierde der Menschen.* Ein prominenter Zeuge für diese zukunftsweisende Einsicht ist der bereits zitierte Albert Einstein, der uns folgende überraschend bescheidene Beschreibung seines Begabungspotenzials überlieferte: *„Ich habe keine besondere Begabung, sondern bin nur leidenschaftlich neugierig."*

---

85   Im Hinblick auf die Bedeutung von Intuition auch im Bereich der Wissenschaft siehe u. a.: Bachhiesl/Bachhiesl/Köchel 2018.

86   Gigerenzer 2013, S. 380.

87   Siehe dazu u. a: Heinze/Parthey/Spur u. a. 2013. Zur Förderung kreativer Entscheidungen siehe: Burow 2015.

- Neugierde fördert also Kreativität und Innovationsfähigkeit.
- Kreativität und Innovationsfähigkeit sind die Motoren für soziale, kulturelle, technische, wirtschaftliche und politische Innovation.
- Innovation wiederum stärkt die Chancen der wissensbasierten Gesellschaften Europas am globalen Markt
- und sichert dadurch die ökonomische Basis für unsere zukünftige Lebensqualität.

77 Meinungsbilder der Deutschen zur Zukunft der Arbeitswelt
Ulrich Reinhardt/Reinhold Popp

In dem von den beiden Autoren des vorliegenden Beitrags im Jahr 2018 veröffentlichten Buch *„Schöne neue Arbeitswelt. Was kommt, was bleibt, was geht?"* finden sich empirisch fundierte Meinungen der Deutschen zur Zukunft der Arbeitswelt. Aus diesem umfangreichen Werk werden im vorliegenden Beitrag *77 ausgewählte Befragungsergebnisse* kurz zusammengefasst.

1.   Erhebungsmethode

Die im oben genannten Buch *ausführlich* präsentierten sowie theoriegeleitet interpretierten[1] und im vorliegenden Beitrag in komprimierter Form dargestellten empirischen Forschungsergebnisse basieren auf einer Quotenstichprobe. Die Ermittlung der Quoten erfolgte auf Basis amtlicher Statistiken und Berechnungen durch die GfK Marktforschung – im Auftrag der *Stiftung für Zukunftsfragen* in Hamburg. Für die Bestimmung der Auskunftspersonen erhielten die Außenmitarbeiterinnen und -mitarbeiter der GfK Marktforschung die Merkmale Geschlecht, Alter, Beruf und Haushaltsgröße der Befragten *direkt* sowie die Merkmale Ortsgröße und Bundesland *indirekt* vorgegeben. (Jeder Außenmitarbeiter hatte an seinem Wohnort zu befragen.) Die Fragen wurden von Ulrich Reinhardt und Reinhold Popp entwickelt und die Feldarbeiten wurden vom Kooperationsinstitut GfK Marktforschung geleitet sowie kontrolliert.

Anzahl und Repräsentanz: Deutschland, 2.000 bis 4.000 Personen ab 14 Jahren, Zeitraum der Befragung: 2014 bis 2016.

2.   Repräsentative Befragungen in der Zukunftsforschung

Im Vergleich mit *qualitativen* Interviews (einschließlich Expertenbefragungen, u. a. in Form von Delphi-Studien) werden *repräsentative Befragungen* im Bereich der Zukunftsforschung eher selten eingesetzt. Einige Zukunftsforscher (z. B. Opaschowski, Popp, Reinhardt)[2] interessieren sich jedoch nicht nur für die (mit Hilfe von Experteninterviews erhobenen) Zukunftsbilder von Entwicklungsingenieuren, Politikern oder Managern, sondern auch für die zukunftsbezogenen Sichtweisen des großen

---

1   Die genauen bibliografischen Daten zu den Literaturangaben im vorliegenden Beitrag finden sich im Literaturverzeichnis im Schlussteil des vorliegenden Buches.

2   Opaschowski 2013; Popp/Reinhardt 2015 (*Zukunft!*); Popp 2015 (*Österreich 2033*); Reinhardt/Popp 2018.

Rests der Bevölkerung.[3] Mit Hilfe von repräsentativen Befragungen lassen sich die zukunftsbezogenen Annahmen, Wünsche, Hoffnungen oder Ängste großer Bevölkerungsgruppen erheben. Durch die Wiederholung dieser Befragungen in regelmäßigen Abständen – also durch die *Zeitreihentechnik* – können Veränderungen im Zeitverlauf festgestellt werden.

3.   Zukunftsforschung mit dem Menschen im Mittelpunkt

Bei der Interpretation der Befragungsergebnisse werden die zukunftsbezogenen Meinungsbilder der Bevölkerung mit thematisch relevanten Forschungsergebnissen verglichen. Dabei spielt das kritisch-hermeneutische Verstehen der empirischen Erhebungsergebnisse eine zentrale Rolle. Diese theoriegeleitete Interpretation der empirischen Daten ermöglicht die Einschätzung der *Plausibilität* der erhobenen Zukunftsbilder. Bei diesem Typus von Zukunftsforschung dürfen jedoch die Meinungen der Menschen nicht mit *objektiven* Aussagen verwechselt werden. Denn selbst wenn ein kollektives Zukunftsbild von einer großen Zahl der Befragten vertreten wird, muss diese Mehrheitsmeinung aus wissenschaftlicher Sicht nicht unbedingt plausibel sein. Manchmal halten also die Meinungen der Bevölkerungsmehrheit einer wissenschaftlichen Überprüfung nicht stand. Diese Diskrepanz tritt vor allem dann auf, wenn die Antworten auf Zukunftsfragen von massiven Zukunftsängsten durchdrungen sind. Zukunftsangst wirkt sich demnach negativ auf die Produktion realistischer Zukunftsbilder aus. Bei den mehrheitlich vertretenen Zukunftswünschen spielen häufig auch gewohnte Denkstrukturen eine zentrale Rolle. Dieser Zusammenhang lässt sich mit einem Zitat aus dem Munde von Henry Ford, dem Pionier der industriellen Autoproduktion, verdeutlichen: „Wenn ich die Menschen gefragt hätte, was sie wollen, hätten sie gesagt: ‚Schnellere Pferde‘." Allem Anschein nach wird das Ungewohnte häufig nicht als sinnvolle Alternative zum Bekannten und Bestehenden wahrgenommen.

4.   Eine neue Arbeitswelt ist nur dann schön, wenn sie auch eine humane Arbeitswelt ist!

Aus der in dem Buch „Schöne neue Arbeitswelt. Was kommt, was bleibt, was geht? (2018)" ausführlich begründeten Sicht der beiden Autoren (Reinhardt/Popp) ist eine bessere Arbeitswelt jedenfalls ein Ziel, das durch eine bereits heute startende Zukunftsgestaltung realistisch erreichbar ist. Ob jedoch die zukünftige Arbeitswelt nicht nur *neu*, sondern auch *schön* wird, hängt vor allem davon ab, ob der Mensch im Mittelpunkt steht!

---

[3]   U. a. im Hinblick auf dieses Forschungsinteresse kooperierten die beiden Autoren des vorliegenden Beitrags, *Ulrich Reinhardt* und *Reinhold Popp*, in mehreren zukunftsbezogenen Forschungsprojekten.

5. 77 ZUKUNFTSBILDER DER DEUTSCHEN

Ausführliche *inhaltliche* Auseinandersetzungen mit vielen Themen, die in den folgenden 77 Zukunftsbildern angesprochen werden, finden sich in dem Beitrag „Menschen – Maschinen – Märkte. Sieben zuversichtliche Zukunftsdiskurse zum Wandel der Arbeitswelt" weiter oben im vorliegenden Buch.

> Die im folgenden Text angegebenen **Prozentwerte** beziehen sich auf die repräsentativ erhobene Antwort „Ja – **ist vorstellbar**".

Zukunftsbild Nr. 01:

„In der Weiterentwicklung der Technologien für Information, Kommunikation und Automatisierung liegt ein sehr großes Potenzial für das wirtschaftliche Wachstum."

84 % der Deutschen sind dieser Meinung.

Zukunftsbild Nr. 02:

„In 20 Jahren werden sich durch die Digitalisierung in den meisten Betrieben die Arbeitsbedingungen verbessern."

59 % der Deutschen sind dieser Meinung.

Zukunftsbild Nr. 03:

„Die neuen Technologien machen das Leben leichter und angenehmer."

Zeitreihenvergleich:
* Meinungsbild 1996:   **21 %**
* Meinungsbild 2009:   **31 %**
* Meinungsbild 2015:   **85 %**

Zukunftsbild Nr. 04:

„Durch die private Nutzung von Neuen Medien entstehen zahlreiche berufliche Vorteile."

64 % der Deutschen sind dieser Meinung.

Zukunftsbild Nr. 05:

„Die neuen Technologien schaffen neue Arbeitsplätze."

56 % der Deutschen sind dieser Meinung.

Zukunftsbild Nr. 06:

„Durch die fortschreitende Automatisierung und Technisierung werden in der Zukunft global mehr Menschen arbeitslos sein."

72 % der Deutschen sind dieser Meinung.

Zukunftsbild Nr. 07:

„In den nächsten 20 Jahren werden viele Arbeitnehmerinnen und Arbeitnehmer durch Roboter ersetzt werden."

62 % der Deutschen sind dieser Meinung.

Zukunftsbild Nr. 08:

„In 20 Jahren wird es Roboter geben, die etwa so intelligent sind wie Menschen. Danach wird sich die Intelligenz der Roboter weit über die menschliche Intelligenz hinaus entwickeln."

48 % der Deutschen sind dieser Meinung.

Zukunftsbild Nr. 09:

„In den kommenden 20 Jahren wird in Deutschland die künstliche Verbesserung der menschlichen Fähigkeiten (z. B. durch leistungsfördernde Medikamente, durch Implantate u. Ä.) sehr weit fortgeschritten und verbreitet sein."

68 % der Deutschen sind dieser Meinung.

Zukunftsbild Nr. 10:

„In 20 Jahren wird es in Deutschland nur noch wenige Vollzeit-Dienstverhältnisse geben. Die meisten Menschen arbeiten in Teilzeitjobs, haben Zeitverträge oder sind als Leiharbeiter tätig."

59 % der Deutschen sind dieser Meinung.

Zukunftsbild Nr. 11:

„Wenn ich die Wahl hätte, würde ich in Zukunft genau so viel arbeiten und verdienen wie bisher, aber meine Arbeitszeit flexibler und individueller einteilen."

38 % der Deutschen sind dieser Meinung.

Zukunftsbild Nr. 12:

„In 20 Jahren wird es mehr Arbeitnehmerinnen und Arbeitnehmer im Niedriglohnsektor geben."

73 % der Deutschen sind dieser Meinung.

Zukunftsbild Nr. 13:

„2030 haben viele Arbeitnehmerinnen und Arbeitnehmer Zweit- und Nebenjobs."

Zeitreihenvergleich:
- Meinungsbild 2008:   **78 %**
- Meinungsbild 2016:   **82 %**

Zukunftsbild Nr. 14:

„In 20 Jahren werden die meisten Arbeitsverträge in Deutschland befristet sein."

73 % der Deutschen sind dieser Meinung.

Zukunftsbild Nr. 15:

„Für die junge Generation ist es in Zukunft viel schwieriger, ebenso abgesichert und im Wohlstand zu leben wie die heutige Elterngeneration."

64 % der Deutschen sind dieser Meinung.

Zukunftsbild Nr. 16:

„Die nächste Generation wird mit mehr Arbeitsplatzunsicherheit leben und mit mehr Druck und Stress arbeiten müssen."

67 % der Deutschen sind dieser Meinung.

Zukunftsbild Nr. 17:

„In 20 Jahren werden zunehmend mehr deutsche Betriebe ihre Produktionsstätten in Billiglohnländer verlagert haben."

78 % der Deutschen sind dieser Meinung.

Zukunftsbild Nr. 18:

„In 20 Jahren wird wenigstens jeder vierte Arbeitnehmer in Deutschland nicht deutscher Staatsbürger sein."

74 % der Deutschen sind dieser Meinung.

Zukunftsbild Nr. 19:

„Die Identifikation mit dem Arbeitgeber wird 2030 geringer sein als heute."

58 % der Deutschen sind dieser Meinung.

Zukunftsbild Nr. 20:

„In den kommenden 20 Jahren werden die Führungskräfte in Deutschlands Unternehmen ihre Aufgaben besser erfüllen als heute."

37 % der Deutschen sind dieser Meinung.

Zukunftsbild Nr. 21:

„In den nächsten 20 Jahren zählen Frauen zu den Gewinnerinnen der Arbeitswelt."

51 % der Deutschen sind dieser Meinung.

Zukunftsbild Nr. 22:

„In 20 Jahren werden in Deutschland deutlich mehr Frauen in technischen und naturwissenschaftlichen Berufen arbeiten."

75 % der Deutschen sind dieser Meinung.

Zukunftsbild Nr. 23:

„In 20 Jahren wird es deutlich mehr Mobbing am Arbeitsplatz geben als heute."

54 % der Deutschen sind dieser Meinung.

Zukunftsbild Nr. 24:

„Wenn ich die Möglichkeit hätte, die Verteilung von Arbeitszeit und Einkommenshöhe selber zu bestimmen, würde ich lieber später in den Ruhestand gehen, dafür aber eine höhere Rente bekommen (mit Zuschlägen)."

Zeitreihenvergleich:
*   Meinungsbild 1993: **7 %**
*   Meinungsbild 2003: **8 %**
*   Meinungsbild 2015: **14 %**

Zukunftsbild Nr. 25:

„Wenn ich die Möglichkeit hätte, die Verteilung von Arbeitszeit und Einkommenshöhe selber zu bestimmen, würde ich gerne den überwiegenden Teil meiner beruflichen Tätigkeit zu Hause mit Telearbeit erledigen."

Zeitreihenvergleich:
- Meinungsbild 2003: **10 %**
- Meinungsbild 2015: **17 %**

Zukunftsbild Nr. 26:

„Für die meisten Arbeitnehmerinnen und Arbeitnehmer bleibt auch in Zukunft das Firmengelände bzw. das Büro der primäre Arbeitsplatz."

80 % der Deutschen sind dieser Meinung.

Zukunftsbild Nr. 27:

„In Zukunft werden Arbeitgeber und Gewerkschaften besser zusammenarbeiten und gute Kompromisse zum Wohle aller aushandeln."

43 % der Deutschen sind dieser Meinung.

Zukunftsbild Nr. 28:

„In Zukunft werden Arbeitskräfte fehlen."

Zeitreihenvergleich:
- Meinungsbild 2012: **58 %**
- Meinungsbild 2016: **48 %**

Zukunftsbild Nr. 29:

„Aufgrund des demografischen Wandels werden in den kommenden 20 Jahren junge Menschen am Arbeitsmarkt stark umworben werden. Firmen bewerben sich dann bei den Kandidatinnen und Kandidaten."

54 % der Deutschen sind dieser Meinung.

Zukunftsbild Nr. 30:

„In 20 Jahren werden die meisten Arbeitnehmerinnen und Arbeitnehmer mehr als 40 Stunden pro Woche arbeiten."

44 % der Deutschen sind dieser Meinung.

Zukunftsbild Nr. 31:

„Durch die Automatisierung arbeiten die meisten Bürgerinnen und Bürger im Jahr 2030 weniger als 25 Stunden pro Woche."

21 % der Deutschen sind dieser Meinung.

Zukunftsbild Nr. 32:

„In Zukunft wird es in den meisten Unternehmen Vertrauensarbeitszeit geben und keine Stundenerfassung mehr."

25 % der Deutschen sind dieser Meinung.

Zukunftsbild Nr. 33:

„In Zukunft wünsche ich mir ein Arbeitszeitkonto, auf dem ich meine Überstunden und/oder Urlaubstage über längere Zeit ansparen kann, um so auch mal eine längere Auszeit nehmen zu können."

67 % der Deutschen sind dieser Meinung.

Zukunftsbild Nr. 34:

„Deutschland liegt mit 30 Urlaubstagen jährlich EU-weit ganz vorne. Aus Gründen der wirtschaftlichen Konkurrenzfähigkeit wird in den kommenden 20 Jahren die Dauer des Urlaubs schrittweise an den EU-Durchschnitt von jährlich 25 Tagen angepasst."

49 % der Deutschen sind dieser Meinung.

Zukunftsbild Nr. 35:

„In 20 Jahren werden die meisten Arbeitnehmerinnen und Arbeitnehmer auch während ihres Urlaubs ständig für die Firma telefonisch und/oder per E-Mail erreichbar sein."

62 % der Deutschen sind dieser Meinung.

Zukunftsbild Nr. 36:

„In 20 Jahren wird es in fast allen Unternehmen deutlich mehr gesundheitsfördernde Maßnahmen für die Arbeitnehmerinnen und Arbeitnehmer geben als heute (regelmäßige Gesundheitschecks, Sportprogramme, gesundes Essen in der Kantine etc.)."

65 % der Deutschen sind dieser Meinung.

Zukunftsbild Nr. 37:

„In 20 Jahren wird es in den meisten Unternehmen flache Hierarchien mit wenigen Vorgesetzten geben."

36 % der Deutschen sind dieser Meinung.

Zukunftsbild Nr. 38:

„In Zukunft sollte das gesetzliche Renteneintrittsalter jährlich um einen Monat ansteigen, da ja auch die Lebenserwartung jedes Jahr um etwa zwei bis drei Monate steigt."

29 % der Deutschen sind dieser Meinung.

Zukunftsbild Nr. 39:

„Der nächsten Generation droht Altersarmut."

55 % der Deutschen sind dieser Meinung.

Zukunftsbild Nr. 40:

„In 20 Jahren garantiert der Staat allen erwachsenen Bürgern ein bedingungsloses Grundeinkommen in der Höhe von etwa 900 Euro pro Monat."

27 % der Deutschen sind dieser Meinung.

Zukunftsbild Nr. 41:

„Im Mittelpunkt der gegenwärtigen Diskussion zur Krise und Reform des Sozialstaates steht die Frage nach der Höhe der Sozialleistungen: *In Zukunft sollten die Sozialleistungen gekürzt werden.*"

19 % der Deutschen sind dieser Meinung.

Zukunftsbild Nr. 42:

„Im Mittelpunkt der gegenwärtigen Diskussion zur Krise und Reform des Sozialstaates steht die Frage nach der Höhe der Sozialleistungen: *In Zukunft sollten die Sozialleistungen so bleiben wie sie sind.*"

50 % der Deutschen sind dieser Meinung.

Zukunftsbild Nr. 43:

„Im Mittelpunkt der gegenwärtigen Diskussion zur Krise und Reform des Sozialstaates steht die Frage nach der Höhe der Sozialleistungen: *In Zukunft sollten die Sozialleistungen ausgeweitet werden.*"

25 % der Deutschen sind dieser Meinung.

Zukunftsbild Nr. 44:

„Die nächste Generation wird mit der Vereinbarkeit von Beruf und Familie Ernst machen und nicht den einen Lebensbereich zu Lasten des anderen opfern wollen."

31 % der Deutschen sind dieser Meinung.

Zukunftsbild Nr. 45:

„Die Vereinbarkeit von Beruf, Familie und Freizeit wird von Deutschlands Unternehmen in den kommenden 20 Jahren kontinuierlich verbessert."

63 % der Deutschen sind dieser Meinung.

Zukunftsbild Nr. 46:

„Die von der Politik geforderte Vereinbarkeit von Beruf und Familie muss für Frauen und Männer gleichermaßen gelten, damit auch die Männer Kinderbetreuung zu Hause leisten können."

88 % der Deutschen sind dieser Meinung.

Zukunftsbild Nr. 47:

„Es sollte im öffentlichen Dienst und in großen Unternehmen eine Frauenquote geben (z. B. 30 Prozent Frauen in Führungspositionen)."

29 % der Deutschen sind dieser Meinung.

Zukunftsbild Nr. 48:

„Firmen, die sich für eine gute Vereinbarkeit von Beruf und Familie einsetzen, sollten staatlich gefördert werden."

57 % der Deutschen sind dieser Meinung.

Zukunftsbild Nr. 49:

„In 20 Jahren werden Frauen und Männer in der Arbeitswelt gleichgestellt sein (gleiches Gehalt, gleiche Karrierechancen)."

50 % der Deutschen sind dieser Meinung.

Zukunftsbild Nr. 50:

„Männer sollten mehr familiäre Verantwortung übernehmen und ihren Beruf mit ihrer Familie besser vereinbaren."

41 % der Deutschen sind dieser Meinung.

Zukunftsbild Nr. 51:

„Es wäre ideal, wenn ein Elternteil arbeitet und der andere die Erziehung der Kinder übernimmt."

74 % der Deutschen sind dieser Meinung.

Zukunftsbild Nr. 52:

„Auch in 20 Jahren bleibt die Bedeutung der klassischen Berufsausbildung, also die Kombination aus Lehre und Berufsschule, kontinuierlich hoch."

74 % der Deutschen sind dieser Meinung.

Zukunftsbild Nr. 53:

„In den nächsten 20 Jahren werden an Universitäten bzw. Hochschulen nur mehr Studienplätze angeboten, für die es am Arbeitsmarkt einen nachweisbaren Bedarf gibt."

51 % der Deutschen sind dieser Meinung.

Zukunftsbild Nr. 54:

„In 20 Jahren haben Zeugnisse von Schulen und Hochschulen am Arbeitsmarkt nur noch eine geringe Bedeutung. Bei Bewerbungen in der Berufswelt verlassen sich die Betriebe lieber auf eigene Einstellungstests."

48 % der Deutschen sind dieser Meinung.

Zukunftsbild Nr. 55:

„Die berufliche Weiterbildung muss in Zukunft Bestandteil der Arbeitszeit sein."

82 % der Deutschen sind dieser Meinung.

Zukunftsbild Nr. 56:

„Für die Weiterbildung der Arbeitnehmerinnen und Arbeitnehmer sollte zukünftig weitgehend der Arbeitgeber verantwortlich sein. Er sollte auch die Inhalte der Weiterbildung festlegen."

75 % der Deutschen sind dieser Meinung.

Zukunftsbild Nr. 57:

„Zukünftig muss jeder selber für seine berufliche Qualifikation sorgen. Daher muss man neben der Arbeit zusätzlich private Kurse (z. B. an der Volkshochschule) besuchen, um sich fortzubilden."

62 % der Deutschen sind dieser Meinung.

Zukunftsbild Nr. 58:

„In den kommenden Jahren wird lebenslanges Lernen immer wichtiger."

87 % der Deutschen sind dieser Meinung.

Zukunftsbild Nr. 59:

„In zwanzig Jahren benötigt man in der Arbeitswelt nicht mehr nur Fachkompetenzen, sondern auch Kompetenzen wie Zeitmanagement, Kritikfähigkeit, Kreativität, Teamfähigkeit, Durchsetzungsvermögen u. Ä."

85 % der Deutschen sind dieser Meinung.

Zukunftsbild Nr. 60:

„Für die nächste Generation wird das persönliche Wohlergehen wichtiger sein als die ständige Steigerung des Lebensstandards."

29 % der Deutschen sind dieser Meinung.

Zukunftsbild Nr. 61:

„Der folgende Grund wird die Menschen in Zukunft besonders stark motivieren, einer Erwerbstätigkeit nachzugehen: *Arbeit garantiert Einkommen, Lebensstandard und Kaufkraft.*"

87 % der Deutschen sind dieser Meinung.

Zukunftsbild Nr. 62:

„Der folgende Grund wird die Menschen in Zukunft besonders stark motivieren, einer Erwerbstätigkeit nachzugehen: *Arbeit ermöglicht soziale Kontakte.*"

38 % der Deutschen sind dieser Meinung.

Zukunftsbild Nr. 63:

„Der folgende Grund wird die Menschen in Zukunft besonders stark motivieren, einer Erwerbstätigkeit nachzugehen: *Arbeit verhilft zu Anerkennung und Status.*"

37 % der Deutschen sind dieser Meinung.

Zukunftsbild Nr. 64:

„Der folgende Grund wird die Menschen in Zukunft besonders stark motivieren, einer Erwerbstätigkeit nachzugehen: *Arbeit vermittelt Erfolgserlebnisse.*"

35 % der Deutschen sind dieser Meinung.

Zukunftsbild Nr. 65:

„Der folgende Grund wird die Menschen in Zukunft besonders stark motivieren, einer Erwerbstätigkeit nachzugehen: *Arbeit vermittelt Lebenssinn.*"

26 % der Deutschen sind dieser Meinung.

Zukunftsbild Nr. 66:

„Der folgende Grund wird die Menschen in Zukunft besonders stark motivieren, einer Erwerbstätigkeit nachzugehen: *Arbeit bildet.*"

13 % der Deutschen sind dieser Meinung.

Zukunftsbild Nr. 67:

„Der folgende Grund wird die Menschen in Zukunft besonders stark motivieren, einer Erwerbstätigkeit nachzugehen: *Arbeit ermöglicht Identifikation.*"

12 % der Deutschen sind dieser Meinung.

Zukunftsbild Nr. 68:

„Der folgende Grund wird die Menschen in Zukunft besonders stark motivieren, einer Erwerbstätigkeit nachzugehen: *Arbeit bildet die Persönlichkeit ab.*"

11 % der Deutschen sind dieser Meinung.

Zukunftsbild Nr. 69:

„Der folgende Grund wird die Menschen in Zukunft besonders stark motivieren, einer Erwerbstätigkeit nachzugehen: *Arbeit hilft, Langeweile zu vermeiden.*"

8 % der Deutschen sind dieser Meinung.

Zukunftsbild Nr. 70:

„Der folgende Grund wird die Menschen in Zukunft besonders stark motivieren, einer Erwerbstätigkeit nachzugehen: *Arbeit macht Spaß.*"

8 % der Deutschen sind dieser Meinung.

Zukunftsbild Nr. 71:

„Stellen Sie sich vor, das Gehalt von Firmenchefs wäre an das durchschnittliche Einkommen ihrer Angestellten gebunden. Das Wievielfache des Durchschnittseinkommens in einer Firma sollten die Chefs *Ihrer Meinung nach* erhalten?"

- 5-Fache: **45 %**
- 10-Fache: **27 %**
- 20-Fache: **11 %**
- 50-Fache: **4 %**
- 100-Fache: **1 %**
- 500-Fache: **0 %**
- Keine Grenze: **2 %**

Zukunftsbild Nr. 72:

„Freizeit ist zukünftig für Arbeitnehmerinnen und Arbeitnehmer wichtiger als ein gutes Gehalt."

22 % der Deutschen sind dieser Meinung.

Zukunftsbild Nr. 73:

„In 20 Jahren werden viele Unternehmen ‚Ideenmanager' beschäftigen, die sich um die Verbesserungsvorschläge der Mitarbeiter kümmern."

50 % der Deutschen sind dieser Meinung.

Zukunftsbild Nr. 74:

„Welche Persönlichkeitsmerkmale müssen *Ihrer Meinung nach* vorhanden sein, um den Anforderungen der zukünftigen Arbeitswelt gewachsen zu sein?"

Autonomie und Charakter

Selbstvertrauen/-bewusstsein	**96 %**
Durchsetzungsvermögen	**93 %**
Selbstständigkeit	**93 %**
Kritikfähigkeit	**92 %**
Ehrlichkeit/Offenheit	**86 %**
Optimismus	**85 %**

Verantwortung und Soziabilität

Verlässlichkeit	**97 %**
Verantwortungsbereitschaft	**96 %**
Kontaktfähigkeit	**91 %**
Toleranz	**85 %**
Hilfsbereitschaft/Zivilcourage	**81 %**
Gerechtigkeitsgefühl	**79 %**
Umweltbewusstsein	**65 %**
Bindungsfähigkeit	**51 %**

Konvention und Akzeptanz

Richtiges Benehmen/Anstand	**93 %**
Höflichkeit	**91 %**
Anpassungsfähigkeit	**90 %**
Sparsamkeit	**58 %**
Bescheidenheit	**50 %**
Fester Glaube/Religiosität	**25 %**

Fleiß und Leistungsorientierung

Fleiß	**97 %**
Pflichtbewusstsein	**97 %**
Gewissenhaftigkeit/Ordentlichkeit	**97 %**
Disziplin	**95 %**
Leistungsstreben	**90 %**
Bescheidenheit	**50 %**

Zukunftsbild Nr. 75:

„Woran denken Sie beim ‚Leben in der Stadt der Zukunft'?"

- (Fort-)Bildung (z. B. Schulen, Uni, Volkshochschulen):   **32 %**
- Verdienstmöglichkeiten: **27 %**
- Entwicklungsmöglichkeiten: **26 %**
- Sichere Arbeitsplätze: **18 %**

Zukunftsbild Nr. 76:

„Zukünftig sollten mehr Unternehmen gesellschaftliche Verantwortung übernehmen (z. B. in Form von sozialen Projekten, Veranstaltungssponsoring u. Ä.)."

64 % der Deutschen sind dieser Meinung.

Zukunftsbild Nr. 77:

„Im Laufe der kommenden zwei Jahrzehnte wird es an vielen Universitäten nicht nur Institute für Geschichtswissenschaft, sondern auch Institute für Zukunftswissenschaft geben."

68 % der Deutschen sind dieser Meinung.

Zukunft des Arbeitsmarkts.
Prognosen und politischer Gestaltungsbedarf – am Beispiel Österreich
Helmut Mahringer/Julia Bock-Schappelwein

Im Hinblick auf volkswirtschaftlich fundierte Prognosen zur mittelfristigen Zukunft des österreichischen Arbeitsmarkts interviewt der Herausgeber des vorliegenden Buches einen führenden Arbeitsmarktexperten, *Mag. Dr. Helmut Mahringer* vom Österreichischen Institut für Wirtschaftsforschung (WIFO), sowie die WIFO-Expertin für Digitalisierung, *Mag. Julia Bock-Schappelwein*.[1]

1.　　Interview mit Mag. Dr. Helmut Mahringer

Popp: Lieber Helmut. Du hast 2017 – gemeinsam mit deinen Kolleginnen und Kollegen am WIFO – eine sehr detaillierte Prognose[2] zur Entwicklung des österreichischen Arbeitsmarkts im Zeitraum von 2016 bis 2023 publiziert. Vor dem Hintergrund dieser Forschungsergebnisse ersuche ich dich um einige volkswirtschaftlich fundierte Einschätzungen für die kommenden fünf Jahre. Noch ein kurzer Hinweis: Die meisten Leserinnen und Leser dieses Buches, das in einer Schriftenreihe der Sigmund Freud PrivatUniversität Wien erscheint, kommen nicht aus dem Bereich der Wirtschaftswissenschaften. Ich bitte dich deshalb um den Verzicht auf volkswirtschaftliche Fachausdrücke.

Mahringer: Gerne gebe ich einen kurzen Überblick über unsere Studienergebnisse. Wer Detailergebnisse nachschlagen möchte, kann dies in der umfangreichen Gesamtstudie tun. Für Schnellleser gibt es auch eine Kurzfassung. Auf volkswirtschaftliche Fachausdrücke werde ich bei meinen Antworten in unserem Gespräch selbstverständlich verzichten. Aber einige Zahlen zur Untermauerung meiner Prognosen kann ich den Leserinnen und Lesern nicht ersparen. Du weißt ja, am WIFO verwenden wir auch stark *quantitative* Methoden für unsere Vorausschau.

Popp: In Zusammenhang mit der Liebe von Volkswirten zu Zahlen möchte ich dir gleich eine forschungsmethodische Frage stellen. Wie gehst du im Rahmen deiner

---

1　　Die genauen bibliografischen Daten zu den Literaturangaben im vorliegenden Beitrag finden sich im Literaturverzeichnis im Schlussteil des vorliegenden Buches.

2　　Fink/Horvath/Huber/Huemer/Kirchner/Mahringer/Piribauer (2017). Um die Lesbarkeit dieser Studie zu erhöhen, wurde sie auf mehrere Bände aufgeteilt. Der Band I (Kurzbericht) beinhaltet die zentralen Ergebnisse der mittelfristigen Beschäftigungsprognose auf Bundesebene. Der Band II und die Teilberichte zu den neun Bundesländern bieten der interessierten Leserschaft eine detaillierte Darstellung der Prognoseergebnisse und ermöglichen auf diese Weise eine Vertiefung. Weiterführende Übersichten finden sich im Band III (Tabellenband).

Forschungstätigkeit am Wirtschaftsforschungsinstitut bei der Erstellung von Arbeitsmarktprognosen vor? Könntest du bitte kurz euer Forschungsdesign skizzieren.

MAHRINGER: Wirtschaft und Arbeitsmarkt sind einem laufenden und in manchen Bereichen beschleunigten Wandel unterworfen. Produktionstechnologien verändern sich (Stichwort: Digitalisierung) ebenso wie Aspekte der Arbeitsorganisation. Zunehmende internationale Arbeitsteilung führt zu stärkerer Spezialisierung und auch Konsumgewohnheiten ändern sich, beispielsweise durch geänderte Familienstrukturen oder demografische Alterung. All diese Veränderungen schlagen sich in den wirtschaftlichen Aktivitäten sowohl der Unternehmen als auch der Arbeitskräfte nieder. Schon seit Mitte der 1990er Jahre zeigt sich etwa eine deutliche Verschiebung der Berufslandschaft hin zu Berufen, die vornehmlich aus analytischen und interaktiven Nicht-Routine-Tätigkeiten bestehen, während die Beschäftigung, die sich durch manuelle Nicht-Routine-Tätigkeiten auszeichnet, sukzessive an relativer Bedeutung verliert.

Der Arbeitsmarkt ist also kein abgekoppeltes System. Er reagiert auf den Bedarf an Arbeitsleistung, die für die Herstellung von Waren und Dienstleistungen benötigt wird. Daher ist es sinnvoll, die Analyse von längerfristigen Veränderungen am Arbeitsmarkt auch auf eine ökonomische Modellierung des Wirtschaftssystems zu stützen. Wir verwenden dazu ein volkswirtschaftliches Modell der österreichischen Wirtschaft, das die Wertschöpfung in einzelnen Wirtschaftsbereichen ebenso abbildet wie die Nachfrage nach Beschäftigten. Zusätzlich analysieren wir die Veränderung der Tätigkeiten, die Arbeitskräfte im Rahmen ihrer Beschäftigung ausüben ebenso wie Veränderungen in der Arbeitszeit und den geschlechtsspezifischen Beschäftigungsstrukturen. Für unsere Prognosen fassen wir also, gestützt auf empirisch beobachtete Daten, wesentliche Ursachen für Veränderungen am Arbeitsmarkt in Modelle zusammen und prognostizieren diese für einige Jahre – in der vorliegenden Prognose für sieben Jahre – in die Zukunft.

Unsere Prognosemethode erlaubt es auch, spezifische Informationen zu Branchen oder Berufsgruppen systematisch zu berücksichtigen. Beispielsweise hängt die Nachfrage nach Lehrkräften weniger von ökonomischen Faktoren als beispielsweise von der Zahl der Schülerinnen und Schüler ab. Solche Informationen gehen als Bestimmungsfaktoren für die Entwicklung einzelner Berufsgruppen in die Beschäftigungsprognosen ein. Gegenüber Einzelprognosen für bestimmte Branchen oder Berufsgruppen hat die von uns angewandte Methode den großen Vorteil, dass sie auch zu einem gesamtwirtschaftlich plausiblen Ergebnis führt, das etwa mit einem realistischen Wirtschaftswachstum oder einer mit demografischen Trends vereinbarten Entwicklung des Arbeitskräfteangebots erreicht werden kann.

POPP: Auf einen kleinen Teil des Prognosezeitraums, nämlich auf 2016 und 2017, kannst du bereits zurückblicken. Haben sich in dieser zugegeben erst sehr kurzen Zeit eure Prognosen bestätigt? Und bei dieser Gelegenheit noch gleich eine Zusatzfrage: Würdest du in Anbetracht der jüngeren Entwicklungen in der EU – vor allem im Hinblick auf den Brexit – oder auch im Hinblick auf weltwirtschaftliche Entwicklungen – wie zum Beispiel die Behinderung des Welthandels durch neue Zölle – die Prognosen für die kommenden Jahre, also für 2019 bis 2023, revidieren?

MAHRINGER: Unsere mittelfristige Prognose zielt darauf ab, wichtige Trends abzubilden, die die Anforderungen an die Beschäftigten verändern. Hier geht es nicht um exakte Punktprognosen für einzelne Jahre, sondern um Trends, die aus den Veränderungen der Produktionsstrukturen und -technologien heraus erklärbar und gesamtwirtschaftlich plausibel sind. Daher geben wir auch nicht Prognosewerte für einzelne Jahre an, sondern den Durchschnitt einer mittelfristigen Entwicklung.

Wir haben natürlich Vergleiche angestellt, wie frühere Prognosen mit der inzwischen realisierten Entwicklung übereinstimmen. Unsere Prognose von 2013 bis 2020 liegt zum Beispiel in der Gesamtentwicklung der Beschäftigung etwas zu niedrig (durchschnittliches jährliches Wachstum plus 0,9 Prozent statt realisierter 1,1 Prozent), aber wesentliche Veränderungen der Bedeutung einzelner Branchen und Berufsgruppen am Arbeitsmarkt wurden – natürlich mit leichten Abweichungen – sehr gut getroffen. (In der Langfassung des Prognoseberichtes gibt es das natürlich genauer nachzulesen.) Also die wesentlichen Trends treffen wir auch in einer sehr detaillierten Sicht gut. (Wir prognostizieren ja 38 Branchen und 59 Berufsgruppen.)

All diese Prognosen – und je längerfristig desto mehr – sind großen Unsicherheiten unterworfen. Plötzliche unvorhergesehene Ereignisse können wesentliche Veränderungen herbeiführen. Auch wenn Österreich die Finanzkrise im internationalen Vergleich relativ gut überstanden hat, reagiert es als kleine Volkswirtschaft mit hoher außenwirtschaftlicher Verflechtung stark auf das internationale Umfeld. Aktuelle Entwicklungen wie die noch nicht ausverhandelte Art des Brexits,[3] handelspolitische Entscheidungen oder auch Finanz- oder Währungskrisen stellen natürlich Risikofaktoren dar, wie dies auch in unseren laufenden Konjunkturprognosen festgehalten ist.

POPP: In der medialen Öffentlichkeit dominiert das Meinungsbild, dass die Zeiten des vor 2009 üblichen Wirtschaftswachstums auch knapp ein Jahrzehnt nach Beginn der Finanzmarktkrise nicht mehr zurückkehren werden und dass sich die Bürgerinnen und Bürger nun auf eine lange Phase des Verzichts einstellen sollten. Ist diese Meinung aus deiner volkswirtschaftlichen Sicht plausibel?

MAHRINGER: Bei derartigen Überlegungen werden häufig – aus welchen Gründen auch immer – *ökonomische* Fakten nicht zur Kenntnis genommen. Die Finanzkrise 2008 hat tatsächlich in den Folgejahren, fast über ein Jahrzehnt hinweg, das Wirtschaftswachstum[4] deutlich gedämpft. Erst im Laufe des Jahres 2016 setzte ein deutlicher Aufschwung ein und 2017 und 2018 liegt das Wirtschaftswachstum wieder bei drei Prozent und sogar leicht darüber.

---

3   Diese Aussage bezieht sich auf den Stand zum Zeitpunkt des Redaktionsschlusses für das vorliegende Buch, Ende Oktober 2018.

4   Wachstum des Bruttoinlandsproduktes (BIP).

In mittelfristiger Perspektive rechnen wir mit einem Wirtschaftswachstum von durchschnittlich zwei Prozent pro Jahr. Daraus resultiert eine deutliche Ausweitung der Beschäftigung. Dies ist eine deutliche Verbesserung im Vergleich mit der Periode von 2008 bis 2016, in der durch eine schwache ökonomische Entwicklung in Folge der Finanzmarkt- und Wirtschaftskrise nur ein geringes Wirtschaftswachstum von durchschnittlich 0,6 Prozent pro Jahr erreicht werden konnte. Der aktuelle Konjunkturaufschwung und der voraussichtlich anhaltende positive Trend begünstigen die Beschäftigungsentwicklung maßgeblich.

POPP: Wie schätzt du die Auswirkungen dieses Wirtschaftswachstums auf die Beschäftigungsentwicklung in Österreich ein?

MAHRINGER: Grundsätzlich wird die Dynamik der Beschäftigungsentwicklung wesentlich durch die Entwicklung der Wertschöpfung bestimmt. Darüber hinaus wirkt sich auch die mittelfristige Entwicklung der Arbeitsproduktivität und der Arbeitszeit auf die Beschäftigung aus. Durch die gute internationale Konjunktur dürfte sich auch die Exportwirtschaft, die besonders unter der Krise 2009 litt, weiterhin erholen. In mittelfristiger Perspektive werden die Exporte um rund 3,7 Prozent pro Jahr steigen. Davon dürfte auch die Beschäftigung im exportorientierten, produzierenden Bereich profitieren, der in der Vorperiode Beschäftigungsrückgänge verbuchte.

Dieser gesamtwirtschaftlichen Entwicklung entsprechend beschleunigt sich das Beschäftigungswachstum[5] für die Prognoseperiode bis 2023 auf rund 1,3 Prozent pro Jahr. In absoluten Zahlen werden dies im Bereich der unselbstständigen Beschäftigung im Zeitraum 2016 bis 2023 insgesamt rund 325.300 zusätzliche Jobs sein. Im Zeitraum von 2008 bis 2016 gab es übrigens trotz der Finanzmarkt- und Wirtschaftskrise auch ein Beschäftigungsplus, das allerdings – mit nur rund 220.600 Jobs – deutlich unter dem Zuwachs im Prognosezeitraum bis 2023 lag. Im Vergleich mit dem Jahr 2008, in dem in Österreich 3.280.700 Menschen unselbstständig beschäftigt waren, könnten dies Ende 2023 etwa 3.826.600 Personen sein.

POPP: In den Medien findet man immer wieder Schlagzeilen, in denen für den Zeitraum bis 2030 der Verlust von knapp 50 Prozent aller Jobs durch eine radikale Digitalisierung und Automatisierung angedroht wird. Wenn man die von dir präsentierten Prognosen betrachtet, erscheinen derartige Horrormeldungen nicht mehr berechtigt.

MAHRINGER: Auch wir gehen von einem Strukturwandel aus, bei dem die Digitalisierung und Automatisierung und internationale Arbeitsteilung eine wichtige Rolle spielen. Wenn – wie wir mit guten Gründen annehmen – die Wirtschaftsleistung wächst, werden Beschäftigungsverluste aus der Produktivitätssteigerung und in vom Strukturwandel benachteiligten Bereichen insgesamt überkompensiert, das heißt, in Summe kommt es zu einem deutlichen Zuwachs an Jobs. Dieser Jobzuwachs kommt

---

5   Prognostiziert wird die unselbstständige, voll versicherungspflichtige Beschäftigung.

teilweise auch durch die de facto Arbeitszeitverkürzung zustande, die sich aus dem wachsenden Teilzeitanteil ergibt.

POPP: In welchen Wirtschaftssektoren wird sich die vom WIFO prognostizierte positive Beschäftigungsdynamik stärker realisieren, in den *Dienstleistungen* oder in der *Produktion*?

MAHRINGER: Die Triebfeder des Beschäftigungsanstiegs ist der sehr vielfältige Dienstleistungssektor. Knapp 90 Prozent aller zusätzlichen Beschäftigungsverhältnisse werden bis 2023 in diesem Bereich entstehen. Dies entspricht einem Zuwachs von 1,5 Prozent pro Jahr und im Zeitraum von 2016 bis 2023 einem Beschäftigungsplus von insgesamt rund 294.000 Jobs. Diese dynamische Entwicklung wird den Anteil der unselbstständig Beschäftigten in Dienstleistungsbranchen von 74,3 Prozent im Jahr 2016 auf 75,6 Prozent im Jahr 2023 weiter erhöhen. Im *Gesundheits- und Sozialwesen* wird der – in *absoluten* Zahlen betrachtet – größte Beschäftigungszuwachs erwartet. Vor allem wegen des gesteigerten Gesundheits- und Pflegebedarfs der alternden Bevölkerung prognostizieren wir für den Zeitraum von 2016 bis 2023 allein für dieses berufliche Segment rund 71.800 Jobs. In diesem Zeitraum wird auch im *Erziehungs- und Unterrichtswesen* die Beschäftigung mit 26.600 zusätzlichen Jobs deutlich wachsen. Weitere 36.000 Jobs prognostizieren wir für den Wirtschaftssektor *Beherbergung und Gastronomie* sowie zusätzliche 23.000 Jobs im Bereich der – mit plus 4,9 Prozent pro Jahr – besonders dynamisch wachsenden *Informationstechnologien und -dienstleistungen*. Insgesamt wachsen die *marktbezogenen Dienstleistungen* mit plus 1,6 Prozent pro Jahr deutlich stärker als in der Periode von 2008 bis 2016 und auch ein wenig stärker als die öffentlichkeitsnahen Dienstleistungen, für die sich ein Zuwachs von 1,5 Prozent pro Jahr prognostizieren lässt.

POPP: Ist dieser Beschäftigungszuwachs im *tertiären Wirtschaftssektor*, also im Bereich der Dienstleistungen, ein Hinweis auf das in der öffentlichen und veröffentlichten Meinung häufig befürchtete baldige Ende des *sekundären Wirtschaftssektors*, also der Produktion?

MAHRINGER: Der Produktionssektor ist selbstverständlich kein Auslaufmodell! Denn auch im *sekundären Sektor* der österreichischen Wirtschaft wird die Beschäftigung im Prognosezeitraum bis 2023 wachsen, allerdings mit 0,5 Prozent pro Jahr etwas langsamer als im Bereich der Dienstleistungen. Im Vergleich mit der Periode von 2008 bis 2016, in der die Produktion beachtliche Beschäftigungsrückgänge im Ausmaß von rund 0,3 Prozent pro Jahr verkraften musste, ist also in mittelfristiger Perspektive eine deutliche Entspannung der Lage zu erwarten. Die erfreulicherweise überwundenen Beschäftigungsrückgänge resultierten übrigens vor allem aus dem Exporteinbruch während der Finanzmarkt- und Wirtschaftskrise und dem darauf folgenden schwachen Wirtschaftswachstum.

Die bis 2023 zu erwartende generell positive Beschäftigungsentwicklung im sogenannten *Sekundärsektor* ist jedoch – genauer betrachtet – recht heterogen: Verlusten im Ausmaß von 1,9 Prozent pro Jahr in den Bereichen *Textil und Bekleidung* bzw. von 0,9 Prozent pro Jahr in den Bereichen *Papier, Pappe, Herstellung von Druckerzeugnissen* stehen deutliche Ausweitungen etwa in der *Metallerzeugung* – mit etwa 1,1 Prozent pro Jahr – oder im *Maschinenbau* – mit etwa 1,1 Prozent pro Jahr – gegenüber. Mit jeweils 1,4 Prozent pro Jahr werden für die Bereiche *Chemie und Erdölverarbeitung* sowie *Gummi und Kunststoffwaren* überdurchschnittliche Zuwächse prognostiziert. Absolut betrachtet steigt die Beschäftigung im Sekundärsektor am stärksten in der *Metallerzeugung*, wo 8.600 zusätzliche Jobs erwartet werden sowie mit 6.700 zusätzlichen Jobs im *Maschinenbau*.

Popp: Also kein Crash des Produktionssektors und kein radikaler Wandel Österreichs zur Dienstleistungsgesellschaft?

Mahringer: Ein *radikaler* Wandel deutet sich – wie wir gesehen haben – keineswegs an. Allerdings wird der bereits in der Vergangenheit beobachtbare *moderate* strukturelle Wandel zu Gunsten des sehr vielfältigen Dienstleistungssektors auch in Zukunft anhalten. Diesen Prozess nennen wir in der sozial- und wirtschaftswissenschaftlichen Fachsprache „Tertiärisierung". Den in manchen Bereichen des Produktionssektors – vor allem in Teilen des verarbeitenden Gewerbes – zu erwartenden Beschäftigungsverlusten stehen in mittelfristiger Perspektive Beschäftigungsgewinne im Dienstleistungsbereich gegenüber. Im Zusammenhang mit der Beschäftigungsentwicklung im Produktionsbereich ist zu beachten, dass sich in diesem Wirtschaftssektor Produktivitätsgewinne durch Automatisierung und Rationalisierung leichter erzielen lassen als in vielen Segmenten des Dienstleistungssektors. Dazu kommen noch Beschäftigungseffekte durch die Reduktion bzw. zum Teil auch durch die Verlagerung der Produktion, wie wir sie in der Vergangenheit beispielsweise in der Textilindustrie erlebt haben.

Popp: Spiegelt sich die bisher angesprochene bundesweite Wirtschafts- und Beschäftigungsentwicklung in ähnlicher Weise auch in allen neun österreichischen Bundesländern wider oder gibt es nennenswerte regionale Unterschiede?

Mahringer: Generell lassen sich die genannten Beschäftigungszuwächse bis 2023 nicht nur bundesweit, sondern für alle österreichischen Bundesländer prognostizieren. Detaillierter betrachtet gibt es jedoch zum Teil sehr deutliche Unterschiede: *Burgenland* und *Tirol* weisen dabei die höchsten Wachstumsraten auf, *Kärnten* die niedrigste. In absoluten Zahlen betrachtet werden die meisten neuen Beschäftigungsverhältnisse in *Wien, Niederösterreich* und *Oberösterreich* entstehen.

Die regionalen Unterschiede hängen auch damit zusammen, dass die Bundesländer von deutlichen sektoralen Schwerpunktsetzungen mit maßgeblichen Auswirkungen auf die Beschäftigungsentwicklung gekennzeichnet sind. Während bis 2023 in *Wien* die Beschäftigung im Sekundärsektor voraussichtlich leicht rückläufig sein wird, wird etwa in *Oberösterreich* die Dynamik in diesem Sektor zur Beschäftigungsausweitung beitragen. Mit Ausnahme von *Wien* und *Kärnten* wird die Beschäftigung in sämtlichen Bundesländern auch im *Produktionsbereich* zunehmen. In *Kärnten*, *Oberösterreich* und der *Steiermark*, die nach *Vorarlberg* zu den produktionsorientiertesten Bundesländern gehören, spielt auch die *Überlassung von Arbeitskräften* eine tragende Rolle. Dies ist deshalb erwähnenswert, weil diese Beschäftigten zwar überwiegend im *Produktionsbereich* eingesetzt, jedoch in der Beschäftigtenstatistik den *Dienstleistungen* zugerechnet werden. Den stärksten relativen Beschäftigtenzuwachs werden alle Bundesländer in den *Informationstechnologien und -dienstleistungen* erfahren.

Mehr als ein Viertel der Beschäftigungsausweitung wird bis 2023 in allen Bundesländern auf *öffentlichkeitsnahe* Dienstleistungen entfallen, wobei das *Gesundheits- und Sozialwesen* den Bereich mit den größten Beschäftigungszuwächsen darstellt. Die Beschäftigungsausweitung in diesem Bereich ist natürlich stark von öffentlichen Budgets abhängig und damit auch von politischen Entscheidungen. In der Modellierung wurde eine Trendentwicklung fortgeschrieben, die eine leichte Erhöhung der Ausgabenanteile für Sozial- und Gesundheitsleistungen bedeutet. Dieser Trend entspringt auch den sich ändernden demografischen Aufgabenstellungen, die ein zunehmender Bevölkerungsanteil älterer Menschen mit sich bringt. Der überwiegende Teil des Beschäftigungswachstums wird jedoch auch zukünftig aus der Entwicklung in den *marktbezogenen* Dienstleistungen resultieren.

POPP: Deine mittelfristige Arbeitsmarktprognose klingt ja insgesamt betrachtet sehr erfreulich. Aber kommt diese Dynamik nicht in erster Linie durch das starke Anwachsen der Teilzeitbeschäftigungen zustande?

MAHRINGER: Der Beschäftigungszuwachs bezieht sich zwar durchaus auch auf *Vollzeit*stellen, aber der bereits besprochene strukturelle Wandel führt zu einer wachsenden Bedeutung der *Teilzeit*beschäftigung. In diesem Sinne werden vor allem Wirtschaftsbereiche und Berufsgruppen mit hohem Teilzeitanteil ein stärkeres Beschäftigungswachstum aufweisen. Allen voran das *Gesundheits- und Sozialwesen*, der *Einzelhandel, Beherbergung und Gastronomie* sowie das *Erziehungs- und Unterrichtswesen*. In diesen Berufssegmenten betrug der Anteil der Teilzeitbeschäftigten bereits 2016 mehr als 30 Prozent aller Beschäftigten. Bis 2023 ist mit einem weiteren Anstieg der Teilzeitbeschäftigungen zu rechnen.

POPP: Allem Anschein nach sind von dieser Teilzeitentwicklung vor allem *Frauen* betroffen.

MAHRINGER: Das ist zwar richtig, aber *Frauen* profitieren mittelfristig durchaus auch im Bereich der *Vollzeitjobs* vom Strukturwandel zugunsten des weiblich dominierten Dienstleistungssektors. Bis 2023 werden für *Frauen* mehr neue Beschäftigungsverhältnisse entstehen als für *Männer*. So kommen etwa für Frauen im *Gesundheits- und Sozialwesen* im Zeitraum von 2016 bis 2023 insgesamt 54.300 Vollzeit- und Teilzeitjobs dazu; im Bereich *Erziehung und Unterricht* beträgt der Zuwachs 23.500 Jobs und im Bereich *Beherbergung und Gastronomie* 19.100 Jobs. In Wien zählen zudem die

Bereiche der *Rechts-, Steuer- und Unternehmensberatung* sowie der *Werbung* zu jenen Branchen, in denen mittelfristig überdurchschnittlich viele Jobs entstehen werden, die voraussichtlich überwiegend von Frauen ausgeübt werden.

POPP: Das ist ja sehr positiv. Allerdings fällt mir dabei auf, dass sich diese Beschäftigungszuwächse für *Frauen* vor allem in jenen Berufsbereichen abspielen, in denen bereits bisher weibliche Arbeitskräfte dominiert haben.

MAHRINGER: Wir bezeichnen dieses Phänomen als „geschlechtsspezifische Segmentierung" und die ist hierzulande sowohl sehr stark ausgeprägt als auch resistent gegenüber Veränderungen. Zum Teil verstärkt sich die Segmentierung sogar. Die typischen Berufsbereiche für Frauen und Männer bleiben – zumindest in mittelfristiger Perspektive – weitgehend unverändert. Beispielsweise ist rund die Hälfte der Frauen in Berufen mit akademischen Ausbildungsvoraussetzungen Lehrerinnen, bei den Männern ist es rund ein Fünftel. Dieser Unterschied verändert sich nicht, bei Lehrkräften im Primar- und Vorschulbereich verstärkt sich die Segregation voraussichtlich sogar noch weiter.

POPP: Wie sieht die mittelfristige Beschäftigungsentwicklung bei den *Männern* aus?

MAHRINGER: Bei *Männern* fallen die zukünftigen Top-Branchen etwas weniger eindeutig aus. Einerseits wird auch für männliche Arbeitnehmer der Dienstleistungssektor maßgeblich zum Beschäftigungswachstum beitragen, wenn auch nicht in dem für Frauen prognostizierten Ausmaß. Als Jobmotor für Männer im *Tertiärsektor*, also im Bereich der Dienstleistungen, werden vor allem das *Gesundheits- und Sozialwesen, Beherbergung und Gastronomie* sowie *Informationsdienstleistungen* fungieren. Im *Sekundärsektor*, also im Produktionsbereich, zählen die *Informationstechnologien* zu den Top-Branchen. Allerdings gibt es im Bundesländervergleich erhebliche Unterschiede. Während für Männer in *Vorarlberg* auch zukünftig Jobs in der *Metallerzeugung* wichtig bleiben, gilt dies in *Oberösterreich* für den *Maschinenbau* sowie im *Burgenland* und in *Tirol* für das *Bauwesen*. In *Kärnten, Oberösterreich* und der *Steiermark* spielt auch die Überlassung von Arbeitskräften eine wichtige Rolle. Wie bereits erwähnt wird diese in der Alltagssprache meist als „Leiharbeit" bezeichnete Arbeitskräfteüberlassung zwar überwiegend im Produktionsbereich wirksam, wird jedoch beschäftigungsstatistisch dem Dienstleistungssektor zugerechnet.

POPP: Wenn es um zukünftige Wandlungsprozesse am Arbeitsmarkt geht, muss naturgemäß auch der demografische Wandel angesprochen werden. Wie bildet sich diese Dynamik in deinen Prognosen ab?

MAHRINGER: Durch die zunehmende Alterung der Bevölkerung und durch Änderungen im Erwerbsverhalten muss die Beschäftigung in der Gruppe der 50- bis 64-Jährigen künftig deutlich zunehmen. Vom gesamten Beschäftigungswachstum im Zeitraum von 2016 bis 2023 müssen 217.400 zusätzliche Jobs auf die Gruppe der Ab-50-Jährigen entfallen, damit bei der sich abzeichnenden Verschiebung der Altersstruktur des Arbeitskräfteangebots die prognostizierten Beschäftigungszuwächse realisiert werden können. Der deutliche Beschäftigungsanstieg in dieser Altersgruppe bedeutet jedoch nicht, dass neu geschaffene Stellen überproportional oft von Älteren besetzt werden. In dieser Verschiebung der Beschäftigungsstruktur kommt vielmehr der hohe Anteil an Personen zum Ausdruck, die im Zeitverlauf bis 2023 in die Gruppe der 50- bis 64-Jährigen vorrücken werden. Der Beschäftigungszuwachs geht damit weniger auf Neueintritte älterer Menschen in den Arbeitsmarkt zurück, sondern vielmehr auf eine Alterung der Beschäftigten in vergleichsweise stabilen Beschäftigungsverhältnissen. Die Zunahme der Zahl älterer Erwerbspersonen dürfte sich damit dennoch nicht vollständig in einer Ausweitung der Beschäftigung niederschlagen. Dies bedeutet, dass die Arbeitsmarktsituation für Ältere wahrscheinlich auch mittelfristig angespannt bleiben wird. Die Verbesserung der Integration älterer Arbeitskräfte in den Arbeitsmarkt ist somit eine Voraussetzung für ein ausreichendes Arbeitskräfteangebot ebenso wie dafür, einen Anstieg der Arbeitslosigkeit in dieser Altersgruppe zu verhindern, insbesondere dann, wenn bei den Betroffenen auch gesundheitliche Einschränkungen bestehen.

Popp: Bei meinen vier abschließenden Fragen möchte ich dich noch um deine Einschätzungen zum Zusammenhang zwischen *Bildung* und *Beruf* am Arbeitsmarkt der Zukunft ersuchen.

Mahringer: Das mache ich sehr gerne. Denn dieser Zusammenhang ist auch aus volkswirtschaftlicher Sicht außerordentlich wichtig.

Popp: Die OECD prognostiziert bereits seit mehreren Jahren einen nachhaltig wirksamen Trend zu Berufen, für die eine *akademische Qualifizierung* erforderlich ist. Gilt dies auch für Österreich?

Mahringer: Grundsätzlich ja. Allerdings muss diese Entwicklung differenziert betrachtet werden. Generell erfordert der bereits mehrmals angesprochene Strukturwandel am Arbeitsmarkt zunehmend mehr Menschen mit höherer Qualifikation. Eine stark positive Beschäftigungsdynamik ist in Tätigkeiten auf *akademischem Niveau*, besonders im technischen, medizinischen, naturwissenschaftlichen sowie sozialwissenschaftlichen und wirtschaftswissenschaftlichen Bereich, zu erwarten. Dabei lassen sich Wachstumsraten von jeweils mindestens 2,5 Prozent pro Jahr prognostizieren. Von dieser positiven Beschäftigungsdynamik profitieren Frauen und Männer in ähnlichem Maße.

Die regionale Bandbreite des Zuwachses im Beschäftigungsanteil von akademischen Berufen bewegt sich im Zeitraum von 2016 bis 2023 zwischen 1,1 Prozentpunkten im *Burgenland* und 2,7 Prozentpunkten in *Wien*. Einen wichtigen Wachstumsbeitrag liefern in allen Bundesländern die *sonstigen wissenschaftlichen und verwandten Berufe*, zu denen Wirtschaftsberufe, akademische und verwandte IKT-Berufe, juristische Berufe, sozialwissenschaftliche Berufe sowie Kunst- und Kulturberufe zählen.

In *Wien* nimmt zudem die Nachfrage nach Lehrkräften[6] kräftig zu. Dies hängt mit der demografischen Entwicklung in der Bundeshauptstadt zusammen.

POPP: Verliert das *mittlere Qualifikationsniveau* in Anbetracht dieser tendenziellen Akademisierung des Berufslebens zukünftig an Bedeutung?

MAHRINGER: Bei der Antwort auf diese Frage muss zwischen dem *relativen* und dem *absoluten* Wachstum klar unterschieden werden. Während bundesweit – und auch in allen Bundesländern – das stärkste *relative* Wachstum im Bereich der *akademischen Berufe* zu erwarten ist, wird das stärkste *absolute* Beschäftigungswachstum in allen Bundesländern *außer in Wien* in Berufen auf *mittlerem Qualifikationsniveau* zu finden sein. Diese Berufe weisen in allen Bundesländern – allerdings in einer durchaus signifikanten Spannbreite zwischen rund 61 Prozent in Wien und rund 75 Prozent im Burgenland – den höchsten Beschäftigungsanteil auf. In allen Bundesländern bleibt jedoch die *Wachstumsrate* – zwischen 0,3 Prozent pro Jahr in Kärnten und 1,5 Prozent pro Jahr in Tirol und im Burgenland – hinter der regionalen Gesamtbeschäftigungsentwicklung zurück. Dadurch wird die Bedeutung der Tätigkeiten auf mittlerem Qualifikationsniveau innerhalb der gesamten Berufslandschaft voraussichtlich leicht sinken. Nur in Wien werden die meisten zusätzlichen Beschäftigungsverhältnisse bis 2023 auch *absolut* betrachtet in den *akademischen Berufen* erwartet; eine Entwicklung, die der stark dienstleistungsorientierten Wirtschaftsstruktur der Bundeshauptstadt geschuldet ist.

Die zu erwartende Beschäftigungsentwicklung bei den Tätigkeiten auf *mittlerem Qualifikationsniveau*[7] erweist sich jedoch bei genauerer Betrachtung als heterogen. So steigt etwa die Nachfrage nach *technischen Fachkräften*, *Dienstleistungsberufen* und *nichtakademischen Fachkräften* überdurchschnittlich stark, während der Bedarf an *Büro- und Handwerksberufen* nur schwach wächst und die Nachfrage nach *Fachkräften für Anlagen- und Maschinenbedienung* und für *Montage,* darunter viele industrielle Routinetätigkeiten, weiterhin deutlich zurückgeht. In dem zuletzt genannten Bereich werden im Zeitraum von 2016 bis 2023 rund 11.800 Jobs wegfallen. Insgesamt wird die Bedeutung von Tätigkeiten auf *mittlerer Qualifikationsebene* zugunsten *hoch qualifizierter* Berufsgruppen leicht abnehmen.

POPP: Wir haben vorher über die zukünftigen Entwicklungen bei den Berufen mit hohen und mittleren Qualifikationsanforderungen gesprochen. Nun stellt sich noch die Frage, welche Entwicklung bei den *Berufen mit niedrigen Qualifikationsanforderungen* mittelfristig zu erwarten ist.

MAHRINGER: Insgesamt betrachtet müssen wir bei den einfachen, manuellen Routinetätigkeiten mit Beschäftigungsverlusten rechnen. Der Anteil der unselbst-

---

6   Subsumiert sind hier Lehrkräfte im Primar- und Vorschulbereich, Sekundar- und Hochschulbereich sowie im außerschulischen und berufsbildenden Bereich.

7   Dieses beinhaltet alle Tätigkeiten, die Ausbildungen über dem Pflichtschulniveau und unterhalb eines akademischen Abschlusses voraussetzen.

ständig Beschäftigten in unqualifizierten *Hilfstätigkeiten* sinkt damit durchwegs und wird 2023 voraussichtlich zwischen 6,8 Prozent in *Wien* und 8,2 Prozent in *Salzburg* betragen. Allerdings zeigt sich bei diesen Berufen mit geringen Qualifikationsanforderungen ein markanter Strukturwandel: Besonders stark von Rückgängen betroffen sind Hilfstätigkeiten *im gesamten Produktionsbereich* und vor allem *in der Sachgütererzeugung*. Diesen Verlusten stehen jedoch moderate Beschäftigungszuwächse bei Hilfsberufen *in einigen Dienstleistungsbranchen* gegenüber, von deren gesamter Beschäftigungsdynamik sie mit profitieren. Diese Beschäftigungszuwächse können die Verluste bei Hilfsberufen im produzierenden Bereich voraussichtlich zwar leicht abfedern, aber nicht voll kompensieren. Gleichzeitig führt dieser Strukturwandel bei Hilfstätigkeiten zu einer Verlagerung von männlicher Vollzeitbeschäftigung hin zu weiblicher Teilzeitbeschäftigung. Dadurch wird der Frauenanteil bei den Hilfskräften voraussichtlich von derzeit rund 59 Prozent auf rund 61 Prozent im Jahr 2023 steigen.

POPP: Abschließend noch eine kurze Frage. Wird das *Angebot* an Arbeitskräften mit den vorher angesprochenen geringen, mittleren und hohen Qualifikationsniveaus in den kommenden Jahren der diesbezüglichen *Nachfrage* am österreichischen Arbeitsmarkt entsprechen?

MAHRINGER: Das ist ein sehr wichtiges, aber schwieriges Thema in der Arbeitsmarktprognostik. Denn die Gegenüberstellung von *Nachfrage-* und *Angebots*entwicklung nach Branchen oder Berufsgruppen ist aufgrund der hohen Dynamik des Arbeitsmarktes nicht sinnvoll möglich. Zu viele Arbeitskräfte wechseln ihre Tätigkeiten und arbeiten teilweise in völlig anderen Bereichen als in jenen ihrer ursprünglichen Ausbildung.

Um dennoch Anhaltspunkte für eine mögliche Auseinanderentwicklung des Angebots an Arbeitskräften und der Nachfrage nach Arbeit zu gewinnen, haben wir auf Basis von Bevölkerungsprognosen von Statistik Austria, unserer eigenen Prognosen der Erwerbsbeteiligung und der mittelfristigen Beschäftigungsprognose einen Vergleich angestellt: Wir zeigen für vier *Ausbildungsniveaus*, in welchen Bereichen entweder mit einer Verknappung oder mit Überangeboten an Arbeitskräften zu rechnen ist. Ausgehend von der 2016 beobachteten Situation lassen sich in mittelfristiger Perspektive, also bis 2023, folgende Entwicklungen prognostizieren:

- Bei *Geringqualifizierten* steht einem sinkenden Arbeitskräfteangebot eine mindestens ebenso starke Abnahme der Beschäftigungsmöglichkeiten gegenüber, wodurch sich die bereits jetzt angespannte Arbeitsmarktlage voraussichtlich zwar *nicht ent*schärfen, aber auch *nicht ver*schärfen dürfte. Dabei ist auch berücksichtigt, dass immer mehr Hilfstätigkeiten von eigentlich höher qualifizierten Arbeitskräften erledigt werden.
- Im Bereich der *Personen mit Lehrabschluss bzw. mittlerer Ausbildung* dürfte es in manchen Bereichen zu einer tendenziellen Verknappung der Arbeitskräfte kommen: Hier entwickelt sich die Beschäftigung – mit einem Zuwachs von 0,8 Prozent pro Jahr – zwar nur unterdurchschnittlich, aber das Wachstum des Ar-

beitskräfteangebots bleibt – mit etwa plus 0,4 Prozent pro Jahr – voraussichtlich deutlich hinter diesem Wert zurück.

- Die Angebotsausweitung im Bereich der *Absolventinnen und Absolventen von allgemeinbildendenden und berufsbildenden höheren Schulen (AHS und BHS)* dürfte hingegen stärker als die entsprechende Nachfrageentwicklung ausfallen, sodass in einigen Bereichen dieses Qualifizierungssegments mit einem leicht steigenden Überangebot an Arbeitskräften zu rechnen ist.
- Im *akademischen Bereich* halten sich Angebots- und Nachfrageentwicklung voraussichtlich in etwa die Waage.

POPP: Lieber Helmut, danke für das interessante Gespräch!

Hier folgt noch eine kurze ZUSAMMENFASSUNG der im obigen Interview von Mag. Dr. Helmut Mahringer präsentierten Prognosen zur mittelfristigen Entwicklung (2016 bis 2023) des österreichischen Arbeitsmarkts

- Die unselbstständige Beschäftigung wächst in Österreich im Betrachtungszeitraum 2016 bis 2023 um voraussichtlich plus 325.300 oder um jährlich plus 1,3 Prozent auf 3.826.600.
- Der Dienstleistungssektor bleibt mit einem Anteil von rund 90 am Beschäftigungswachstum (plus 294.100 bzw. jährlich plus 1,5 Prozent) Hauptfaktor des Beschäftigungsanstiegs.
- Die stärksten Zuwächse entfallen auf das Gesundheits- und Sozialwesen (absolut plus 71.800) sowie die Informationstechnologien und Informationsdienstleistungen (relativ plus 4,9 Prozent jährlich)
- 58 Prozent der zusätzlich entstehenden Arbeitsplätze entfallen auf Frauen, großteils in Teilzeitbeschäftigung. Die geschlechtsspezifische Segregation nach Berufen und Branchen verändert sich jedoch kaum.
- Die Zahl der Beschäftigten in der Gruppe der Ab-50-Jährigen sollte bis 2023 um plus 24 Prozent steigen, um bei der absehbaren demografischen Entwicklung das prognostizierte Beschäftigungswachstum realisieren zu können. Die Zunahme der älteren Erwerbspersonen dürfte sich damit dennoch nicht vollständig in einer Ausweitung der Beschäftigung niederschlagen. Deshalb wird die Arbeitsmarktsituation für Ältere voraussichtlich angespannt bleiben.
- Für Geringqualifizierte steht ein Rückgang der Beschäftigungsmöglichkeiten einer ähnlichen Abnahme der Zahl an Erwerbspersonen mit maximal Pflichtschulabschluss gegenüber, wodurch sich deren Arbeitsmarktsituation künftig kaum entspannen dürfte.
- Alle Bundesländer werden eine positive Beschäftigungsentwicklung aufweisen. Am dynamischsten wird die Entwicklung im Prognosezeitraum voraussichtlich in Tirol und im Burgenland ausfallen (jeweils plus 1,6 Prozent jährlich), am schwächsten in Kärnten (plus 0,5 Prozent). Die übrigen Bundesländer wachsen zwischen 1,1 Prozent und 1,5 Prozent jährlich.

2.   Interview mit Mag. Julia Bock-Schappelwein

POPP: Liebe Frau Bock-Schappelwein. Sie haben 2018 – gemeinsam mit Kolleginnen und Kollegen am WIFO – eine sehr detaillierte Studie[8] zu den Auswirkungen der Digitalisierung auf die österreichische Wirtschaft und den Arbeitsmarkt sowie zu dem daraus resultierenden politischen Gestaltungsbedarf publiziert. Vor dem Hintergrund dieser Forschungsergebnisse ersuche ich Sie um einige vorausschauende Einschätzungen.

BOCK-SCHAPPELWEIN: Das mache ich gerne.

POPP: Der in den kommenden Jahren zu erwartende verstärkte Einsatz digitaler Technologien wird offensichtlich maßgeblich zu dynamischen Wandlungsprozessen in der Gesellschaft und der Politik sowie in den Bereichen Arbeit und Wirtschaft beitragen. Könnten Sie bitte einige wichtige Aspekte des digitalen Wandels skizzieren?

BOCK-SCHAPPELWEIN: Die Digitalisierung durchdringt sämtliche Lebensbereiche und ist eines der wichtigsten Zukunftsthemen. Davon werden Individuen, Unternehmen und die öffentliche Hand betroffen sein. Auf der Unternehmensebene ist die Digitalisierung ein Werkzeug, ein technologiegetriebenes Instrument, das Effizienzsteigerungen in bisher nicht für möglich gehaltenem Ausmaß verspricht. Digitalisierung ist aber viel mehr als nur die treibende Technologie und die zugrundeliegende Infrastruktur. Digitalisierung darf jedenfalls kein Selbstzweck sein. Digitalisierung um der Digitalisierung willen – weil es alle anderen auch machen – wäre eine Themenverfehlung. Auch wenn die dynamische Fortsetzung der Digitalisierung unausweichlich ist, sind deren Breite und Tiefe sowie die Zeitlichkeit nicht „gottgegeben". Aus der Tatsache, dass ein Produkt, eine Dienstleistung oder ein Prozess digitalisiert werden kann, folgt nicht zwingend, dass es gesellschaftlich wünschenswert und/oder ökonomisch sinnvoll ist, dies auch tatsächlich zu tun. Wie viel vom Digitalisierungspotenzial letztendlich wirklich genutzt wird, ist eine Entscheidung, die eines gesellschaftlichen und politischen Konsenses bedarf.

POPP: In welchen Bereichen erwarten Sie im Zuge der Digitalisierung die wichtigsten Fortschritte?

BOCK-SCHAPPELWEIN: Die neue Qualität der Digitalisierung wird wesentlich durch Fortschritte in drei Kernbereichen – und deren Zusammenwirken bzw. Vernetzung – vorangetrieben:

Erstens – IT und Software: Die Leistungsfähigkeit von Mikroprozessoren wächst weiterhin sehr schnell und erleichtert die Nutzung von Cloud-Technologien sowie mobilen Anwendungen. Lernende Algorithmen ermöglichen komplexe Anwendungen auch in der Mensch-Maschine-Kommunikation und -Kooperation. Beispiele sind unter anderem: Watson, AlphaGo, Siri oder Alexa.

---

8   Bock-Schappelwein/Böheim/Christen u. a. (2018).

Zweitens – Robotik und Sensorik: Während Größe und Kosten von Systemen sinken, steigen ihre Anwendungsmöglichkeiten und vereinfachen ihre Bedienbarkeit, was sie auch für kleinere Betriebe und individuelle Fertigung interessant macht. Hinzu kommen neue Fertigungstechniken sowie die verbesserte Steuerung und Datensammlung durch neue Sensorik.

Drittens – Vernetzung: Dadurch entstehen cyber-physische Systeme als Grundlage für die sogenannte Industrie 4.0, also Netzwerke von kleinen Computern, die mit Sensoren und Aktoren ausgestattet sind, in Gegenstände, Geräte und Maschinenteile eingebaut werden und über das Internet miteinander kommunizieren können. Auf dieser Basis tauschen Anlagen, Maschinen und einzelne Werkstücke kontinuierlich große Mengen an Informationen und Daten aus und können Produktion, Lager und Logistik weitgehend automatisiert „selbst" steuern.

POPP: Wenn Sie frühere Prozesse der Technisierung mit dem zukunftsweisenden Prozess der Digitalisierung vergleichen, wo sehen Sie die Unterschiede?

BOCK-SCHAPPELWEIN: Unter den zu erwartenden technologischen Rahmenbedingungen ist die Digitalisierung zwar ein neuer Treiber von Rationalisierungsprozessen, aber die Rationalisierung von Arbeit prägt die Menschheitsgeschichte schon seit Jahrhunderten. In kurzfristiger Perspektive werden wir jedoch wahrscheinlich eine Schwelle überschreiten. Im Unterschied zu bisher bekannten Technologien werden nämlich digitale Technologien zunehmend in *allen* Bereichen der wirtschaftlichen, gesellschaftlichen und institutionellen Interaktion eingesetzt. So vernetzt etwa das Internet nicht nur kommunizierende Menschen, sondern auch „kommunizierende" – also Daten austauschende – Dinge (Internet of Things). Die Auswirkungen der Digitalisierung auf die Wirtschaft und die Gesellschaft könnten noch tiefgreifender sein als die Folgen der Globalisierung. Während nämlich die Globalisierung die grundlegenden Regeln der Marktwirtschaft im Kern unverändert ließ, könnte die Digitalisierung die Spielregeln der Wirtschaft und des Arbeitsmarkts grundlegend verändern. Solche disruptiven Prozesse könnten etwa durch die technischen Möglichkeiten der massentauglichen Herstellung komplexer Produkte aus dem 3-D-Drucker oder durch die rasche Verbreitung hoch entwickelter Roboter ausgelöst werden. Wenn derartige Entwicklungen ihre Dynamik überraschend schnell und unvorbereitet entfalten, könnten bewährte und gewohnte Strukturen aufbrechen, bevor neue wirtschaftliche und politische Ordnungen entstehen.

POPP: Solche disruptiven Dynamiken hätten wohl durchaus problematische Folgen für die Wirtschaft und für das gesellschaftliche Zusammenleben.

BOCK-SCHAPPELWEIN: Diese Gefahr besteht! In einer Übergangsphase können nämlich derartige disruptive Entwicklungen zu erheblichen Irritationen und Polarisierungen führen. Denn die auf der Grundlage digitaler Technologien entstehende Plattformökonomie erlaubt es in bisher nicht möglichem Ausmaß, Produkte und Dienstleistungen zu Grenzkosten von nahe null anzubieten. In diesem Fall gäbe es die für die traditionelle Marktwirtschaft unverzichtbaren Anhaltspunkte für die Preisgestaltung nicht mehr. An die Stelle der traditionellen Marktwirtschaft würde dann eine Ökonomie digitaler Daten treten.

POPP: In dieser Situation käme wahrscheinlich dem Zugang zu den Daten eine zentrale Rolle zu.

BOCK-SCHAPPELWEIN: So ist es! Das Internet wäre ja dann der zentrale Faktor für Innovation, Handel, globale Wertschöpfungsketten, Gesundheit, Bildung und Regierungsdienste sowie auch für die soziale Interaktion der Menschen selbst. An die Stelle traditioneller Wirtschaftsstrukturen würde deshalb ein auf digitalen Daten beruhendes Wirtschaftssystem treten. Unter diesen neuen Rahmenbedingungen des „Digitalismus" wären der Zugang zu und die Verwendung von Daten der für die Wettbewerbsfähigkeit entscheidende Produktionsfaktor.

POPP: Sie gehen also davon aus, dass diese mögliche Zukunftsentwicklung die Fundamente der herkömmlichen marktwirtschaftlichen Strukturen, Funktionen und Prozesse untergraben würde?

BOCK-SCHAPPELWEIN: Diese Annahme ist durchaus plausibel. Denn die Digitalisierung fördert die Entstehung von privaten Monopolen. Private Unternehmen, die aufgrund ihrer *Daten*bestände die Treiber und Profiteure des digitalen Wandels sind, könnten also zunehmend konkurrenzierende Marktteilnehmer verdrängen. Aufgrund der Kostenstruktur könnte es ihnen gelingen, „Plattformmärkte" als private Monopole zu etablieren. Dies würde die Markt- und Machtkonzentrationen in der Hand weniger großer Digitalunternehmen verfestigen – mit durchaus problematischen Konsequenzen für innovative Dynamiken in der Wirtschaft und der Gesellschaft. Denn die Rolle von *Innovation* als Grundlage für gesellschaftlichen Wohlstand kann nur beibehalten werden, wenn Märkte „bestreitbar" bleiben und somit der Markteintritt von innovativen Newcomern möglich ist.

POPP: Im Hinblick auf die bisher besprochenen möglichen wirtschaftlichen und gesellschaftlichen Technikfolgen der Digitalisierung spricht offensichtlich vieles dafür, dass die Politik gestaltend eingreift.

BOCK-SCHAPPELWEIN: Ja, das sehe ich so. Digitalisierung kann und muss durch die Politik vorausschauend gestaltet werden. Denn mit diesen tiefgreifenden Wandlungsprozessen sind sowohl außergewöhnliche Chancen als auch weitreichende Risiken verbunden. Unabdingbar ist deshalb die Entwicklung einer umfassenden und maßgeschneiderten Strategie, um die Potenziale bestmöglich für die Menschen in den unterschiedlichsten Lebensbereichen bzw. -abschnitten, für die Unternehmen und für die Gesellschaft in Österreich nutzen zu können. Ziel sollte sein, dass die Chancen, die die Digitalisierung bietet, von allen adressierten Gruppen proaktiv genutzt und dadurch die Risiken minimiert werden können.

POPP: Welche Herausforderung halten Sie im Zusammenhang mit der proaktiven wirtschaftspolitischen Gestaltung der zukünftigen Digitalisierungsprozesse für besonders wichtig?

BOCK-SCHAPPELWEIN: Wirtschaftspolitische Herausforderung Nummer eins ist die Ermöglichung nachhaltiger lokaler Wertschöpfungsketten unter digitalen Rahmenbedingungen. Dazu brauchen vor allem die kleineren und mittelgroßen Unternehmen (KMU) mehr Unterstützung der öffentlichen Hand. Dabei geht es freilich um weit mehr als nur um den im medialen und politischen Diskurs häufig geforderten schnellen Breitbandanschluss.

POPP: Welche weiteren Maßnahmen der politischen Zukunftsgestaltung der Digitalisierung halten Sie für nötig?

BOCK-SCHAPPELWEIN: Über die Bereitstellung der entsprechenden Infrastruktur hinaus sind flankierende Maßnahmen in folgenden Politikbereichen erforderlich:
• Regulierungs- und Wettbewerbspolitik,
• Bildungspolitik,
• Arbeitsmarkt- und Sozialpolitik,
• Forschungs- und Innovationspolitik,
• Steuerpolitik,
• Energie- und Umweltpolitik.
Diesbezüglich sollte nicht allein auf „große" europäische Lösungen gewartet werden, sondern es müssten unbedingt auch die Handlungsspielräume auf nationalstaatlicher Ebene kreativ ausgeschöpft werden.

POPP: Offensichtlich handelt es sich bei der Zukunftsgestaltung der Digitalisierung um eine sehr komplexe Querschnittsaufgabe der Politik. Das klingt nach einem „politischen Kraftakt".

BOCK-SCHAPPELWEIN: Der zugegeben sehr herausfordernde politische Gestaltungsbedarf entspricht der zukunftsweisenden Bedeutung des digitalen Wandels. Für die Politik gilt es, in einem partizipativen Prozess unter Einbeziehung aller betroffenen Gruppen die folgenden zehn Handlungsfelder zu einer Strategie „Digitaler Wirtschaftsstandort Österreich" zu verdichten: digitale Infrastruktur, Individuen und Wirtschaft, Unternehmen und Gesellschaft, Bildung, Forschung und Entwicklung, Innovation, regionale Entwicklung und Wirtschaftsstandort, Staat und Verwaltung, Daten und Datenschutz, Nachhaltigkeit.[9]

POPP: Sie haben in unserem bisherigen Gespräch eine Reihe von Technikfolgen der Digitalisierung für die Wirtschaft und die Gesellschaft skizziert und auf den zu-

---

9   Ausführlicher zu diesen zehn Handlungsfeldern siehe in der Zusammenfassung im Anschluss an das vorliegende Interview mit Julia Bock-Schappelwein weiter unten im vorliegenden Beitrag.

kunftsgestaltenden Handlungsbedarf der Politik hingewiesen. Die wichtigste Frage aus der Sicht der großen Mehrheit der Bürgerinnen und Bürger bezieht sich jedoch auf eine Angelegenheit, die wir bisher noch nicht behandelt haben: Wie werden sich all diese Entwicklungen auf den Arbeitsmarkt auswirken? Sehr viel Zukunftsangst löste ja die medial ausführlich diskutierte Prognose mancher Wirtschaftsexperten aus, dass durch die Digitalisierung und die Automatisierung mittelfristig fast die Hälfte der Jobs wegfallen wird. Für wie wahrscheinlich halten Sie diese Entwicklung?

BOCK-SCHAPPELWEIN: Die Gültigkeit solcher sehr radikalen Thesen ist zu hinterfragen. Denn *erstens* wird nicht alles, was theoretisch automatisiert werden kann, auch wirklich automatisiert, und *zweitens* werden die Potenziale der Automatisierung überschätzt. Es ist davon auszugehen, dass in naher Zukunft durch den Einsatz digitaler Technologien nur in wenigen Fällen ganze Berufe, sondern vielmehr spezifische Tätigkeiten (sogenannte „Tasks") ersetzt werden. Berücksichtigt man diese Einschränkung auf Tätigkeitsschwerpunkte, arbeiten heute in Österreich (wie auch in Deutschland) gemäß OECD-Schätzungen etwa zwölf Prozent der Menschen in Berufen, die ein hohes Automatisierungspotenzial aufweisen.

POPP: Sie gehen also – ähnlich wie Ihr Kollege Helmut Mahringer – davon aus, dass durch die Digitalisierung zumindest kurz- bis mittelfristig keine negativen Arbeitsmarkteffekte zu erwarten sind?

BOCK-SCHAPPELWEIN: Im Hinblick auf den Verlust von Arbeitsplätzen schließe ich mich dieser Meinung an. Allerdings kann es als Folge betrieblicher Digitalisierungsstrategien an manchen Arbeitsplätzen für die Mitarbeiterinnen und Mitarbeiter zu einem stärkeren Anpassungsdruck kommen. Die vielen Studien zu den Auswirkungen von Digitalisierung auf den Arbeitsmarkt bieten eine Bandbreite an möglichen Einschätzungen, worunter sich auch solche finden, die per saldo keine signifikanten Beschäftigungsverluste finden. Dies schließt freilich nicht aus, dass es in einigen Segmenten des Arbeitsmarkts Verliererinnen und Verlierer gibt, denen jedoch an anderen Stellen auch Gewinnerinnen und Gewinner gegenüberstehen. Die meisten Prognosen betonen, dass der digitale Wandel die Dynamik am Arbeitsmarkt nicht radikal umkehren wird, wohl aber beschleunigen könnte. Erwartet werden ein Beschäftigungsrückgang bei manuellen bzw. standardisierbaren Routinetätigkeiten, jedoch ein gleichzeitiger Beschäftigungszuwachs bei höherqualifizierten bzw. nicht standardisierbaren Tätigkeiten wie beispielsweise in den unternehmensnahen Dienstleistungen, vor allem in den Bereichen Information und Kommunikation sowie im Sozial- und Gesundheitswesen.

POPP: Werden im Zusammenhang mit der Digitalisierung auch neue Berufe entstehen?

BOCK-SCHAPPELWEIN: Diese Entwicklung ist durchaus zu erwarten. In den letzten fünf Jahren haben sich neue Berufe vor allem in Bereichen entwickelt, die mit der Anwendung digitaler Technologien im Zusammenhang stehen. So ist beispielsweise der Beruf des *Data Scientist* neu entstanden, um große Datenmengen in Echtzeit aus verschiedenen Quellen analysieren und für gleichzeitig ablaufende Produktions- oder Geschäftsprozesse nutzen zu können. Zwar gab es auch vorher schon Berufe, in denen große Datenmengen analysiert wurden. Dass aber die Ergebnisse solcher Analysen in Echtzeit Parameter für die Steuerung bereitstellen müssen, ist in dieser Form neu. Ein anderes Beispiel ist der Beruf *Interface Designer*, dessen Betätigungsfeld die Entwicklung und Gestaltung von Benutzeroberflächen von Computersystemen oder technischen Produkten umfasst, die möglichst optimal auf die Bedürfnisse, Fähigkeiten und Fertigkeiten der Nutzerinnen und Nutzer abgestimmt sind. Dieser Beruf ist neu entstanden, weil die Anforderungen bei der Bedienung digitaler Geräte und Anlagen kontinuierlich steigen und die optimierte Gestaltung der Interaktion zwischen Mensch und Maschine ein immer wichtiger werdender Wettbewerbsvorteil ist. Innerhalb des nächsten Jahrzehnts könnten aber durchaus weitere bisher nicht bekannte Berufsfelder neu entstehen, zum Beispiel: AI-Assisted Healthcare Technician, Data Detective, Financial Wellness Coach, Fitness Commitment Counselor, Genetic Diversity Officer, Man-Machine Teaming Manager …[10]

POPP: Abgesehen von der vorher besprochenen Angst vor dem Jobverlust fürchten sich viele Menschen davor, dass die Digitalisierung zu Reallohnverlusten und in weiterer Folge zum sozialen Abstieg führen könnte.

BOCK-SCHAPPELWEIN: Die durch die Digitalisierung realisierte Produktivitätssteigerung lässt das reale Einkommen einer Volkswirtschaft insgesamt steigen. Eine produktivitätsorientierte Lohnpolitik, wie sie in Österreich auf sozialpartnerschaftlicher Basis eine lange und gute Tradition hat, kann dazu auch in Zukunft einen wesentlichen Beitrag leisten.

POPP: In der Zusammenschau der von Ihnen angesprochenen Chancen und Risiken der Digitalisierung stelle ich nun noch eine abschließende Frage: Wird Österreich zukünftig – im internationalen Vergleich – zu den Gewinnern oder zu den Verlierern der Digitalisierung zählen?

BOCK-SCHAPPELWEIN: Österreich ist ein international anerkannter IKT-Standort und ist schon heute in vielen Schlüsselbranchen der Digitalisierung sehr gut aufgestellt, z. B. in der Automobil(zuliefer)industrie, im Maschinen- und Anlagenbau sowie der Umwelttechnik. Aber auch in der Gesundheitswirtschaft, der Kultur- und Kreativwirtschaft sowie in den verschiedenen Zweigen der Dienstleistungswirtschaft können in Österreich durch die Digitalisierung erhebliche Potenziale freigesetzt werden, sofern die sich eröffnenden Handlungsspielräume genutzt werden. Österreich hat also sehr gute Chancen zu den Gewinnern der Digitalisierung zu gehören.

POPP: Liebe Frau Bock-Schappelwein, danke für das interessante Gespräch!

---

10   Cognizant 2017, hier zitiert aus Bock-Schappelwein/Böheim/Christen u.a. 2018, S. 95.

ZUSAMMENFASSUNG: Zehn Punkte zum politischen Gestaltungsbedarf[11] **(resultierend aus den im obigen Interview mit Julia Bock-Schappelwein präsentierten Prognosen zu den Auswirkungen der Digitalisierung auf die Wirtschaft und den Arbeitsmarkt)**

Damit der Wandel in Wirtschaft und Gesellschaft gelingt, bedarf es fördernder Rahmenbedingungen. Für die öffentliche Hand gilt es insbesondere, die folgenden zehn Handlungsfelder zu einer Strategie „Digitaler Wirtschaftsstandort Österreich" zu verdichten:

1. Digitale Infrastruktur: Die digitale Infrastruktur ist das technologische Rückgrat der Digitalisierung. Ohne schnelle Datenverbindungen kann keine digitale Transformation stattfinden. Die Bereitstellung der entsprechenden Infrastruktur (Breitband-Glasfaserfestnetz plus 5G Mobil) ist eine notwendige, aber keine hinreichende Bedingung für eine erfolgreiche digitale Transformation von Wirtschaft und Gesellschaft. Der Ausbau von (digitaler) Infrastruktur ist ein *Mittel*, um die Digitalisierung voranzutreiben, aber nicht der *Zweck* an sich.

2. Individuen und Wirtschaft: Gewährleistung einer möglichst hohen individuellen Freiheit bei hoher sozialer Sicherheit durch umfassende Beteiligung am wirtschaftlichen Erwerbsleben unter Berücksichtigung der Verantwortung des Einzelnen für die Gesellschaft und vice versa.

3. Unternehmen und Gesellschaft: Gewährleistung einer möglichst hohen unternehmerischen Freiheit unter Berücksichtigung der Bedeutung und Verantwortung des einzelnen Unternehmens für die Gesellschaft und vice versa.

4. Bildung: Fundierte Qualifikationen und Kompetenzen sind die Kernressource im Zeitalter des digitalen Wandels. Der Erwerb von Wissen und das kontinuierliche Update der Wissensbasis sind *conditiones sine qua non* sowohl für die Individuen, um ihre persönliche Arbeitsfähigkeit (employability) nachhaltig abzusichern, als auch für die Unternehmen, um ihre Wettbewerbsfähigkeit langfristig zu gewährleisten. Das Aus- und Weiterbildungssystem muss an die Notwendigkeiten des digitalen Wandels angepasst werden, um die Qualifizierung der Fachkräfte von morgen sicherzustellen sowie die Stärkung der Humankapitalbasis (dem unter digitalen Rahmenbedingungen wichtigsten Produktionsfaktor) zu gewährleisten.

5. Forschung und Entwicklung: Der Forschungsstandort Österreich hat sich in den vergangenen Jahren sehr dynamisch entwickelt. Seit dem Jahr 2015[12] sind die Gesamtausgaben für Forschung und Entwicklung (F&E) in Österreich um rund 65 Prozent gestiegen.

---

11   Bock-Schappelwein/Böheim/Christen u. a. 2018, S. 105 ff.

12   Letztverfügbares Jahr für internationale Vergleiche zum Zeitpunkt der Veröffentlichung der Studie von Bock-Schappelwein/Böheim/Christen u. a. 2018.

Österreich ist mit einer F&E-Quote von 3,12 Prozent knapp hinter Schweden (3,26 Prozent) „F&E-Vizeeuropameister". Diesen Weg gilt es konsequent weiter zu beschreiten. In diesem Zusammenhang sind die Rahmenbedingungen kontinuierlich an die internationale *Best Practice* auszurichten sowie entsprechend weiterzuentwickeln.

6. Innovation: Innovation ist mehr als F&E. Die Etablierung eines breiten Innovationsbegriffs ist notwendig, um das bestehende Innovationspotential in Österreich besser ausschöpfen zu können. Insbesondere gilt es, das von der Innovationspolitik vernachlässigte Feld der *nicht* forschungsgetriebenen Innovation intensiver zu behandeln, um Innovation in Wirtschaft und Gesellschaft breiter und tiefer über reine Forschung und Entwicklung hinaus zu verankern.

7. Regionale Entwicklung und Wirtschaftsstandort: Wirtschafts- und Standortpolitik sind mit der Diversität und Heterogenität von Regionen konfrontiert. Die Digitalisierung bietet neue Perspektiven für die Entwicklung des ländlichen Raums zu einem Lebens- und Arbeitsraum. Das Spannungsfeld zwischen urbanen Zentren und peripheren Regionen zwingt die Politik zur Entwicklung maßgeschneiderter Lösungen (abseits von „one concept fits all").

8. Staat und Verwaltung: Österreich ist ein kleines Land, das sich einen überdimensionierten, seit einem Jahrhundert historisch gewachsenen Gesetzgebungs- und Verwaltungsapparat „leistet." Die digitale Transformation zwingt auch den Staat zu einer „Fitnesskur", da wettbewerbsfähige Unternehmen nur in einem entsprechenden Umfeld gedeihen können. Eine strukturelle „Entschlackung" in Form einer umfassenden systemischen Staats- und Verwaltungsreform ist seit Jahrzehnten das Gebot der Stunde. Die Entwicklung von effizienten, einem kleinen Land wie Österreich angemessenen Gesetzgebungs- und Verwaltungsstrukturen – inklusive der Zurückdrängung von Überregulierung, Bürokratie und Verwaltungslasten für Individuen und Unternehmen – ist eine wesentliche Voraussetzung für einen „zukunftsfitten" Wirtschaftsstandort.

9. Daten und Datenschutz: Die „neue" Ökonomie ist eine Ökonomie digitaler Daten („Digitalismus"). Da die Weltwirtschaft von der Digitalisierung immer umfassender durchdrungen wird, werden Daten immer wichtiger. Das Internet ist zunehmend der zentrale Faktor für Innovation, Handel, globale Wertschöpfungs- und Produktionsketten, Gesundheit, Bildung und Regierungsdienste sowie auch für die soziale Interaktion der Menschen selbst. In diesem Zusammenhang könnte schrittweise ein auf digitalen Daten beruhendes Wirtschaftssystem an die Stelle der traditionellen Marktwirtschaft treten. Unter diesen neuen Rahmenbedingungen kommt dem Zugang zu Daten die Rolle eines für die Wettbewerbsfähigkeit entscheidenden Produktionsfaktors zu. Umso wichtiger wird in Zukunft der Schutz dieser zentralen Ressource.

Ein moderner Datenschutz soll die datengetriebenen Geschäftsmodelle der digitalen Großkonzerne herausfordern und nicht die kleinen lokalen Gewerbetreibenden bürokratisch ersticken.

10. Nachhaltigkeit: Die Digitalisierung ist mit der Hoffnung auf Effizienzsteigerung verbunden, auch den Energie- und Ressourceneinsatz betreffend. Der digitale Wandel eröffnet neue Wege, Ökologie und Ökonomie entsprechend des Leitbilds der Green Economy miteinander zu verbinden. Diese Entwicklung ist jedoch kein Selbstläufer. Vielmehr müssten zahlreiche ökologische Effekte und Wirkmechanismen besser verstanden und die Digitalisierung in den Dienst einer übergeordneten nachhaltigen Transformation gestellt werden.

ZUKUNFT – BERUF – GESUNDHEIT.

Biopsychosoziale und soziokulturelle Perspektiven für die Arbeitswelt
Monika Spiegel/Reinhold Popp

Im vorliegenden Beitrag werden folgende Zukunftsthemen[1] kurz angesprochen:

- Einige wichtige biopsychosoziale Aspekte des zukünftigen Zusammenhangs zwischen Gesundheit und Arbeitswelt,
- Veränderungen im Bereich der Berufskrankheiten,
- Ziele und Maßnahmen eines zukunftsfähigen betrieblichen Gesundheitsmanagements,
- die Zukunft der Gesundheitsberufe sowie
- die Entwicklung eines „zweiten Gesundheitsmarkts".

Im Hinblick auf die diesbezüglichen Zukunftsfragen interviewt *Univ.-Prof. Dr. Reinhold Popp* im ersten Teil des Beitrags *Mag. Dr. Monika Spiegel*. Im zweiten Teil fragt *Monika Spiegel* und antwortet *Reinhold Popp*.

1. Interview mit Mag. Dr. Monika Spiegel

Popp: Liebe Monika, du leitest an der Sigmund Freud PrivatUniversität Wien das „Institut für Wirtschaft und Psyche" und bist Psychotherapeutin in freier Praxis. Du verfügst über langjährige Erfahrungen in psychosozialer Beratung und Psychotherapie im Bereich der Wirtschaft. Haben deine Klientinnen bzw. Klienten im Zusammenhang mit dem Arbeitsleben verstärkt Probleme, die sich auf deren individuelle Zukunftsplanung auswirken?

Spiegel: Nicht nur die Schnelllebigkeit in der Arbeitswelt, sondern auch flexiblere Lebensformen im Privaten führen bei vielen Menschen zu Existenzängsten, zu einer gewissen Ratlosigkeit sowie zu einer Dysbalance des psychischen und physischen Wohlbefindens. In Anbetracht der Vielfalt möglicher Lebenswege in der zukünftigen Multioptionsgesellschaft zweifeln immer mehr Menschen daran, ob sie die richtigen beruflichen und privaten Entscheidungen getroffen haben. Dies hängt auch damit zusammen, dass das für die individuelle Zukunftsplanung so wichtige Vertrauen in die Selbstwirksamkeit häufig unzureichend ausgebildet ist. Dieser Mangel hat viel mit der schwach ausgeprägten emotionalen Sicherheit sowie mit der in der Tiefenpsychologie als „Urmisstrauen"[2] bezeichneten emotionalen Grundqualität zu tun. Wenn sich das Urvertrauen und das Grundgefühl der emotionalen Sicherheit in der

---

[1] Die genauen bibliografischen Daten zu den Literaturangaben im vorliegenden Beitrag finden sich im Literaturverzeichnis im Schlussteil des vorliegenden Buches.

[2] Siehe dazu ausführlicher: Erikson 1970.

frühen Kindheit unzureichend entwickeln konnten, ist eine biopsychosozial gesunde Entwicklung in der individuellen Zukunft schwieriger.

POPP: Die von dir angesprochene Schnelllebigkeit im Arbeitsleben ist nicht zuletzt auch eine Folge der sehr dynamischen Digitalisierung. Offensichtlich besteht ein starker Zusammenhang zwischen Digitalisierung und Zukunftsangst. Gibt es dazu Erfahrungen aus deiner unternehmensnahen Beratung und Psychotherapie?

SPIEGEL: Viele Menschen sind davon überzeugt, dass die Zukunft schicksalhaft auf uns zukommt und es keinen Ausweg gibt. Gerade im Zusammenhang mit den Technikfolgen der Digitalisierung glauben viele meiner Klientinnen und Klienten an düstere Prognosen und entwickeln eine starke Zukunftsangst. Dies hängt auch mit den in den Massenmedien präsentierten Zukunftsbildern zusammen; etwa mit der Vorhersage, dass in den kommenden Jahren immer mehr Arbeitnehmerinnen und Arbeitnehmer von digitalisierten Maschinen ersetzt werden. Dies ist zwar keineswegs so wahrscheinlich, aber Menschen mit geringem Selbstvertrauen leiten daraus ab, dass sie schon bald am Arbeitsmarkt nicht mehr benötigt werden.

Eine andere Prognose ist freilich realistischer: Die dynamisch fortschreitende Digitalisierung kann nämlich durchaus dazu führen, dass es für manche Arbeitnehmerinnen und Arbeitnehmer keinen sicherheitsspendenden fixen Platz im Büro, sondern nur mehr mobile Arbeitsplätze gibt. Diese bereits gegenwärtig in einigen Unternehmen erprobte räumliche Flexibilisierung sowie der Verlust von gewohnten Kommunikationsprozessen können Ängste auslösen. Bei sehr sicherheitsbedürftigen Menschen können eine verstärkte Dynamik und Flexibilität in der Arbeitswelt zu Stress und Belastungsstörungen führen. Durchaus realistisch ist ebenso die weit verbreitete Sorge, dass der Mensch durch sein digitales Kommunikationsverhalten zukünftig noch mehr als bereits heute zum Datenlieferanten für global agierende IT-Unternehmen sowie zum gläsernen Arbeitnehmer, Bürger und Konsumenten wird.

POPP: Du orientierst dich in deiner beratenden und psychotherapeutischen Tätigkeit sehr stark am biopsychosozialen Modell. Könntest du bitte kurz erklären, was damit gemeint ist?

SPIEGEL: In den vergangenen Jahren wurde dieses von George L. Engel (1913–1999) entwickelte Modell in der Psychotherapie und in Teilen der Medizin mit Interesse aufgegriffen und modernisiert. Engel beschrieb sein biopsychosoziales Modell erstmals 1977 in einer Ausgabe der renommierten Zeitschrift „Science".[3] Er beschäftigte sich mit den Ursachen und Auswirkungen von Depression und fand heraus, dass sich im Vorfeld vieler körperlicher Erkrankungen ein Gefühl der Hoffnungslosigkeit breitmachte. Von vielen seiner Patientinnen und Patienten wurde auch beschrieben, dass sie sich von ihren Mitmenschen aufgegeben fühlten. Dieses krank-

---

3   Engel 1977.

heitsgefährdende Grundgefühl bezeichnete Engel als *Giving-up/given-up-Komplex*. Engel postulierte, dass es als Reaktion auf Bedrohungen neben der Aktivierung des Kampf-Flucht-Systems noch eine zweite Möglichkeit gibt: ein energieschonendes Rückzugsmuster (*conversation-withdrawal*), bei dem sich der Mensch aus dem alltäglichen Leben mehr und mehr zurückzieht; in einer kommunikationsüberfrachteten Welt eine folgenschwere Reaktion.

POPP: Ist das wirklich neu, oder ist diese Annahme einer wechselseitigen Beziehung zwischen Körper und Psyche nicht auch die Grundlage des bereits älteren Psychosomatik-Konzepts?

SPIEGEL: Das von George L. Engel entwickelte Modell greift selbstverständlich auf psychosomatische Modelle zurück, ergänzt aber die Vorstellungen vom engen Zusammenwirken der *biologisch-somatischen* mit der *psychischen Dimension* des Individuums um den Faktor der *sozialen* Komponente. In diesem Sinne lässt sich die körperliche und seelische Gesundheit nicht ohne die sozialen Beziehungen und die gesellschaftlichen Rahmenbedingungen eines Menschen betrachten. Das biopsychosoziale Modell wird also überall dort angewendet, wo es um ein ganzheitliches Menschenbild geht.[4]

POPP: Ist das biopsychosoziale Modell deiner Einschätzung nach eine kurzlebige Modeerscheinung oder ein zukunftsfähiges Konzept?

SPIEGEL: Ich bin von der Zukunftsfähigkeit dieses Konzepts überzeugt. Das biopsychosoziale Menschenbild findet sich ja bereits ansatzweise in den Anfängen der Psychotherapie bei Sigmund Freud und noch stärker bei Alfred Adler. Das biopsychosoziale Denken ist bis heute in den tiefenpsychologisch, humanistisch und systemisch fundierten Konzepten der Psychotherapiewissenschaft weit verbreitet und gewinnt auch in der Medizin eine wachsende Bedeutung. Allerdings dominiert in einem sehr großen Teil der medizinischen Wissenschaft und Praxis noch das traditionelle biomechanische Menschenbild. Dabei werden der Körper wie eine Maschine und der Arzt als Techniker gesehen. In diesem Verständnis ähneln Vorsorgeuntersuchungen dem Service in einer Autowerkstatt und Krankenbehandlungen einer medikamentösen oder chirurgischen Reparatur bzw. dem Einbau neuer Ersatzteile. Bei manchen gesundheitlichen Problemen ist diese Reduktion auf eine mechanische Sichtweise freilich durchaus angemessen, etwa bei einem Beinbruch oder bei routinemäßigen zahnärztlichen Behandlungen. Bei vielen Erkrankungen sollte jedoch die Erkenntnis der engen Verwobenheit von Beziehungen, Gefühlen und körperlichen Reaktionen ernst genommen werden. In diesen Fällen müssten freilich auch komplexere Diagnosen und Behandlungskonzepte erstellt werden.

POPP: Wie kann man sich diese Komplexität vorstellen?

---

4   Siehe dazu ausführlicher u. a: Egger 2015.

SPIEGEL: Im komplexen Verständnis des biopsychosozialen Modells wird die klassische biologisch-somatische Dimension um zusätzliche Dimensionen erweitert:

- Im Sinne der *biologisch-somatischen* Logik werden Krankheiten in ihrer körperlichen Dimension auf der Basis von empirisch beobachtbaren bzw. messbaren pathologischen Befunden und Funktionsstörungen diagnostiziert und behandelt. Dies ist selbstverständlich notwendig, aber nicht ausreichend.
- Die *bio-psychische* Logik erklärt Krankheiten aus der subjektiven und individuellen Innensicht des leidenden Menschen mit seinen Gefühlen, Gedanken und seinem Verhalten. Dies ist eine wichtige, aber ebenso noch nicht ausreichende Ergänzung der *bio-somatischen* Logik.
- Die *psycho-soziale* Logik ergänzt die auf die Strukturen und Funktionen des Individuums reduzierte *bio-psychische* und *biologisch-somatische* Dimension um die Wechselwirkungen zwischen dem Individuum und seinen sozialen Beziehungen.
- Dazu kommt noch die *öko-soziale* Dimension, die das Individuum und dessen soziale Beziehungen in der Relation zur *natürlichen* Umwelt betrachtet. In diesem erweiterten Verständnis wird in die Diagnose einer Krankheit auch die Möglichkeit einer mangelnden Passung zwischen Person und natürlicher Umwelt einbezogen.
- In einem sehr stark erweiterten Verständnis des biopsychosozialen Modells wird von manchen Autoren sogar die *transpersonal-spirituell-religiöse* Dimension berücksichtigt. Dabei wird der Mensch – über die bisher genannten Dimensionen hinaus – in seinem subjektiven Gefühl des Eingebettetseins in das große Ganze, in seiner Bezogenheit auf etwas, das größer ist als er, was über ihn und seine Person hinausweist, betrachtet.

POPP: Bisher wurden vor allem die psychotherapiewissenschaftlichen, medizinischen und klinisch-psychologischen Aspekte des biopsychosozialen Modells angesprochen. In diesen Anwendungsbereichen stehen Krankheit und Krankenbehandlung im Vordergrund. Kann dieses komplexe Modell auch in der Gesundheitsförderung und in der Prävention genutzt werden – sowie im Hinblick auf diese Funktion auch in der Arbeitswelt?

SPIEGEL: Selbstverständlich ist dieses Modell auch in der Betriebswirtschaftslehre und in der betrieblichen Praxis sehr wertvoll; jedenfalls dann, wenn der im Titel des vorliegenden Buches aufscheinende Slogan „Der Mensch im Mittelpunkt" ernst genommen wird. In zukunftsfähigen Unternehmen gilt dies nicht nur für das betriebliche Gesundheitsmanagement, sondern für das gesamte Spektrum eines modernen Personalmanagements. Bis zur flächendeckenden Verbreitung der biopsychosozialen Sichtweise in der Wirtschafts- und Arbeitswelt ist allerdings noch ein weiter Weg zurückzulegen.

POPP: Hat das biopsychosoziale Modell auch Auswirkungen auf eine komplexe Betrachtung des in der Psychologie – und in besonderer Weise auch in der Wirtschafts- bzw. Arbeitspsychologie – wichtigen Intelligenzkonzepts?

SPIEGEL: Beim Begriff „Intelligenz" denken die meisten Menschen – auch in der Arbeitswelt – vor allem an die *kognitiven* Aspekte der Intelligenz, die sich mit Hilfe von Intelligenztests messen und in Form des Intelligenzquotienten (IQ) in Zahlen ausdrücken lassen. In diesem Zusammenhang ist es übrigens bemerkenswert, dass der durchschnittliche IQ seit mehreren Jahren kontinuierlich ansteigt und dass sich diese Entwicklung allem Anschein nach fortsetzt. *Kognitive* Intelligenz ist selbstverständlich nicht zuletzt für die Bewältigung vieler Herausforderungen im Arbeitsleben von großer Bedeutung. Im Hinblick auf die zu erwartenden Wandlungsprozesse in der zukünftigen Arbeitswelt werden die *emotionalen* und *sozialen* Aspekte der Intelligenz in den kommenden Jahren und Jahrzehnten eine noch größere Rolle spielen als bereits heute. Diese Entwicklung entspricht auch der Logik des biopsychosozialen Modells, die von der unauflösbaren Verknüpfung der *kognitiven*, der *emotionalen* und der *sozialen* Intelligenz ausgeht.

POPP: In der Zukunftsforschung geht es um die hinreichende Berücksichtigung des Zusammenhangs zwischen Herkunft und Zukunft. Wird dieser Zusammenhang auch im biopsychosozialen Modell berücksichtigt?

SPIEGEL: Dieses Modell betrachtet die biografische Entwicklung des Individuums vor allem im Hinblick auf die Lern- und Beziehungsgeschichte. Die Diagnose der gegenwärtigen psychodynamischen Probleme und Konflikte ist ohne eine ausführliche „Anamnese", also ohne die Abklärung sowohl der lebensgeschichtlichen Entwicklung, der aktuellen Schwierigkeiten als auch der bisher erprobten Bewältigungsstrategien, nur unzureichend möglich. Die *prognostische Vorausschau* auf den weiteren Lebensweg geht von den Ergebnissen der *Anamnese* und der *Diagnose* aus und berücksichtigt dabei vor allem die jeweils lebensstiltypischen Stärken und Schwächen.

POPP: Du hast dich in deinen bisherigen Forschungsprojekten sehr intensiv mit dem Narzissmus von Führungskräften und den Auswirkungen auf das Führungsverhalten sowie auf die betriebliche Kommunikation beschäftigt. Könntest du bitte einige Forschungsergebnisse kurz zusammenfassen?

SPIEGEL: Ja, ich habe mich intensiv mit den signifikanten, strukturellen Unterschieden und Parallelen in der Persönlichkeitsstruktur von Führungskräften und deren Partnerinnen bzw. Partnern sowie Assistentinnen bzw. Assistenten beschäftigt und in diesem Zusammenhang österreichische und deutsche Führungskräfte untersucht. Auffällig war, dass die Mehrzahl der Managerinnen bzw. Manager sowie deren Partnerinnen bzw. Partner und Assistentinnen bzw. Assistenten bei der zwanghaften Persönlichkeitsstruktur signifikant erhöhte Werte aufzeigten. Ebenso hatten alle drei Personengruppen narzisstische Tendenzen, es kommt häufig zu einer Reinszenierung und Kompensation der frühkindlichen Beziehungserfahrungen in der Wiederholung der Arbeits- und Liebesbeziehung. Ferner wurde der Frage nachgegangen, worin sich die Arbeitsbeziehung erfolgreicher Menschen von deren partnerschaftlicher Beziehung unterscheidet. Erstaunlich war, dass sich hinsichtlich des Objekterlebens keinerlei Unterschiede in der Gestaltung einer Arbeitsbeziehung und einer partnerschaftlichen Beziehung ergeben. Beruf und Partnerschaft werden demnach gleichgesetzt.

Ergänzend wurde die Frage erforscht, ob sich Partnerinnen und Partner bzw. Assistentinnen und Assistenten von Führungskräften hinsichtlich ihrer narzisstischen Ausprägung unterscheiden. Als Ergebnis zeigte sich, dass in Bezug auf Kleinheits- und Größenselbst, Gier nach Lob und Sehnsucht nach idealem Selbst die Partnerinnen und Partner einen höheren Wert als die Assistentinnen und Assistenten aufweisen. Bei der demografischen Analyse der Daten hat sich herauskristallisiert, dass die Probandinnen und Probanden sich – aus subjektiver Sicht – eher ärmlichen Verhältnissen zuordnen. Die Eltern waren zum überwiegenden Teil Arbeiter, Handwerker oder einfache Angestellte. Daraus hat sich bei einem Großteil der befragten Managerinnen und Manager bzw. ihrer Partnerinnen und Partner ein starker Antrieb entwickelt, diese Verhältnisse hinter sich zu lassen. Ein Beispiel für diese Aufstiegswünsche war die Aussage eines Vorstandsvorsitzenden, welcher aus „einfachen und dörflichen Verhältnissen" stammt und „immer da raus wollte". Bemerkenswert ist, dass dieses Sichbehaupten oft schon in der Ursprungsfamilie stattgefunden hat. Wie aus den demografischen Daten hervorging, findet sich der Großteil der befragten Probandinnen und Probanden in der Gruppe der Erst- oder Letztgeborenen wieder, Einzelkinder sind kaum vertreten. Im Arbeitsalltag äußert sich das so, dass das Berufsleben zum Inhalt des Selbstwertes wird und dass das meist nicht funktionierende Privatleben mit der Intensivierung des Arbeitslebens kompensiert wird.

POPP: Das klingt nach „Arbeitssucht".

SPIEGEL: Ja, so ist es. Aus dem vorher angesprochenen Zusammenhang ergab sich für mich die weitere wissenschaftliche Beschäftigung mit der Thematik Arbeitssucht und der damit meist verbundenen Co-Abhängigkeit. Die Folgen der Arbeitssucht bestehen darin, dass viele der Befragten kaum auf Urlaub gehen und dass es eine Horrorvorstellung wäre, länger ohne Arbeit zu Hause zu sein. Ein Teil der Probandinnen und Probanden hat sich die Maxime der unbedingten Strebsamkeit selbst auferlegt und ordnet andere Lebensbereiche dem Beruf unter. Der Grundkonflikt im Narzissmus bewegt sich zwischen Grandiosität und Minderwertigkeit. Signifikant war auch ein süchtiges Verhalten der Managerinnen und Manager in Bezug auf eine substanzgebundene Sucht, genannt wurden vor allem Alkohol und Medikamente. Die Ursache dafür ist eine extrem erhöhte tägliche Arbeitsstundenanzahl, daraus folgend wird auf ein soziales Leben oft komplett verzichtet, die berufliche Position geht vor. Die daraus resultierende innere Aufregung wird mit der „Belohnungsdroge" Alkohol oder mit diversen Medikamenten gestillt. Aus dem Forschungsprojekt ging hervor, dass 46 Prozent der Führungskräfte eine zwanghafte Persönlichkeit aufweisen. Auch bei 50 Prozent der Partnerinnen und Partner und bei 67 Prozent der Assistentinnen und Assistenten lässt sich eine derartige zwanghafte Persönlichkeit feststellen. Im Arbeitsleben schlägt sich das u. a. in einem peniblen Streben nach Sorgfalt und Perfektion nieder sowie einem gesteigerten Wert auf Ordnung. In der

Fremdwahrnehmung werden diese Personengruppen häufig als eigensinnig und stur wahrgenommen.

POPP: Du arbeitest viel mit Menschen, die eine narzisstische Persönlichkeitsstruktur aufweisen, und hast für deine therapeutische Tätigkeit eine für dich passende Herangehensweise entwickelt. Kannst du das ein bisschen näher erklären?

SPIEGEL: Mir ist im Rahmen meiner Arbeit in den letzten Jahren aufgefallen, dass sich etwas ganz massiv verändert: Der „narzisstische Arbeitswahnsinn" wird nämlich immer mehr angezweifelt und nicht mehr als die optimale Lebensform und Erfolgsstrategie betrachtet. Viele Klientinnen und Klienten klagen darüber, dass ihr Verständnis von Arbeit und zeitlichem Aufwand besonders von den jüngeren Generationen nicht mehr anerkannt wird und die Generationen Y (1980–1995) und Z (geboren nach 1995) nicht mehr bereit sind, jenen Arbeitseinsatz zu zeigen, den die Führungspersönlichkeiten fordern. Dabei handelt es sich meist um sogenannte Babyboomer (1952–1965) oder um Personen aus der Kriegs- und Nachkriegsgeneration (früher als 1952 geboren). Die Generation X (1966–1979) liegt an der Schnittstelle zwischen absolutem Arbeitseinsatz und der begonnenen Suche nach einer Work-Life-Balance.[5] Evi Hartmann[6] spricht in ihrem Buch von einer *Elite ohne Ambition*. Sie schreibt auf eine etwas polemische Art und Weise darüber, wie der uneingeschränkte Arbeitseinsatz zusehends abhandenkommt. Sie spricht von einer *Elitisten-Zukunft*, in der nur mehr wenige Menschen intensiv arbeiten wollen, sondern Arbeitsprozesse nur kommentiert und Leistungsträger bekämpft werden sowie vor allem nach einer positiven Work-Life-Balance gestrebt wird. „Leistung wird vorsätzlich und mit beachtlichem Aufwand bekämpft. Wer trotzdem überdurchschnittlich leistet, wird medial, politisch und sozial verfolgt" (Hartmann, 2018, S. 2014). Das klingt freilich einigermaßen übertrieben und ein wenig ideologisch.

Ich habe vor einiger Zeit begonnen, in meiner therapeutischen Arbeit auch das Alter meiner Klientinnen und Klienten – mit aller gebotenen Vorsicht – in einen Kontext mit der oben angesprochenen Generationentypologie zu setzen. In diesem Sinne gehe ich davon aus, dass sich in den kommenden Jahren in vielen Unternehmen das Arbeitsklima durch die anders gelagerte Arbeitsmoral der jüngeren Generationen weiter verändern wird. Darauf muss auch die psychotherapeutische Arbeit reagieren. Ich habe deshalb für mich versucht, eine therapeutische Herangehensweise zu entwickeln, welche diesen Prozess berücksichtigt. Als zusätzlichen Faktor beziehe ich das biopsychosoziale Modell nach Georg L. Engel in meine therapeutische Tätigkeit mit ein, um eine umfassende Anamnese und Therapie zu erzielen.

---

5   Die Zuordnung dieser „Generationen" zu Geburtsjahrgängen orientiert sich am Punkt 2.6.1.1. im Zukunftsdiskurs Nr. 6 des Beitrags von Reinhold Popp („Menschen – Maschinen – Märkte. Sieben zuversichtliche Zukunftsdiskurse zum Wandel der Arbeitswelt") weiter oben im vorliegenden Buch sowie an Reinhardt/Popp 2018, S. 41 ff. Dazu auch (allerdings mit z. T. anderer Definition der „Generationen") Klaffke 2014.

6   Hartmann 2018.

Engels Konzept besagt ja, dass jeder Betrachtung von Gesundheit und Krankheit ein bestimmtes Menschenbild zugrunde liegt. Dieser Ansatz lässt sich auch gut mit dem Generationenmanagement in die Arbeitswelt verbinden und verhindert, den gesundheitlichen Status der Klienten nur auf einer biomechanischen Ebene zu sehen.

POPP: Könntest du bitte abschließend noch einige bisher nicht angesprochene Themen skizzieren, die in deiner beratenden und psychotherapeutischen Arbeit im Zusammenhang mit der Arbeitswelt eine wichtige Rolle spielen?

SPIEGEL: Da gibt es eine Reihe von Punkten. Ich reduziere mich auf die meines Erachtens wichtigsten Themen:

- Wie lässt sich ein sowohl leistungsorientiertes als auch kommunikatives und kooperatives Arbeitsklima schaffen?
- Wie kann der leistungsgerechte Einsatz aller in einem Unternehmen tätigen Altersgruppen und somit auch die produktive Zusammenarbeit von Jung und Alt gelingen? In diesem Zusammenhang geht es auch um die biopsychosozialen Aspekte der Entwicklung von professionellen Formen des Generationenmanagements.
- Wie lassen sich die psychosozialen Herausforderungen der Übergabe von Führungspositionen an jüngere Mitarbeiterinnen und Mitarbeiter bewältigen?
- Wie kann die Veränderung von klassischen Führungsstrukturen in Richtung flacher Hierarchien aus psychologischer und psychotherapiewissenschaftlicher Sicht begleitet werden? Dies gilt sinngemäß auch für die biopsychosozial orientierte fachliche Begleitung der vielfältigen Formen von Innovationsprozessen in Unternehmen.
- Wie lässt sich eine biopsychosozial orientierte Burnoutprävention konzipieren und realisieren? Was ist bei der psychotherapeutischen Behandlung von Patientinnen und Patienten mit Erschöpfungsdepressionen methodisch zu bedenken. Sinngemäß gilt dies auch für die Mobbingprävention und die Psychotherapie mit Mobbingopfern.
- Wie kann der produktive Umgang mit Zukunftsängsten in Unternehmen, z. B. der Angst vor drohenden Wirtschaftskrisen oder vor den negativen Folgen des Klimawandels, aus psychotherapiewissenschaftlicher und psychologischer Sicht unterstützt werden?

POPP: Liebe Monika, danke für das interessante Gespräch!

2. Interview mit Univ.-Prof. Dr. Reinhold POPP

SPIEGEL: Lieber Reinhold, du leitest an der Sigmund Freud PrivatUniversität in Wien das „Institute for Futures Research in Human Sciences". Außerdem forschst und lehrst du am „Institut Futur" der Freien Universität Berlin, u. a. an dem dort situierten Masterstudiengang für Zukunftsforschung. Du bist aber nicht nur Zukunftsforscher, sondern auch Klinischer Psychologe, Gesundheitspsychologe und

Psychotherapeut. Werden die *psychischen* Aspekte der zukünftigen Arbeitswelt in der Zukunftsforschung ausreichend erforscht?

POPP: Leider nein! Dies hängt vor allem damit zusammen, dass Zukunftsforschung überwiegend Auftragsforschung ist. Die meisten Zukunftsstudien werden von Wirtschaftsunternehmen, von größeren Institutionen der Zivilgesellschaft und von der Politik im Hinblick auf *strategische Ziele* nachgefragt und finanziert. Deshalb sind wissenschaftliche Veröffentlichungen zu *technischen, gesellschaftlichen, ökonomischen, ökologischen* und *politischen* Zukunftsfragen stark überrepräsentiert. Im Vergleich mit diesen Fragestellungen ist die *psychologische und psychotherapiewissenschaftliche Dimension* der Zukunftsforschung leider unterentwickelt. In den wenigen einschlägigen Publikationen geht es um die Analyse der gegenwärtig konstruierten *individuellen* Zukunftsbilder und Zukunftsplanungen sowie um die damit verbundenen *psychodynamischen* Aspekte.[7] Diese bewussten und unbewussten Zukunftskonstruktionen lassen sich vor dem Hintergrund der lebensgeschichtlich entwickelten Wahrnehmungs-, Deutungs- und Handlungsmuster erklären bzw. verstehen. Besonders wichtig wären die wissenschaftliche Auseinandersetzung mit der Entstehung und Bewältigung von Zukunftsängsten sowie die Entwicklung von Methoden zur Stärkung der Zuversicht und der zukunftsbezogenen Gestaltungskompetenz.

SPIEGEL: Die kontinuierliche Beschleunigung und der wachsende Zeitdruck in der modernen Arbeitswelt gelten ja bekanntlich als wichtige Auslöser von Stress, Erschöpfung und entsprechenden krankheitswertigen Störungen. Wird die Beschleunigung zukünftig zunehmen?

POPP: Der bekannte Soziologe Hartmut Rosa hat die historische Entstehung, die gegenwärtige Ausprägung und die zukünftige Entwicklung des gesellschaftlichen Phänomens „Beschleunigung" in mehreren Publikationen[8] systematisch analysiert. In diesem Sinne spricht vieles dafür, dass der berufliche Stress in der Zukunft weiter wächst, dass der Zeitdruck in allen Lebensbereichen zunimmt und im Privatleben die Hoffnung auf Harmonie immer öfter enttäuscht wird.

SPIEGEL: Offensichtlich versuchen viele Menschen der Beschleunigung im Arbeitsleben häufiger durch leistungssteigernde Medikamente oder durch Süchte als durch psychosoziale Beratung und Psychotherapie zu begegnen. Wie schätzt du diese Entwicklung ein?

POPP: Wenn die eigenen Kräfte für die Bewältigung der Last des beruflichen und privaten Lebens nicht mehr ausreichen, spielen psychosoziale Beratung und Psychotherapie in allen Ländern der Welt – auch in Deutschland und Österreich – nach wie vor eine untergeordnete Rolle. In den kommenden Jahren rechne ich mit einem moderaten Bedeutungszuwachs dieser wichtigen Interventionsformen. Aber

---

7   Ausführlich dazu: Popp/Rieken/Sindelar 2017.

8   U. a.: Rosa 2004 und 2013.

auch zukünftig wird die dominierende Reaktion auf Stress und Überlastung in der Entwicklung von Süchten aller Art und im Konsum der von der Pharmaindustrie angebotenen breiten Palette an leistungssteigernden Produkten bestehen. Was im Sport als Doping verpönt ist, hat beim Streben nach dem schnellen Sieg im Beruf ein deutlich besseres Image. Bereits heute lassen sich die Anforderungen des immer dichteren Arbeitsalltags viel zu oft nur mehr mit Aufputschmitteln erfüllen. Dies gilt übrigens bereits im Kindesalter. Denn die Konzentration von quirligen Schulkindern wird allzu häufig biochemisch erzwungen. Wenn wir nicht konsequent gegensteuern, wird diese künstliche „Verbesserung" der menschlichen Fähigkeiten, also „Human Enhancement", zukünftig noch zunehmen.[9] So werden die Apotheken der Zukunft nicht nur aktivierende Tabletten zur Leistungssteigerung, sondern vielleicht auch animierende Glückspillen und schnell wirkende Sprays gegen Schüchternheit anbieten. Allerdings wird es zukünftig nicht bei leistungsfördernden Pharmaka bleiben. Vielmehr kann der überforderte Mensch der Zukunft auf ein weites Spektrum an technischen Muntermachern zurückgreifen, etwa auf sogenannte Neurostimulatoren, also auf Implantate zur Steuerung von erwünschten Gehirnaktivitäten. Gesund sind diese selbstoptimierenden Powerprodukte freilich nicht.

SPIEGEL: Das klingt ja deprimierend. Kommt diese unerfreuliche Entwicklung unvermeidlich auf uns zu?

POPP: Die Zukunft des menschlichen Zusammenlebens – und somit auch die Zukunft der Arbeitswelt – kommt selbstverständlich nicht schicksalhaft auf uns zu. Vielmehr lässt sich Zukunft gestalten. In demokratisch verfassten Gesellschaften sind die Bedürfnisse, Sehnsüchte und Wünsche der Mehrheit der Bevölkerung ein zukunftsgestaltender Faktor. In diesem Sinne könnte die bei vielen Menschen steigende Sehnsucht nach Entschleunigung eine Bewegung gegen die wachsende Beschleunigung des Berufslebens auslösen. Zur Beschleunigung trägt ja in besonderer Weise die zunehmende Digitalisierung der Arbeitswelt bei. Denn unsere digitalisierten Lebensbegleiter sind rund um die Uhr verfügbar. Das ist auch gut so. Aber wir Menschen benötigen – heute und zukünftig – ein gesundes Maß an Entspannung und Privatheit. Niemand kann uns zwingen, immer und überall einsatzbereit zu sein. Es liegt also nicht an unseren willenlosen Maschinen, sondern an uns, ob wir – im doppelten Sinn des Wortes – *abschalten* können und wollen. Maschinen brauchen keine Erholung – Menschen schon. Vor allem bei der Nutzung unserer digitalen Medien und Maschinen würde eine moderate Entschleunigung die Lebensqualität vieler Menschen erhöhen. Zukünftig wird eine wachsende Zahl von Menschen einen entschleunigenden Umgang mit der Arbeitszeit – und mit der gesamten Lebenszeit – fordern; hoffentlich mit Erfolg. Jedenfalls ist es bereits heute – und zukünftig immer mehr – sehr sinnvoll, *Nein* zu sagen, wenn der Druck zu groß und die Lebensqualität

---

9   Siehe dazu ausführlicher: Coenen/Gammel/Heil u. a. 2010; Lausen 2010; Merkel 2015; Stieglitz 2015.

zu klein wird. Denn auch zukünftig werden die Friedhöfe voll sein mit Menschen, die sich zu Lebzeiten für unersetzlich hielten.

SPIEGEL: Beschleunigung und Flexibilisierung werden wahrscheinlich auch zukünftig von vielen Menschen als belastend erlebt werden. Im Hinblick auf die Bewältigung derartiger Belastungen wird häufig auf die Fähigkeit der Resilienz verwiesen. Ist Resilienzförderung wirklich das Allheilmittel gegen negative Einflüsse aller Art?

POPP: Resilienzförderung ist gewiss wichtig, aber keineswegs ein Allheilmittel. In der Psychologie stammt dieser Begriff ursprünglich aus der Langzeitbeobachtung von Kindern mit ähnlich schwierigen Sozialisationsbedingungen. Dabei stellte sich heraus, dass sich manche Kinder trotz dieser Bedingungen biopsychosozial gesund entwickelten, während diese Bedingungen bei anderen Kindern zu mehr oder weniger starken körperlichen, psychischen und sozialen Problemen führten. In vielen weiteren Studien wurde untersucht, welche Wirkfaktoren die Widerstandsfähigkeit gegenüber widrigen Einflüssen sowie die Elastizität und Flexibilität im Umgang mit Veränderungen und innovativen Entwicklungen begünstigen.[10] In diesem Sinne wurde der Begriff „Resilienz" in den vergangenen Jahren generell auf die Fähigkeit von Menschen bezogen, familiäre Probleme, soziale Konflikte und gesellschaftliche Veränderungen produktiv zu bewältigen. Über Resilienz und Resilienzförderung wurden viele kluge Bücher geschrieben. Aber dem bekannten französischen Philosophen Albert Camus ist es gelungen, das Phänomen der Resilienz mit einem einzigen poetisch formulierten Satz auf den Punkt zu bringen: „Mitten im Winter habe ich erfahren, dass es in mir einen unbesiegbaren Sommer gibt."

SPIEGEL: Lassen sich diese Überlegungen auch auf die Zukunft der Berufswelt beziehen?

POPP: Ja, durchaus. In jüngster Zeit wird der Begriff „Resilienz" verstärkt auch im Hinblick auf die Bewältigung der vielfältigen Herausforderungen und Belastungen des beruflichen Alltags verwendet. In einer wachsenden Zahl von Betrieben werden Resilienztrainings angeboten. Dabei sollte allerdings beachtet werden, dass die Resilienz von Menschen mit einer Vielzahl von Einflussfaktoren in der Persönlichkeitsentwicklung und insbesondere mit den familiären Bedingungen und mit dem Aufbau von „Urvertrauen" in der frühen Kindheit zusammenhängt. Deshalb muss auf die frühen Grenzen kurzzeitiger Trainingsangebote hingewiesen werden. Aus wirtschaftsethischer Sicht wäre es selbstverständlich wenig wünschenswert, wenn die Resilienz von Mitarbeiterinnen und Mitarbeitern in einem Betrieb nur deshalb trainiert werden soll, um die Arbeitsbelastung weiter zu erhöhen. Der Begriff „Resilienz" wird übrigens auch in den Technikwissenschaften, in den Materialwissenschaften, in der Biologie (für die Widerstandsfähigkeit von Pflanzen oder Tieren) sowie in der Betriebswirtschaftslehre (für die Krisenresistenz von Unternehmen) verwendet.

---

10   Ausführlicher dazu: Popp/Rieken/Sindelar 2017, S. 39 f. und S. 82 ff.

Resilienz ist also ein interdisziplinärer Begriff. In der zukünftigen Arbeits- und Wirtschaftswelt muss es sowohl um mehr *institutionelle* Resilienz der Unternehmen als auch um mehr *individuelle* Resilienz der Erwerbstätigen gehen.

SPIEGEL: Wie werden sich deiner Meinung nach die beruflich bedingten Krankheiten zukünftig entwickeln?

POPP: In der globalen Perspektive dominieren nach wie vor jene Berufskrankheiten, die bis vor wenigen Jahrzehnten auch in Deutschland und Österreich weit verbreitet waren. So laborieren etwa in Afrika, China oder Indien viele Millionen Menschen an den gesundheitlichen Auswirkungen von Lärm am Arbeitsplatz sowie an chronischen Atemwegserkrankungen, verursacht durch den Staub in Steinbrüchen, Bergwerken und auf Baustellen. Außerdem sterben weltweit mehr als 300.000 Menschen pro Jahr an Arbeitsunfällen. Auch in Deutschland und Österreich leiden viele Millionen Menschen an beruflich bedingten Krankheiten. Dabei stehen selbst heute noch die *körperlichen* Beeinträchtigungen ganz oben auf der Liste. Allerdings geht es in der modernen Arbeitswelt immer seltener um Staub und Lärm, sondern immer öfter um schmerzhafte Rücken-, Muskel- oder Sehnenerkrankungen durch Fehlbelastungen beim Sitzen oder Heben sowie um Augenerkrankungen durch allzu lange Arbeit am Bildschirm. Bereits an zweiter Stelle stehen *psychische* Probleme. Gehörschutz und Helme bleiben freilich auch zukünftig – allerdings für einen kleiner werdenden Teil der Berufstätigen – wichtig. Im größeren Teil der Arbeitswelt geht es aber immer öfter um augenfreundliche Arbeitsbedingungen und ergonomisch gestaltete Arbeitsplätze. Darüber hinaus muss zukünftig die Sensibilität für die psychischen Belastungen steigen.

SPIEGEL: Du gehst also davon aus, dass die *psychischen* Berufskrankheiten zukünftig rasant zunehmen?

POPP: Alle einschlägigen Daten sprechen dafür, dass im weiten Spektrum der Berufskrankheiten die *psychischen* Erkrankungen (vor allem die stressbedingten Leiden) rasch zunehmen. Allerdings reagieren die Arbeitsschutzbestimmungen nur langsam auf die Veränderung der heutigen und zukünftigen Gesundheitsrisiken. So wurden etwa die stressbedingten Leiden von der Internationalen Arbeitsorganisation (ILO) erst im Jahr 2010 als Berufskrankheiten anerkannt. Immer mehr Menschen in Deutschland, aber auch in Österreich, der Heimat Sigmund Freuds und Alfred Adlers, nehmen regelmäßig Psychopharmaka; Tendenz weiter steigend. Abgesehen von der Beeinträchtigung der individuellen Lebensqualität der Betroffenen steigen durch diese psychischen Erkrankungen sowohl die *direkten* Kosten für die medizinische und psychotherapeutische Behandlung als auch die *volkswirtschaftlichen* Gesamtkosten. Denn eine wachsende Zahl von Arbeitnehmerinnen und Arbeitnehmern kann aufgrund berufsbedingter psychischer Leiden den Beruf nicht mehr ausüben und mindestens ein Drittel der Frühpensionierungen erfolgt aus psychischen Gründen. Außerdem dauern Krankenstände bei psychisch bedingten Diagnosen besonders lange. Diese Wachstumsdynamik im Bereich der psychischen Krankheiten wird sich in mittelfristiger Perspektive fortsetzen. Denn in dem immer stärker von Individualisierung, Flexibilisierung, Konkurrenzdruck, Konflikten, Zeitdruck und Stress geprägten modernen Berufsleben lauern viele Kränkungen. Der bekannte österreichische Psychiater und Individualpsychologe Erwin Ringel hat diesen Zusammenhang bereits vor vielen Jahren im Stil einer journalistischen Schlagzeile sehr eindrücklich zusammengefasst: „Was kränkt, macht krank".

SPIEGEL: Wenn du den Zusammenhang zwischen Kränkung und Krankheit ansprichst, drängt sich die Frage nach der zukünftigen Entwicklung von Mobbing auf.

POPP: Selbstverständlich macht auch Mobbing krank! Offensichtlich nehmen bereits seit einigen Jahren vielfältige Ausprägungsformen von Mobbing in der Arbeitswelt zu. Dabei geht es um wiederholte Schikanen (z. B. in Form der Zuweisung sinnloser Arbeitsaufgaben), um tagtägliche Sticheleien, um ständige Kritik an der individuellen Arbeitsleistung, um das Vorenthalten von Informationen, um das Verbreiten von Gerüchten und gelegentlich sogar um Gewaltandrohung oder Verleumdung. Manchmal verlagern sich Mobbingaktivitäten ins Internet. Diese besonders perfide Variante wird meist als Cybermobbing bezeichnet. Laut Schätzungen der Gewerkschaft „ver.di" sind in Deutschland aktuell 1,8 Millionen Erwerbstätige von Mobbing betroffen.[11] Die *individuellen* Folgen von Mobbing bestehen häufig in der Ausprägung von schweren psychischen Belastungen – in Einzelfällen bis hin zum Suizid. Durch meist langwierige Krankenbehandlungen und krankheitsbedingte Frühverrentungen entstehen jedoch auch erhebliche *volkswirtschaftliche Kosten*. Die schwerwiegenden *betriebswirtschaftlichen* Folgen von Mobbing bestehen in den mit langen Krankenständen verbundenen Arbeitsausfällen und den damit verbundenen Kosten, in nachhaltig wirksamen Störungen des Betriebsklimas sowie in der Verschlechterung der Arbeitsmotivation und der Verringerung der Produktivität. Aus heutiger Sicht deutet leider nichts darauf hin, dass das Mobbing im Bereich der Arbeitswelt zukünftig abnimmt. In einer aktuellen repräsentativen Befragung der Deutschen haben mein Hamburger Kollege Ulrich Reinhardt und ich erhoben, dass beachtliche 54 Prozent der Deutschen in der Zukunft sogar mit einer Zunahme von Mobbing rechnen![12]

SPIEGEL: Noch eine Frage zur Prävention: Wie kann deiner Meinung nach ein gutes betriebliches Gesundheitsmanagement zu einer zukünftigen Verbesserung der bisher angesprochenen gesundheitlichen Problemlagen beitragen?

POPP: Zukunftsfähige Betriebe können im Rahmen eines gut durchdachten betrieblichen Gesundheitsmanagements u. a. mit folgenden Maßnahmen wichtige Beiträge

---

11   ver.di 2017.

12   Siehe dazu im Beitrag von Ulrich Reinhardt und Reinhold Popp („77 Meinungen der Deutschen zur Zukunft der Arbeitswelt") weiter oben im vorliegenden Buch (Zukunftsbild Nr. 23) sowie vertiefend in: Reinhardt/Popp 2018, S. 126.

für die Vorbeugung von Berufskrankheiten, für die Verbesserung der Gesundheit ihrer Mitarbeiterinnen und Mitarbeiter sowie für die Stress-, Burnout- und Mobbingprävention leisten:

- Sensibilisierung, Training und Beratung der Führungskräfte,
- Förderung eines anregenden und sozial verträglichen Betriebsklimas,
- gesundheitsfördernde Gestaltung der Arbeitsplätze und Arbeitsräume (z. B. Ergonomie, Reduktion des Lärmpegels …),
- Anpassung der Arbeitsabläufe und Arbeitszeiten an die individuelle Leistungsfähigkeit der Mitarbeiterinnen und Mitarbeiter,
- Reduktion von Stress,
- Angebote für Teambuilding und Beratung im Fall von Konflikten,
- explizit formulierte betriebliche Anti-Mobbing-Strategien – und deren konsequente Durchsetzung,
- Bewegungs- und Ernährungsangebote,
- Bildungsangebote.

SPIEGEL: Wenn es im Zusammenhang mit der Zukunft der Arbeitswelt um das Thema der Gesundheit geht, drängt sich die Frage nach der Zukunft der Gesundheitsberufe auf.

POPP: Gesundheitsberufe zählen zu den wichtigsten Zukunftsberufen. Zahlenmäßig dominieren die Pflegekräfte. Imagemäßig nehmen seit vielen Jahren die Ärzte, die Apotheker und die Rettungskräfte die Top-Positionen ein. Aber auch die kleineren und nicht ganz so imagestarken Berufsgruppen sind unverzichtbar, etwa in den Bereichen Psychotherapie, psychosoziale Beratung, klinische Psychologie, Physiotherapie, Ergotherapie.

Auch im Gesundheitssystem geht zukünftig nichts mehr ohne *technische* Berufe. Man denke nur an die allgegenwärtigen Informationstechnologien, an Labor- und Medizintechnik, an Radiologie und Orthoptik, an Operations-, Pflege- Service- und Kommunikationsroboter, an miniaturisierte Sensoren für die Diagnostik, an biokompatible künstliche Organe, an Gentechnik, an die biotechnische Potenz der Pharmakonzerne, an Hightech-Rollstühle, Hightech-Prothesen und Exoskelette oder auch an die unter dem Titel „Ambient Assisted Living" entwickelten Sicherheitstechnologien, die u. a. einen längeren Verbleib von pflegebedürftigen Personen im eigenen Haushalt unterstützen können. Außerdem sollten die vielen Fachkräfte für die *Verwaltung*, die *Aus- und Weiterbildung*, die *Forschung und Entwicklung* und das *Management* im weiten Spektrum des Gesundheitswesens nicht vergessen werden. Die Erhaltung der Gesundheit, die Heilung von Krankheiten, die Gesundheits- und Krankenpflege sowie die Verlängerung des Lebens sind also bereits heute dynamische Jobmotoren! Zukünftig wird sich diese Dynamik fortsetzen.

In allen Bereichen des *öffentlichen* Gesundheitssystems ist es sehr wahrscheinlich, dass sich in den nächsten Jahren der Trend zur Technisierung und Standardisierung verstärkt und sich der Anteil der persönlichen Kommunikation zwischen Experten und Patienten weiter verringert. Denn empathische Zuwendung kostet Zeit und Zeit kostet bekanntlich Geld.

SPIEGEL: Könnte die zuletzt angesprochene Entwicklung den Bedeutungszuwachs des sogenannten zweiten Gesundheitsmarkts fördern?

POPP: Generell wird Gesundheit zukünftig – noch mehr als bereits heute – zum zentralen Wert in unserer Gesellschaft. Parallel zu dem aus Mitteln der Sozialversicherungsanstalten und aus Steuergeldern finanzierten öffentlichen Gesundheitssystem wird sich zukünftig ein wachsender privat finanzierter „zweiter Gesundheitsmarkt" entwickeln. Dadurch wird die zukünftige Bedeutung des Gesundheitssystems als Jobmotor noch verstärkt. In diesem Segment werden *präventiv* orientierte Gesundheitsberufe, die die Bemühungen vieler Menschen um einen gesunden Lebensstil unterstützen, immer wichtiger werden. In diesem Zusammenhang wird zukünftig auch die Bedeutung der *betrieblichen Gesundheitsförderung* wachsen. Denn Stress, Bewegungsmangel und schlechte Ernährung verursachen nicht nur individuelle gesundheitliche Probleme, sondern führen auch zu vermehrten Krankenständen und Produktivitätseinbußen. Darüber hinaus wird dieser privatwirtschaftlich funktionierende Gesundheitsmarkt zum Fluchtpunkt jener Angebote der Alternativmedizin und der Psychotherapie, die den Effizienzlogiken des öffentlich finanzierten Gesundheitssystems entweder nicht entsprechen *können* – oder aus unterschiedlichen Gründen nicht entsprechen *wollen*.

Durch das wachsende Gesundheitsbewusstsein werden zudem Begriffe wie „Selbstverantwortung" und „Selbstkompetenz" immer stärker in den Vordergrund rücken. Dieser Trend äußert sich in einem verstärkten Ernährungs- und Körperbewusstsein, im zunehmenden Interesse für Wellbeing und Gesundheitssport sowie in der Sehnsucht nach der Erhaltung gesunder Lebensräume. Im Hinblick auf den in der modernen Arbeits- und Lebenswelt weit verbreiteten Bewegungsmangel kommt der Aktivierung im Bereich des Freizeit- und Gesundheitssports eine besonders große Bedeutung zu. Eine negative Nebenwirkung dieses grundsätzlich positiven Gesundheitstrends könnte freilich in der Verstärkung der vielfältigen Benachteiligungen von ärmeren Menschen bestehen – z. B. höheres Krankheitsrisiko und signifikant geringere Lebenserwartung. Denn in Anbetracht der *privaten Finanzierung* wird der „zweite Gesundheitsmarkt" auch zukünftig die Domäne der oberen Einkommensgruppen bleiben.

SPIEGEL: Lieber Reinhold, danke für das interessante Gespräch!

ARBEIT ANDERS.

Plädoyer für eine zukunftsfähige Unternehmenskultur:
agil – digital – kooperativ
Ursula della Schiava-Winkler

Angstmacher sehen künftig die Hälfte aller Arbeitsplätze durch den Einsatz von Robotern gefährdet und prognostizieren das Ende der Arbeit.[1] Dies ist zwar nicht realistisch, aber Internet of Things (IoT) und Robotics, Machine Learning, künstliche Intelligenz, robotergesteuerte Automatisierung von Prozessen, Big Data und Echtzeit-Datenanalyse werden zukünftig unseren Arbeitsalltag verändern. Dies erzeugt bei vielen Menschen Zukunftsangst. Aber Veränderung und Angst müssten eigentlich nicht Hand in Hand gehen. Denn Prognosen des Instituts für Arbeitsmarkt- und Berufsforschung (IAB)[2] in Deutschland und des Instituts für Höhere Studien (IHS)[3] in Österreich zeigen ein überwiegend positives Bild der zukünftigen Berufswelt. In diesem Sinne droht in Österreich bei neun Prozent der Beschäftigten der Jobverlust durch Automatisierung. Die potenziell am stärksten Betroffenen sind einfache, sich wiederholende, manuelle und leicht standardisierbare Arbeiten. Eine Studie des Österreichischen Instituts für Wirtschaftsforschung (WIFO) zeigt jedoch nachvollziehbar auf, dass an anderen Stellen des Arbeitsmarkts neue Jobs dazukommen.[4]

Laut „Trending Topics"[5] werden für 80 Prozent der Jobs künftig Kenntnisse aus den Bereichen Mathematik, Informatik, Naturwissenschaft und Technik erforderlich sein. Gewinner der globalen Trends sind IT, Telekommunikation und Logistik. Wichtig ist zu betonen, dass die heutige Arbeitswelt gegenwärtig in hohem Maße durch teilweise länger zurückreichende wirtschaftsstrukturelle Transformationen geprägt ist, die die personalpolitischen Strategien der Betriebe – bildlich gesprochen – auf die schiefe Bahn gebracht haben und jetzt zusätzlich zur Digitalisierung Neugestaltungen zur Folge haben.

---

1   Die genauen bibliografischen Daten zu den Literaturangaben im vorliegenden Beitrag finden sich – sofern sie nicht in den Fußnoten angegeben sind – im Literaturverzeichnis im Schlussteil des vorliegenden Buches.

2   Matthes, Britta; Weber, Enzo (2017) *Veränderungen der Arbeitswelt. Zu den Auswirkungen der Digitalisierung und des demografischen Wandels für Geringqualifizierte.* IAB-Stellungnahme 1/2017. URL: http://doku.iab.de/stellungnahme/2017/sno117.pdf

3   Nagl, Wolfgang; Titelbach, Gerlinde; Valkova, Katarina (2017) *Digitalisierung der Arbeit: Substituierbarkeit von Berufen im Zuge der Automatisierung durch Industrie 4.0.* URL: https://www.ihs.ac.at/fileadmin/public/2016_Files/Documents/20170412_IHS-Bericht_2017_Digitalisierung_Endbericht.pdf

4   Siehe dazu in den Interviews mit Helmut Mahringer und Julia Bock-Schappelwein (Zukunft des Arbeitsmarkts …) weiter oben im vorliegenden Buch.

5   Trending Topics, Digitale Heldinnen und Helden braucht das Land.: http://www.iaq.uni-due.de/iaq-report/2018/report2018–03.pdf

1. Durch die Digitalisierung ändert sich die Arbeit, aber sie wird nicht weniger

Die Arbeit wird durch die Digitalisierung nicht weniger, aber anders. Analysieren wir, wie sich Beschäftigung und Arbeitsplatzqualität durch die Digitalisierung im Zusammenspiel mit einer Vielzahl anderer Faktoren ändert, erhalten wir folgenden Befund: Auf der betrieblichen Ebene gehen Produktinnovationen und organisatorische Innovationsprozesse mit einer besseren Beschäftigungsentwicklung einher. Dies gilt sowohl für Männer als auch Frauen. Dieser positive Zusammenhang ist jedoch auf *qualifizierte* Arbeitskräfte beschränkt. Demgegenüber haben diese Innovationsprozesse eher negative Auswirkungen auf die Beschäftigung von *gering qualifizierten* Beschäftigten. Dies dürfte auf die Automatisierung von Arbeitsprozessen zurückzuführen sein, die überproportional zur Substitution einfacher Routinetätigkeiten beiträgt, so das Ergebnis des von 2015 bis 2018 durchgeführten europäischen Forschungsprojektes „Quality of Jobs and Innovation generated Employment Outcomes" (QuInnE),[6] an dem Deutschland, Großbritannien, Schweden, die Niederlande, Frankreich, Ungarn und Spanien mitgewirkt haben. Dabei wurden Betriebsbefragungen in Produktions- und in Dienstleistungsbetrieben durchgeführt.

2. Soziale Kompetenz und Empathie sind nicht durch Roboter ersetzbar

Durch den digitalen Wandel muss die Arbeitswelt in einem kontinuierlichen Prozess umgestaltet werden. Einige etablierte Berufsbilder werden verschwinden und neue Jobprofile werden entstehen. In mittelfristiger Perspektive werden sich jedoch vor allem die Tätigkeiten und Arbeitsbündel im Kontext bestehender Berufe wandeln. Besonders gefragt wird am zukünftigen Arbeitsmarkt alles sein, was den Menschen von Robotern und Algorithmen abhebt – wie beispielsweise die Lösung unstrukturierter Probleme. Dabei stehen die Kombination von Fachwissen und formalen Qualifikationen mit vernetztem Denken, digitaler und sozialer Kompetenz, Lernwillen, Veränderungsbereitschaft, Neugierde und eine schnelle Umsetzungsfähigkeit im Vordergrund. Allzu oft trauen Führungskräfte ihren Mitarbeiterinnen und Mitarbeitern eigenverantwortliches und selbstorganisiertes Arbeiten nicht zu. Sie argumentieren mit ihren diesbezüglichen Erfahrungen aus der Vergangenheit, führen engmaschig und machen so die Mitarbeiterinnen und Mitarbeiter immer unselbstständiger. Der Kreislauf der Abhängigkeit ist anscheinend bestätigt und die strikte Führung wird anscheinend gebraucht.

---

6 Jaehrling, Karen; Obersneider, Monika; Postels, Dominik (2018) *Digitalisierung und Wandel von Arbeit im Kontext aktueller Marktdynamiken. Empirische Befunde zum Zusammenspiel von Innovationen, Beschäftigung und Arbeitsqualität.* IAQ-Report 03/2018. URL: http://www.iaq.uni-due.de/iaq-report/2018/report2018-03.pdf

3. Tayloristische Kompetenzen haben ausgedient

In Zeiten tayloristischer Massenproduktion waren andere Kompetenzen notwendig als heute und morgen. Für diesen historischen Produktionstypus waren nur wenige Talente nötig. Bei der großen Mehrheit der Arbeitnehmerinnen und Arbeitnehmer genügten Fleiß, Willigkeit und Disziplin. Um den zukünftigen Veränderungsanforderungen gerecht zu werden, ist es nötig, einen sozialen Raum zu schaffen, der sowohl Effektivität und Hochleistung als auch – gleichzeitig – Wohlfühlen, soziales Lernen und Lebensqualität ermöglicht. Die dafür erforderlichen Kompetenzen fokussieren auf Faktoren wie Beziehung, Vertrauen, Kooperation, Affekte, Anerkennung, Feedback, Wertschätzung und Respekt.

Jobseitig ist die Situation in Österreich laut WIFO[7] wie folgt: Durch die Digitalisierung werden die meisten bestehenden Berufe nicht obsolet, aber es verschieben sich Arbeitsinhalte von Routinetätigkeiten hin zu Nicht-Routine-Tätigkeiten. Berufe mit vornehmlich analytischen und interaktiven Tätigkeiten stellen dabei höhere Ansprüche an die Kompetenzen und Qualifikationen der Beschäftigten. Gegenwärtig zeigt sich in Österreich noch kein starker Digitalisierungseffekt.[8]

Nicht-Routine-Tätigkeiten werden also zukünftig stark an Bedeutung gewinnen. Dazu gehören beispielsweise Arbeitsanforderungen wie das Verstehen und Kommunizieren von (neuen) Informationen, das Lösen unstrukturierter Aufgaben, aber auch manuelle Nicht-Routine-Tätigkeiten. Für die Lösung von Problemen werden nicht nur formale Qualifikationen und Erfahrungswissen, sondern zunehmend auch soziale Kompetenzen, Kommunikationsfähigkeit und Empathie gebraucht.

4. Digitalisierung erfordert menschliche Empathie

Gerade bei der Kommunikation in einem digitalen Unternehmensumfeld spielt Empathie eine wichtige Rolle. Jeder und jede in diesem Bereich Tätige sollte sich in die Mitarbeiterinnen und Mitarbeiter, in die Kolleginnen und Kollegen sowie in Lieferantinnen und Lieferanten sowie Kundinnen und Kunden – also in das gesamte soziale Umfeld – hineinversetzen können und die eigene Arbeit aus deren Perspektive betrachten können.

Wir kennen unterschiedliche Ebenen der Empathie. Auf der *ersten* Ebene ermöglicht die Empathie, ähnlich wie andere Menschen zu empfinden, also den Mitmenschen emotional zu begegnen. Auf der *zweiten* Ebene geht es nicht nur um das Erfassen der Gefühlswelt, sondern auch darum, die Absichten der anderen zu erkennen und zu verstehen sowie daraus Verhaltensschlüsse zu ziehen. Auf der *dritten* Ebene

---

7   Peneder, Michael; Bock-Schappelwein, Julia; Firgo, Matthias; Fritz, Oliver; Streicher, Gerhard (2016) *Österreich im Wandel der Digitalisierung.* URL: https://www.wifo. ac.at/jart/prj3/wifo/resources/person_dokument/person_dokument.jart?publikations-id=58979&mime_type=application/pdf

8   Ein wahrscheinlicher Grund dafür – so die Einschätzung der o. g. WIFO-Experten – ist die gute Differenzierung der mittleren Ausbildung.

der Empathie kann in komplexen Situationen, in unterschiedlichen Kulturen, bei unterschiedlichen Bedürfnis- und Interessenslagen und im Kontakt mit stark diversen Charakteren ein Verständnis für soziale Kontexte, in denen und durch die Gefühle entstehen, entwickelt werden, um einander mit Offenheit und Respekt zu begegnen.

Empathie bedeutet Resonanzfähigkeit, das Teilen und Verstehen von Gefühlslagen. Mitgefühl schafft dagegen die Möglichkeit, sich um andere zu kümmern und zu sorgen, und ist damit eine wichtige Voraussetzung für gute Mitarbeiterführung und Kundenzufriedenheit. Empathische Mitarbeiterführung ist ein aktiver Prozess des einfühlenden Verstehens, der mit korrigierender, akzeptierender und wertschätzender Haltung einhergeht. Empathie fordert Motivation, Engagement und die Leistungsbereitschaft von Mitarbeiterinnen bzw. Mitarbeitern und ist daher ein wesentlicher Bestandteil der Führungskompetenz sowie eine Voraussetzung für das Führen von selbstorganisierten Gruppen und Teams. Einfühlung ist also ein aktiver und kreativer Vorgang.

Empathisches Miteinander erfordert die Fähigkeit, sich als Akteurin bzw. Akteur fiktiv in Geschichten, Themen, innere Szenen anderer Menschen hineinzuversetzen, entsprechend zu handeln und darüber hinaus andere Standpunkte zu verstehen, also die Welt mit anderen Augen zu sehen und zu begreifen. Damit wird es möglich, Sympathie zu erleben, die Gefühle anderer nachzuvollziehen sowie die eigene Betroffenheit zu erkennen und zu zeigen. Wie fühlt es sich als Mitarbeiterin bzw. Mitarbeiter oder als Kundin bzw. Kunde an, in dieser oder jener Situation zu sein? Was braucht es im Hier und Jetzt? Indem man deren Fühlen und Erleben aus der Umfeldperspektive betrachtet, fühlt man sich in die Gedankenwelt von Mitmenschen eingebettet und versucht, die Handlungsimpulse des Gegenübers nachzuempfinden. Dies gibt einem die Möglichkeit, realistische, quergedachte und doch klare und authentische Lösungen für Probleme zu finden; ganz im Gegensatz zu einem aufgesetzten oder manipulativen Verhalten, bei dem man mit eingelernten Floskeln zum Gegenüber spricht und ein Ziel pusht. Hat man empfunden, was die Mitarbeiterinnen und Mitarbeiter oder Kundinnen und Kunden empfinden, kann man Situationen (zum Beispiel Mitarbeiter- und Kundenprozesse) emotional ansprechend designen und die jeweiligen Bedürfnisse besser erfühlen.

Die unbefriedigten Bedürfnisse unserer sozialen Umgebung sind die Lücken, die sich durch innovative Produkte und wertvolle sowie nützliche Dienstleistungen schließen lassen. Das empathische und emotionale Erleben sowie die Fähigkeit, zwischen den Datenzeilen mitlesen zu können, ermöglicht auch im digitalen Raum eine menschliche Begegnung. Dieses Wissen und Verständnis öffnen ein Fenster in die weite Welt.

Psychologen wie Arno Gruen[9] und Carl Rogers[10] weisen auf eine angeborene, nicht determinierte Empathiefähigkeit bereits bei Kleinkindern hin. Rupert Lay[11] erforschte die frühkindliche Empathie und untersuchte die Fähigkeit von Babys, in der Kommunikation mit ihren Bezugspersonen die eigenen Grenzen und die Grenzen anderer intuitiv zu erkennen. Im Laufe der ersten beiden Lebensjahre wird diese angeborene *intuitive* Fähigkeit allerdings abgebaut und durch *kulturelle* Einflüsse ersetzt bzw. überformt. Im Erwachsenenalter kann man auf diese *„roots of empathy"* aufbauen und durch entsprechende methodische Settings und narrative Empathieszenen eine erwachsenengerechte Form von Empathie einüben.

Insgesamt sind zukunftsfähige Mitarbeiterinnen und Mitarbeiter gefordert, die folgenden Kompetenzen[12] zu entwickeln bzw. zu stärken (siehe Infobox):

Upskilling: In allen bestehenden Jobs müssen Mitarbeiterinnen und Mitarbeiter darin geschult werden, die zur Verfügung stehenden (neuen) Technologien einzusetzen und anzuwenden. Dazu ist die Einschulung in digitale Tools und Methoden notwendig.

Digital reskilling: Durch die Digitalisierung entstehen neue Anforderungen an die Arbeit, an die Zusammenarbeit sowie an die Entwicklung von Prozessen, Produkten und Services. Auch hier sind neue Fähigkeiten zu vermitteln.

Human reskilling: Da sich die gesamte Arbeitswelt verändert, benötigen Organisationen Führungskräfte sowie Mitarbeiterinnen und Mitarbeiter, die sich gegenseitig auf Veränderungen vorbereiten, sich austauschen sowie zum Lernen und zum Entwickeln neuer Fähigkeiten motivieren. Deshalb ist ein erweitertes Einfühlungsvermögen sowohl im Innenverhältnis eines Betriebs als auch im Umgang mit Kundinnen und Kunden sowie Lieferanten oder Zulieferern nötig. Um sich auf neue digitale Angebote einzulassen und diese nutzbar zu machen, ist ebenso ein vertrauensvoller Umgang miteinander erforderlich.

Metaskills: Selbstorganisation, Führungs-, Anpassungs- und Teamfähigkeit sowie Kreativität sind grundsätzlich wichtig, weil lebenslanges Lernen und die Fähigkeit, sich auf berufliche Veränderungen einzulassen, im Zeitalter der Digitalisierung immer wichtiger werden.

---

9   Gruen 1997.

10 Rogers, 2005, URL: https://archiv.ub.uni-heidelberg.de/volltextserver/10439/1/Endfassung.pdf

11 Lay, *Weisheit für Unweise*. S. 91, URL: https://www.rupert-lay.de/download/Lay_Weisheit_f%C3%BCr_Unweise.pdf

12 Ashoka, McKinsey, URL: https://www.ashoka.org/sites/default/files/atoms/files/2018_the_skilling_challenge_ashoka_mckinsey.pdf

Upskilling und *Reskilling* sind kurzfristige Maßnahmen, mit denen Unternehmen ihre Mitarbeiterinnen und Mitarbeiter schulen können, um gleich zu Beginn eines Innovationsprozesses auf technologische Veränderungen zu reagieren. *Metaskills* hingegen sind langfristig benötigte Fähigkeiten, die Mitarbeiterinnen und Mitarbeiter in die Lage versetzen, sich auch dauerhaft auf Veränderungen einzustellen und sich weiterzuentwickeln.

5.   Geringere Anwesenheit bei höherer Produktivität?

In Österreich liegt die Teilzeitquote bei den Erwerbstätigen bezogen auf das Jahr 2017 bei 29,15 Prozent. 1.224.900 Personen waren 2017 teilzeitbeschäftigt. Teilzeitbeschäftigung ist weiblich. 47,75 Prozent der Frauen und 11,9 Prozent der Männer arbeiten nicht im Vollzeitmodus, so die Statistik Austria.[13] Mittlerweile kommen hierzulande auf 100 Vollzeitstellen fast 38 Teilzeitjobs.

Im Zehnjahresvergleich erhöhte sich die Teilzeitquote der Frauen von 40 Prozent (2006) auf fast 48 Prozent (2016). In der EU verzeichnet Österreich damit, knapp vor Deutschland, den zweithöchsten Wert. An der Spitze befinden sich die Niederlande – allerdings auch bei Männern. Im EU-Schnitt liegt die Teilzeitquote bei 32,6 Prozent. Bei den Männern zeigt sich ebenfalls eine Zunahme der Teilzeitbeschäftigung von 6,6 Prozent (2006) auf 11,8 Prozent (2016).

Vor dem Hintergrund der in Österreich seit September 2018 gesetzlich erlaubten Tagesarbeitszeit auf zwölf Stunden sind einige Details durchaus interessant. Demnach arbeitete eine österreichische Vollzeitkraft zuletzt im Schnitt nur mehr 34,2 Stunden pro Woche. Unter statistischer Einbeziehung der Teilzeitkräfte lag die Zahl der geleisteten Wochenstunden sogar nur mehr bei durchschnittlich 28,9 Stunden. Dies entspricht einem Rückgang um drei Stunden seit 1995. Dieser statistische Wert entstand durch die Bereinigung der Daten um Krankenstände und freie Tage.

6.   Balance zwischen Spannung und Entspannung

Hochleistung und Entspannung müssen ausbalanciert sein. Laut einer Studie der Universität St. Gallen, die sich mit Fragen der „gesunden Führung" beschäftigt, gibt es in 44 Prozent der befragten Unternehmen nach anstrengenden Veränderungsphasen gezielte Auszeiten zur Regeneration.[14] Das verbessert die psychische Gesundheit der Mitarbeiterinnen und Mitarbeiter um 23 Prozent und die Unternehmensleistung steigt um sechs Prozent. In 45 Prozent der Unternehmen sind Auszeiten und Reflexionsmomente in der Unternehmenskultur verankert. Dadurch kann die psychische Gesundheit der Mitarbeiterinnen und Mitarbeiter um 22 Prozent verbessert werden und die Unternehmensleistung steigt um zehn Prozent. Psychisch gesunde Mitarbei-

---

13   Statistik Austria 2018 (Teilzeitquote 2017).

14   Bruch/Kowalewski 2010.

terinnen und Mitarbeiter identifizieren sich um 54 Prozent häufiger mit dem Unternehmen, fühlen sich um 23 Prozent stärker integriert, sind um 30 Prozent zufriedener und zeigen um 26 Prozent mehr Bindung als jene Mitarbeiterinnen und Mitarbeiter, die mit psychischen Gesundheitsproblemen zu kämpfen haben. Darüber hinaus wirkt sich die psychische Gesundheit der Mitarbeiterinnen und Mitarbeiter positiv auf die Unternehmensleistung (plus 15 Prozent), das Engagement (plus 19 Prozent) und das Wohlbefinden (plus 30 Prozent) aus. Gleichzeitig sind bei Unternehmen mit psychisch gesünderen Mitarbeiterinnen und Mitarbeitern negative Faktoren wie Kündigungsabsicht (minus 75 Prozent), destruktives Engagement (minus 63 Prozent) und Resignation (minus 52 Prozent) deutlich niedriger ausgeprägt.

7.   Verstärkt die Digitalisierung die soziale Ungleichheit?

In der nächsten Phase der Digitalisierung und Automatisierung könnten sich die bereits heute bestehenden Einkommensunterschiede verstärken. Denn jene Berufe, bei denen soziale Intelligenz, Kreativität, Wahrnehmung oder Feinmotorik im Vordergrund stehen, werden an Bedeutung gewinnen und höhere Einkommen erzielen können.[15] Berufe, bei denen wiederholende, niedrigkomplexe und einfache Arbeiten dominieren, werden häufiger standardisiert und automatisiert werden und an Bedeutung verlieren. Die dadurch steigende soziale Ungleichheit könnte zur Gefahr des globalen Wirtschaftswachstums werden. Bewährtes Arbeiten aufzugeben, hat also Tücken. Agile Führung, Beteiligung und demokratische Entwicklung der Organisation sind zwar wichtig, können aber auch gesellschaftliche Nebenwirkungen nach sich ziehen, die durch präventive Maßnahmen zumindest gemildert werden sollten.

8.   Wie schnell schreitet die Digitalisierung voran?

Untersuchungen in Deutschland zufolge gibt es im Hinblick auf den Digitalisierungsfortschritt signifikante Unterschiede zwischen großen und kleinen Unternehmen. Große Unternehmen mit mehr als 500 Mitarbeitern erzielen demnach 63 von 100 Punkten, bei den Mittelständlern mit 100 bis 499 Mitarbeitern liegt der Wert bei 58 Punkten, während kleinere Unternehmen mit weniger als 100 Mitarbeitern nur 53 Punkte erreichen. Dabei stehen null Punkte für „überhaupt nicht digitalisiert" und 100 Punkte für „vollständig digitalisiert" Die Gründe für diese Differenz liegen in der Investitionskraft, im Knowhow und in der Kompetenzausstattung. Auf einer Skala von null bis 100 Punkten erreichen alle von Bitkom[16] befragten Unternehmen beim *Digital Office Index* einen Durchschnitt von 54. *Zwei Drittel* der Unternehmen sind im Hinblick auf das Digitalisierungsniveau up to date: 16 Prozent sind Vorreiter in ihrem Bereich, elf Prozent mit überdurchschnittlichem Digitalisierungsfortschritt

---

15   Bowles 2014.
16   Bitkom (2018) *Digital Office Index 2018*. URL: https://www.bitkom.org/Bitkom/Publika tionen/Bitkom-Digital-Office-Index-2018.html

ausgestattet und 40 Prozent liegen im Durchschnitt. *Ein Drittel* der Unternehmen hat im Bereich der Digitalisierung einen mehr oder weniger großen Nachholbedarf: 21 Prozent sind unterdurchschnittlich weit entwickelt, zwölf Prozent sind als Nachzügler zu werten.

9. „Speed kills" ist ein Aberglaube

Eine empirische Untersuchung des „Institutes für Führung und Leistung" der Universität St. Gallen[17] weist in einer Befragung zum Thema Gesunde Führung von 13.343 Personen in 87 Unternehmen zum Thema Speed, Performance und Gesundheit nach, dass lediglich 14 Prozent sogenannte High-Speed-Unternehmen sind. Im Vergleich zu Unternehmen mit niedrigem Speed sind High-Speed-Unternehmen deutlich erfolgreicher – sowohl bezogen auf ihre Gesamtunternehmensleistung (plus 17 Prozent) als auch in Bezug auf Effizienz (plus 20 Prozent), Innovationen (plus sechs Prozent), Unternehmenswachstum (plus 24 Prozent) und Mitarbeiterzufriedenheit (plus 17 Prozent). Speed lohnt sich also nicht nur kurz- und langfristig für die Leistung von Unternehmen, sondern fordert auch das Wohlergehen der Mitarbeiterinnen und Mitarbeiter sowie die Arbeitgeberattraktivität.[18]

Es gibt unterschiedliche Speed-Dimensionen. Während die *Umsetzungsspeed* die Geschwindigkeit beschreibt, mit der Unternehmen oder Teams Resultate erarbeiten, Entscheidungen umsetzen und effiziente Ergebnisse erzielen, zeigt die *Innovationsgeschwindigkeit* auf, wie rasch Unternehmen mit ihren Teams innovative Ideen und komplexe Problemlösungsmöglichkeiten hervorbringen. Die *Changespeed* beschreibt, wie schnell Unternehmen und Teams auf Markttrends reagieren und diese in den Veränderungsprozessen umsetzen, und misst somit die Geschwindigkeit, wie rasch neues Wissen und neue Technologien integriert und genutzt werden können. Das *Speed Mindset* beschreibt eine positive Mitarbeitergrundhaltung und die Präferenz für das Thema Geschwindigkeit im Unternehmen.

Laut einer Studie von Teece u. a.[19] fordern die zunehmende Verdichtung des Arbeitsalltags, die gleichzeitige Agilisierung von Prozessen, die immer stärkere digitale Vernetzung sowie die ansteigenden Innovationsraten von Unternehmen hohe Geschwindigkeiten. Wie schafft man es also, die Geschwindigkeit in der Organisation zu erhöhen, ohne gleichzeitig – wie bei 50 Prozent der Unternehmen untersucht und erkannt – in eine sogenannte Beschleunigungsfalle zu tappen, also in eine kollektive Überhitzung der gesamten Organisation,[20] welche langfristig in erhöhten Krankheits- und Fluktuationsraten resultiert?[21]

---

17 Genner/Probst/Huber u. a. 2017.
18 Teece/Peteraf/Leih 2016.
19 Ebd.
20 Bruch/Menges 2010.
21 Bruch/Kowalewski 2010.

Um die Beschleunigungskultur zu ändern, kann Geschwindigkeit aktiv gefördert werden. Einer der ersten Schritte besteht darin, von der Präventionsorientierung mit dem Fokus auf Fehlervermeidung, Angst und Sicherheit wegzukommen und sich einer proaktiven Entwicklung mit gleicher Geschwindigkeit und in die gleiche Richtung zuzuwenden. Sonst kommt es im Unternehmen zu einem gegenseitigen Ausbremsen und zu Leerläufen. Weiters sollten die sieben Speed-prinzipien berücksichtigt werden. Diese lauten: Gegenseitiges Vertrauen ist Basis für Speed, jeder bzw. jede und alles dient den gemeinsamen Zielen, „Garagen" fördern eine schnellere Lösungsfindung, „Emotion Cycles" ermöglichen Regeneration und Höchstleistung, zwei Welten sind transparent zu trennen: Innovation und Exekution.

Speed bedeutet nicht immer Vollgas. Auffällig sind hier Taktung und der Gleichklang als Voraussetzung für Geschwindigkeit. Der Fokus und das gleiche Verständnis der Teamaufgabe und ein Zurücktreten der individuellen Ziele erhöhen die Geschwindigkeit und die Performance. Die Belohnungskultur einschließlich der Bezahlungssysteme müssen dabei auf das Team gerichtet sein und nicht auf die Einzelleistung. Doch es braucht auch freie Arbeitszeitmodelle, Wahlarbeitszeit, Sabbaticals und andere Möglichkeiten der Auszeiten, um die Geschwindigkeit gesund zu realisieren und Erschöpfung zu vermeiden. Führungskräfte und Mitarbeiter mit einem Speed Mindset sind dabei im Vorteil. Durch ihre Bevorzugung von Geschwindigkeit, Arbeiten unter Duck, positivem Umgang mit Wettbewerb und gleichzeitig einer Hands-on-Mentalität in Kombination mit hoher Resilienz, Chancenorientierung sowie Freude und Begeisterung am gemeinsamen Handeln wird eine gesunde Erbringung von Höchstleistungen ermöglicht.

10. Digitalisierung und rasche Tätigkeitsverlagerung würden der EU einen massiven Wachstumsschub ermöglichen

Zum Stand der Digitalisierung in Europa 2017 insgesamt liegt der Europe's Digital Progress Report[22] mit allen Länderprofilen vor. Österreich nimmt dabei unter den 28 EU-Mitgliedsstaaten seit mehreren Jahren unverändert den zehnten Platz ein. Die Digitalisierungsfortschritte entsprechen etwa dem EU-Schnitt. Bei den digitalen öffentlichen Diensten (E-Government) und beim Humankapital (digitalen Kompetenzen) schneidet Österreich überdurchschnittlich gut ab. Ebenso über dem EU-Durchschnitt liegt die Digitalisierungstechnik in den Unternehmen. Die Onlineinteraktion der Österreicherinnen und Österreicher erreicht – trotz günstiger Breitbandpreise – genau den EU-Durchschnittswert. Unterdurchschnittlich entwickelt ist dagegen die Nutzung von Internetdiensten, obwohl Onlineeinkäufe und Onlinebanking ver-

---

22   EDPR, URL: http://ec.europa.eu/newsroom/document.cfm?doc_id=44285

hältnismäßig weit verbreitet sind. Vor allem Videoanrufe, aber auch soziale Netzwerke werden in Österreich weniger genutzt.

11. Das Beschäftigungsausmaß verschiebt sich – der Gender Pay Gap auch

Während vollbeschäftigte Frauen im Jahr 2016 um 16 Prozent weniger verdienten als vollbeschäftigte Männer, verdienten teilzeitbeschäftigte Frauen um 38 Prozent weniger als teilzeitbeschäftigte Männer. In der EU wird der Lohnunterschied zwischen Frauen und Männern[23] einheitlich für alle Mitgliedsstaaten anhand der durchschnittlichen Bruttostundenverdienste in der Privatwirtschaft berechnet. Im Vergleich zu 2006 (25,5 Prozent) hat sich der Gender Pay Gap in Österreich im Jahr 2016 zwar auf 20 Prozent verringert, ist jedoch weiterhin deutlich über dem EU-Durchschnitt von 16,2 Prozent. Erhebungen der Statistik Austria zufolge arbeiteten im Jahr 2015 knapp drei Viertel der Erwerbstätigen in Österreich Vollzeit. 28 Prozent hatten einen Teilzeitjob, der weitaus überwiegende Teil davon waren Frauen.

12. Schadet zu viel Arbeit dem Gehirn?

Das „Institut für angewandte Wirtschafts- und Sozialforschung" der Universität Melbourne[24] fand in einer Studie heraus, dass zu viel Arbeit dem Gehirn schadet. Für Arbeitnehmerinnen bzw. Arbeitnehmer ab einem Alter von 40 Jahren wären – unabhängig vom biologischen Geschlecht – 25 bis 30 Stunden pro Woche ideal. Die Studie basiert auf der Analyse von 6.500 Probandinnen und Probanden im Hinblick auf den Zusammenhang von Arbeitszeiten mit kognitiven Leistungen wie Lesekompetenz, Erinnerungsleistung, abstraktem Denken und Lösungsorientierung. Das Ergebnis der Befragung: Ab der Lebensmitte mindern mehr als 30 Arbeitsstunden pro Woche die kognitiven Fähigkeiten. Bei einer Arbeitsleistung ab 60 Stunden pro Woche ergaben sich in den Leistungstests schlechtere Ergebnisse als bei Menschen ohne Beschäftigung. Der Leistungsabfall bei längerer Arbeit hängt mit physischem und psychischem Stress zusammen, der für jüngere Menschen aufgrund der rascheren Gehirnregenerationsfähigkeit weniger belastend ist als für Menschen ab 40 Jahren. Demnach ist eine 38,5- oder 40-Stunden-Woche zwar geübte Praxis, aber ab dem mittleren Alter für die Produktivität nicht unbedingt förderlich.

---

23   Statistik Austria 2017 (Gender Pay Gap 2016).
24   The University of Melbourne (2016) *Household, Income and Labour Dynamics in Australia (HILDA) Survey*. URL: https://www.melbourneinstitute.com/downloads/work ing_paper_series/wp2016n07.pdf

13. Flexibilität und Jobsharing in der Führung („Topsharing") – geht das?

In den meisten Unternehmen herrscht häufig noch immer die Vorstellung, dass Führung einen starken „Alleinherrscher" braucht. Ein großer Vorteil der geteilten Führung ist aber, dass Unternehmen eine Doppelspitze mit möglichst sich ergänzenden Stärken besetzen können. Die beiden Führungspartner sind dann wertvolle Sparringspartner füreinander, schaffen dank doppelter Kompetenzen Synergien und treffen entsprechend fundierte, besser abgesicherte und schnellere Entscheidungen. Co-Leadership und Co-Leadership-Tandems bieten nicht nur eine Antwort auf den bereits gegenwärtig bestehenden und zukünftig noch zunehmenden Fachkräftemangel, sondern holen auch bevorzugt Frauen auf die Chefsessel. Rund 5,5 Millionen qualifizierte Arbeitskräfte werden bis 2030 allein in Deutschland fehlen. Das zeigen mehrere Studien, die sich auf die demografische Entwicklung in Deutschland stützen. Dieser Mangel betrifft sowohl Fachkräfte als auch Führungskräfte. Potenzial sieht die Forschung vor allem bei Frauen. Würden zukünftig mehr Frauen berufstätig sein, könnte das Erwerbspersonenpotenzial laut einer Prognose der deutschen Bundesagentur für Arbeit[25] um bis zu 2,1 Millionen steigen. In Österreich führte Ernst & Young[26] im Februar 2018 eine Untersuchung zum Thema Fachkräftemangel im Mittelstand durch. 56 Prozent der befragten Unternehmen beklagen Umsatzeinbußen durch Fachkräftemangel, jeder zweite Betrieb zeigt Vakanzen im technischen Bereich, ein Drittel im Marketing, im Vertrieb und Kundendienst. Im technischen Bereich und der IT fehlen 20 Prozent der erforderlichen Fachkräfte.

Die Generation Y setzt neue Prioritäten und so kommt auch das Jobsharing dem wachsenden Bedürfnis nach einer besseren Vereinbarkeit von Beruf und Familie entgegen, da es den Wiedereinstieg in Führungspositionen nach familiären Auszeiten, Bildungskarenz oder Sabbaticals erleichtert. Derzeit wird Teilzeit bei berufstätigen Frauen zwar immer häufiger, *Führung* in Teilzeit allerdings nicht. Laut einer Studie der Hans-Böckler-Stiftung[27] lag der Anteil der Teilzeitbeschäftigten mit Managementaufgaben in Deutschland zuletzt bei knapp elf Prozent. Dabei geht es jedoch nicht allein um die Frauen. Insgesamt möchte die Generation Y[28] zwar auch Karriere

---

25   Bundesagentur für Arbeit (2018) *Fachkräfteengpassanalyse.* URL: https://statistik. arbeitsagentur.de/Statischer-Content/Arbeitsmarktberichte/Fachkraeftebedarf-Stellen/ Fachkraefte/BA-FK-Engpassanalyse-2018–06.pdf

26   Ernst & Young (2018) *EY-Studie: Fachkräftemangel im österreichischen Mittelstand.* URL: https://www.ey.com/Publication/vwLUAssets/EY-Studie_Fachkr%C3%A4fteman gel_im_%C3%B6sterreichischen_Mittelstand_-_Februar_2018/$FILE/EY-Studie%20 Fachkr%C3%A4ftemangel%20im%20Mittelstand%202018.pdf

27   Lott, Yvonne (2017) *Flexible Arbeitszeiten: Eine Gerechtigkeitsfrage?* Hans Böckler Stiftung. URL: https://www.boeckler.de/pdf/p_fofoe_report_001_2017.pdf

28   Siehe dazu auch im Beitrag von Reinhold Popp („Menschen – Maschinen – Märkte. Sieben zuversichtliche Zukunftsdiskurse zum Wandel der Arbeitswelt") im Zukunftsdiskurs Nr. 6 (Punkt 2.6.: „Diversity …") weiter oben im vorliegenden Buch.

machen und Verantwortung tragen, aber nicht um jeden Preis und nicht im Rahmen eines Zwölf-Stunden-Tages mit All-in-Vertrag. Auch viele Männer wollen gerne kürzertreten und sich mehr ins Familienleben einbringen.

Dass Jobsharing auch in Führungsrollen funktionieren kann und welche Vorteile es für Arbeitgeber bringen kann, zeigt unter anderem das Beispiel SAP. Das Unternehmen schreibt mittlerweile alle offenen Positionen in Teilzeit aus – auch die Managementpositionen. Aufgaben, die sich besonders für Co-Leadership eignen, werden dabei zusätzlich entsprechend markiert. Seither wächst der Anteil an Teilzeitbeschäftigten in allen Bereichen stetig an.

Ein häufiges Argument gegen Jobsharing sind die höheren Kosten, die durch die sich teilweise überschneidenden Arbeitszeiten der Tandempartner entstehen. Bei genauerem Hinsehen zeigt sich aber, dass der Verlust für das Unternehmen sehr viel höher ist, wenn hochqualifizierte Mitarbeiterinnen und Mitarbeiter das Unternehmen aufgrund mangelnder flexibler Alternativen verlassen oder gar keine Fachkräfte gefunden werden können.

> *So gelingt Jobsharing auch in Führungsrollen („Topsharing"):* Zwei gute Führungskräfte sind nicht automatisch auch ein gutes Team. Beide Tandempartner müssen dazu in der Lage sein, ihr Führungsverhalten zu reflektieren, ihre Macht zu teilen und sich Feedback zu geben. Ein schlüssiges Konzept ist ein Muss. Vor dem Start sollte bis ins Detail geklärt werden, wie die Arbeitsteilung konkret aussehen soll. Zeitüberschneidungen sind wichtig. Ein gemeinsamer Arbeitstag beugt Kommunikationsproblemen vor und ermöglicht einen fixen Zeitpunkt zu Koordinationsmeetings. Ein wesentlicher Erfolgsfaktor sind die Rückendeckung und Unterstützung des Managements. Geteilte Führung wird künftig jedenfalls mehr Raum einnehmen und häufiger als heute gelebte Praxis werden.
>
> Wichtig beim „Topsharing" ist, dass sich die Tandems gut ergänzen. Die gemeinsame Basis kann neben der geteilten Sympathie eine gemeinsam entwickelte Arbeitsstrategie bilden. Das Matching ist dabei entscheidend, Teamplayer und Menschen mit stark ausgeprägtem kooperativem Verhalten sind gut geeignet. Reger Austausch und Übereinstimmung bezüglich der Entscheidungstechniken sind wichtige Voraussetzungen. Wie die Aufgaben und Verantwortungsbereiche aufgeteilt sind, entscheidet das Tandem selbst. Da jeder Funktionsbereich, jede Abteilung und jedes Team individuelle Bedürfnisse, Erwartungen und Anforderungen hat, müssen jeweils individuelle Lösungen zwischen den Tandems untereinander und ihren Teams gefunden werden.

14. Flexible Arbeitszeitbedingungen und Jobsharing machen Arbeitgeber attraktiv

Langfristig gesehen wird sich in der künftigen Arbeitswelt im Hinblick auf flexible Einsatzmöglichkeiten von Fach- und Führungskräften viel verändern. Flexibilisierung, Desksharing, Homeoffice, virtuelle und fluide Teams sind nur einige der diesbezüglichen Stichworte. Unternehmen können es sich zukünftig schlicht und einfach immer weniger leisten, wegen mangelnder Flexibilität auf gute Fach- und Führungskräfte zu verzichten. Die Öffnung der Strukturen von Büros und Produktionsstätten sowie die flexiblen räumlichen Bedingungen innerhalb der Unternehmung bewirken zudem auch einen mentalen Wandel hin zu mehr Offenheit, Eigenverantwortung und Beweglichkeit.

Ein Grund für die bei vielen Mitarbeiterinnen und Mitarbeitern feststellbaren Bedürfnisse nach Verringerung der Arbeitszeit dürfte in der Verschlechterung der Beschäftigungsbedingungen durch *nicht* sozialverträgliche Flexibilisierungstendenzen liegen. Die nicht sozialverträgliche Arbeitszeitflexibilisierung hat in manchen Unternehmen ein Niveau erreicht, das die betrieblich ausgehandelten Kompromisse sprengt und für Konflikte sorgt. Dies betrifft insbesondere die mit den privaten und oft auch familiären Interessen unvereinbare Ausweitung der Betriebszeiten in die Nacht und auf das Wochenende.

Sozial verträglich gestaltete und auf die individuellen Bedürfnisse der Fach- und Führungskräfte ausgerichtete flexible Arbeitsbedingungen wirken sich dagegen positiv auf die Motivation und auf die Identifikation des Arbeitnehmers bzw. der Arbeitnehmerin mit dem Unternehmen aus. Im Krankheitsfall eines der Fach- oder Führungskräfte kommt es nicht zum Totalausfall. Stattdessen kann der Partner bzw. die Partnerin vieles auffangen. Dies führt letztlich wieder zu einer Kostenreduktion.

Richtig umgesetzt wirkt sich Jobsharing im Allgemeinen und „Topsharing" im Besonderen auch positiv auf die Erreichung der Unternehmensziele aus. Hierzu braucht es unternehmensseitig eine klare Personalstrategie, in der trotz Flexibilität mit Weitblick darauf geachtet wird, in welchen Fachabteilungen welche Stellen mit dem welchem Know-how zukünftig zu besetzen sind und wie sich der künftige Personalmarkt entwickelt. Beim Jobsharing gewinnen letztlich beide: die Arbeitnehmer (Zeit, Flexibilität) und die Arbeitgeber (zwei Köpfe, doppelte Power, voll besetzte Stelle). Im Unterschied zu klassischer Teilzeitarbeit wird beim Jobsharing *weder* eine Vollzeitstelle 50:50 gesplittet, *noch* werden die beruflichen Funktionen von zwei Menschen unabhängig voneinander ausgeführt. Vielmehr kooperieren die beiden Jobsharing-Partner möglichst eng, verantworten die Stelle gemeinsam und teilen sowohl die Aufgaben als auch die Zeit selbstständig untereinander auf. Dadurch werden plötzlich vorher starr definierte Stellen flexibel. Dies gilt selbst für sehr komplexe Aufgaben – bis in die Führungsetage. Die Unternehmen stellen sich damit nicht nur auf die Bedürfnisse ihrer Mitarbeiterinnen und Mitarbeiter sowie Bewerberinnen und Bewerber ein, sondern haben auch selbst echte Vorteile. Kurzfristig – als Antwort auf den Fachkräftemangel – und mittel- bis langfristig – im Hinblick auf glücklichere Mitarbeiterinnen und Mitarbeiter. 20,4 Prozent der Unternehmen in Deutschland[29] setzen Jobsharing bereits um. Fast alle Firmen, die es einmal ausprobiert haben, bleiben dabei.

---

29   Institut der Deutschen Wirtschaft: IW-Trends 4/2017.

15. Die Organisation der Zukunft kommt ohne starre Hierarchie aus

Viele Organisationen denken noch in Silos. „New Work" mit neuen Organisations- und Arbeitsformen und in hierarchiefreien Teams zu versuchen, lohnt sich. Offene Strukturen zu bauen und demokratische Entscheidungsprinzipien zu entwickeln, bringt fundamental andere Dynamiken als klassische Hierarchie. Zukunftsfähige Unternehmen strukturieren sich entlang der Kundenaufgaben und verzahnen die entsprechenden Prozesse möglichst reibungslos. Dazu braucht es eine kundenzentrierte, vernetzte Organisation, die ein Kundenerlebnis an den einzelnen „Touchpoints" (Produkten, Services, Lösungen, Marken, Mitarbeitern, Plattformen) komponiert. Dafür ist es erforderlich, das neue Zusammenspiel gut zu planen, engagiert zu gestalten und die Rollen neu zu modellieren.

16. Flexibilität und Agilität in Unternehmen: Wunsch und Wirklichkeit

Kleine und mittelgroße Unternehmen tun sich in den Bereichen Agilität und Fehlerkultur erheblich leichter. Je höher das Vertrauen im Betrieb, desto höher ist auch der flexible Umgang mit Zeit und Ort. Dadurch steigt auch die Arbeitgeberattraktivität. Die Begriffe *„Flexibilität"* und *„Agilität"* sind im betriebswirtschaftlichen Diskurs und in den Wirtschaftsberichten der Medien weit verbreitet. Aber laut einer aktuellen Studie von Deloitte[30] haben lediglich neun Prozent der österreichischen Unternehmen explizite Konzepte für die vielfältigen Aspekte der Flexibilisierung. Faktisch gibt es jedoch – laut der oben genannten Deloitte-Studie – in der österreichischen Unternehmensrealität bereits viele Erwartungen und auch manche Ausprägungsformen von zeitlicher, örtlicher, funktionaler und Ressourcenflexibilität: So gehen etwa 64 Prozent der Führungskräfte und 22 Prozent der Mitarbeiterinnen und Mitarbeiter von der notwendigen Erreichbarkeit für berufliche Zwecke in der Freizeit aus. Damit verschwimmen allerdings die Grenzen zwischen Beruf und Freizeit. 17 Prozent der österreichischen Unternehmen ermöglichen flexible Arbeitsplatzmodelle – ortsungebunden außerhalb des Unternehmens. Ressourcenflexibilität wird meist in Form der Nutzung von externen Personalressourcen realisiert. Auffallend ist, dass Flexibilität hinsichtlich Innovation, Qualität und Qualitätsverbesserung auf der *Wunschebene* als höchst relevant gilt, aber in der betrieblichen *Wirklichkeit* nur 34 Prozent der Unternehmen eine etablierte Fehlerkultur haben. Auch die Bereitschaft für Veränderungen wird auf der Wunschebene als positiv und notwendig eingeschätzt, aber in der konkreten Managementpraxis selten gelebt. Im Bereich der funktionalen Flexibilität innerhalb des Unternehmens arbeiten bereits 40 Prozent der Mitarbeiterinnen und Mitarbeiter in Projekten, allerdings selten in wechselnden Teams oder in Form von *Jobrotation*.

---

30   Deloitte (2017) *Flexible Working Studie 2017*. URL: https://www.femtech.at/sites/default/files/deloitte-oesterreich-studie-flexible-working-2017.pdf

So gelingt Arbeitsplatzrotation: Um Arbeitsplatzroutinen zu unterbrechen und eingespielte Muster zu stören, bietet sich das Modell der Arbeitsplatzrotation an. Neben dem Routinebruch kann unternehmensseitig auch eine Kostensenkung durch Verringerung unproduktiver Arbeitszeiten erreicht werden, können eventuelle körperliche oder physische Belastung ausgeglichen und ebenso die Blickwinkel der Mitarbeiterinnen und Mitarbeiter erweitert werden. Arbeitsplatzrotation ist sinnvoll nutzbar, um betriebliche Flexibilitätsbedarfe zu decken und hat gleichzeitig einen hohen Nutzen und ein hohes Potenzial zur Reduzierung einseitiger Belastungen sowie zur Förderung der sozialen und kognitiven Fähigkeiten. Darüber hinaus kann Multitasking auch dazu beitragen, Zwangspausen aufgrund von temporären Über- und Unterkapazitäten an einzelnen Arbeitsstationen zu reduzieren. Zudem rotieren auch Mitarbeiterinnen und Mitarbeiter gerne zwischen repetitiven und körperlich anstrengenden Aufgaben. Je nach Bereich kann auch eine Feedbackschleife integriert werden, in der Mitarbeiterinnen und Mitarbeiter ihre Beobachtungen reflektieren. Auf diese Weise können auch Verbesserungspotenziale entdeckt werden; im Hinblick auf Flexibilitätsförderung jedenfalls ein nützliches Instrument.

17. Agile Organisationen haben einen Wettbewerbsvorteil

Agilität ist ein Paradigmenwechsel in der betrieblichen Zusammenarbeit. Es geht um Haltungen, Sichtweisen und Einstellungen, um Arbeitsrhythmik, um Verbindlichkeit und Konsequenz. Genau das ist agiles Arbeiten: Kooperation, Vertrauen, Offenheit, Fehlertoleranz, Lernen und Diskurs, flexible Organisationsstruktur, netzwerkartige Strukturen mit geringen Hierarchien, weg von Stabs- und Linienorganisationen. Die Möglichkeit, flexibel auf Rahmenbedingungen zu reagieren, herrscht in der agilen Organisation gemeinsam mit einem geringen Grad an Formalisierung vor. Zwar sind die Prozesse häufig standardisiert, aber dennoch flexibel genug, um sich anzupassen. Schriftliche Instruktionen sind auf das Nötigste reduziert. Agile Organisationen zeichnen sich durch eine hohe und schnelle Anpassungsfähigkeit an veränderte Rahmenbedingungen und Marktsituationen aus. Flexibilität hinsichtlich der Anpassungen von Produkten, Prozessen und vor allem der Mitarbeiterinnen und Mitarbeiter mit ihren Kompetenzen sind entscheidende Kriterien für erfolgreiche agile Organisationen. Agile Organisationen sind in einem hohen Grad vernetzt und die Mitarbeiterinnen und Mitarbeiter organisieren sich weitgehend selbst. Zudem sind die Arbeits- und Projektteams in der Lage, in gewissem Umfang autonom Entscheidungen zu treffen. Dies erfordert eine Führungs- und Unternehmenskultur, die auf Vertrauen basiert – auf Vertrauen der Führungskräfte zu ihren Mitarbeitern und der Mitarbeiterinnen und Mitarbeiter untereinander. Neue Unternehmenskultur, neue Unternehmensziele und Wandel der Arbeitskultur sind Notwendigkeiten für den agilen Organisationsaufbau.

Laut den untersuchten IW-Trends des Instituts der deutschen Wirtschaft[31] versperren starre Prozesse und Abläufe (36 Prozent) den Weg in agile Organisationen. Für 31 Prozent sind zudem die Mitarbeiterinnen und Mitarbeiter zu wenig bereit, sich zu verändern. Ebenso muss sich die Führungskultur an agile Strukturen anpassen. Die mit Abstand wichtigste Anforderung an Führungskräfte in der agilen Organisation ist es, die Eigenverantwortung ihrer Mitarbeiterinnen und Mitarbeiter zu fördern (42 Prozent). Danach folgt, die Mitarbeiterinnen und Mitarbeiter an Entscheidungsprozessen aktiv zu beteiligen (35 Prozent). Die höchste Hürde für Führungskräfte ist ihre mangelnde Kommunikation, konstatiert die Hälfte der Befragten. Das „Loslassen" der Mitarbeiter befindet sich auf Rang zwei (41 Prozent), gefolgt von der Wahl des richtigen Führungsstils (39 Prozent).

In einem agilen Unternehmen muss eine aktive, unterstützende Kommunikationskultur mit regelmäßiger, vorausschauender Kommunikation und mit Techniken des aktiven Zuhörens gelebt werden. Strukturen und Systeme sollten agil aufeinander abgestimmt sein, können sich jedoch auch fluid verändern. Eine solche Integration ermöglicht abteilungsübergreifendes Arbeiten, indem gemeinsame Sichtweisen und Verhaltensmuster geschaffen werden, wobei jedoch die Entwicklung von Formen der *Mikroführung* vermieden werden sollte. Rollen, Verantwortlichkeiten, Ziele und Prozesse müssen überdurchschnittlich klar definiert und voneinander abgegrenzt werden. Regelmäßige Teammeetings ermöglichen einen gemeinsamen Rhythmus, erhöhen das Zugehörigkeitsgefühl und die Agilität. Dafür ist Vertrauen entscheidend. Erfolge und Meilensteine sollten bewusst gefeiert werden, um die Identifikation mit dem Unternehmen und den Optimismus der Mitarbeiterinnen und Mitarbeiter zu stärken. Wichtig ist ebenso die Förderung von informeller Kommunikation, auch in Form von *virtuellem* Kaffeeklatsch und durch die Integration von Social-Media-Kanälen und Chats. Generell sind agile Organisationen erfolgreicher, da sie eine hohe Leidenschaft für die gemeinsame Sache aufbringen.

18.   Agilität erfordert Selbstorganisation

Selbstorganisation bedeutet anfangs eine große Herausforderung nicht nur für die Mitarbeiterinnen und Mitarbeiter, sondern vor allem auch für die Führungskräfte, die meist den Verlust von Macht und Kontrolle befürchten. Anfänglich fühlen sich die kurzen und schnellen Arbeitszyklen sowie das hohe Maß an Diskurs, Dialog und Offenheit ungewohnt an. Das verändert die Führungsarbeit und die Organisationsdynamik erheblich. Auf diese Veränderungen müssen alle Beteiligten *zeitgerecht* vorbereitet werden. Der offene Umgang miteinander und die neue Feedbackkultur müssen eingeübt werden. Denn es ist keineswegs leicht, alte Denk-, Führungs- und Handlungsmuster zugunsten von hoher Beobachtungsleistung, Empathie und experimentierfreudiger Schnelligkeit aufzugeben. Über den Einbau von Reflexions- und Feedbackschleifen lernt die Organisation, sich zu beobachten, sich zu überprüfen, ob

---

31   Institut der Deutschen Wirtschaft: IW-Trends 4/2017.

die sich selbst auferlegten Regeln stimmen, Vorurteile und Denkroutinen zu durchschauen sowie die Dinge in unterschiedlichen Perspektiven und auf unterschiedlichen Ebenen zu denken. Die Führungskraft bringt ihre Metabeobachtungen ein und macht sie laufend sichtbar, um das Lernen der Organisation zu forcieren. Diese Funktionen können in der Phase der Einführung von Selbstorganisation auch an externe Beraterinnen bzw. Berater delegiert werden. Ziel muss es allerdings sein, diese Fähigkeit rasch im Team zu implementieren. Eine Basis des toleranten Miteinanders, der Möglichkeit jedes und jeder Einzelnen, sich selbst und andere zu betrachten und Rückmeldung zu geben, schafft den nötigen Vertrauensraum als ersten Schritt in die Agilität.

> *So gelingt es, Unternehmensagilität zu erhöhen:* Agile Projektsteuerung unter Zuhilfenahme von Agilitätsmethoden (beispielsweise „Scrum" hilft, die Arbeitsbelastungen im Überblick zu haben sowie besser zu planen und steuern. Die Mitarbeiterinnen und Mitarbeiter teilen selbst ihre Arbeit ein und die Unternehmen ermöglichen damit Selbststeuerung, Ad-hoc-Steuerung und dadurch die Selbstbestimmung sowie eine hierarchiefreie Steuerung. Bei hochkomplexen Produktionsteams mit hohem Koordinationsaufwand kann allerdings der positive Effekt agiler Methoden auch zu negativen Nebenwirkungen führen. Denn durch die häufige Umsteuerung und den damit verbundenen Kommunikationsbedarf können die zeitliche Autonomie und die Gestaltungsspielräume der Mitarbeiterinnen und Mitarbeiter erheblich eingeschränkt werden.[32]

19. Verantwortung tut gut

Die Kernelemente der Agilität, nämlich Selbstbestimmung und Selbstbefähigung, sind wichtige Treiber der Mitarbeitergesundheit. Unternehmen, die auf Empowerment von Mitarbeiterinnen und Mitarbeitern setzen, verbessern deren psychische Gesundheit um 31 Prozent im Vergleich zu Unternehmen, die in diesem Bereich Nachholbedarf haben:[33] Das Thema „agile Organisation" hat aktuell eine höhere Bedeutung für privatwirtschaftliche Dienstleistungs- und Industrieunternehmen (jeweils 54 Prozent) als für den öffentlichen Sektor (43 Prozent). Die Wichtigkeit von gelebten Werten der Agilität wird bei Verantwortlichen und der Unternehmensleitung (jeweils 77 Prozent) höher eingeschätzt als bei den restlichen Führungskräften (69 Prozent) und den Mitarbeitern (58 Prozent). 69 Prozent der Befragten erwarten bereits in kurzfristiger Perspektive einen Bedeutungszuwachs der agilen Organisation. Als Gründe für diesen erwarteten Bedeutungszuwachs werden vor allem die höhere Flexibilität (55 Prozent) und die Schnelligkeit (51 Prozent) genannt.

---

32   Vgl. auch Hodgson/Briand 2013.

33   Vertiefend dazu: Bruch/Kowalewski 2010.

Die drei wichtigsten agilen Methoden sind aus Sicht der Teilnehmerinnen und Teilnehmer der im Januar 2018 durchgeführten Hays-Studie:[34] „Design Thinking" (30 Prozent), „Innovationslabore" (26 Prozent) und „Lean Startup" (22 Prozent). Für diejenigen Befragten, die dem Thema *agile Organisation* aktuell schon eine sehr große oder große Bedeutung beimessen, sind alle genannten Methoden wichtig. Immerhin ist „Design Thinking" bei 19 Prozent der Befragten jene Methode, die ihr Unternehmen am häufigsten anwendet. Es folgen „Personal Kanban" mit 16 Prozent der Nennungen und „Lean Startup" mit 14 Prozent. „Innovationslabore" und „Scrum" werden zu zwölf bzw. elf Prozent genutzt. Methoden wie „Lean Coffee", „Instant Open Space" und „Delegation Poker" werden mit sechs bis acht Prozent der Nennungen nur von einer Minderheit der Unternehmen eingesetzt. Bei der Frage nach der Bedeutung und der Nutzung einzelner agiler Methoden zeigt sich zusätzlich ein Alterseffekt. Nur 17 Prozent der jüngeren Befragten bis 40 Jahre schätzen agile Methoden als *nicht* wichtig ein.

Design Thinking wurde von Terry Winograd, Larry Leifer und David Kelley entwickelt und basiert auf einer systematischen Herangehensweise an komplexe Problemstellungen, bei der Nutzerwünsche und -bedürfnisse sowie nutzerorientiertes Erfinden im Sinne einer ständigen Rückkopplung den Prozess bestimmen.

Innovationslabore sind unternehmensinterne, themenbezogene und interdisziplinär geführte Hubs (also: kollaborative Netzwerke), die in der Organisation räumlich und organisatorisch abgekoppelt sind, um dort das Ausprobieren innovativer Prozesse zu fördern.

Lean Startup Learn/Create/Measure ist eine Methode von Eric Ries zur Produkt- und Geschäftsentwicklung, bei der eine Geschäftsidee oder ein Produkt schnellstmöglich auf den Markt gebracht wird, um anhand des Feedbacks der Nutzerinnen und Nutzer auf validierter Basis laufend Anpassungen vornehmen zu können.

20. Durch die digitale Transformation verändern sich die Rollen der Beratung und der Führung

Die Transformation in die Digitalisierung gut zu meistern, ist ein hehres Ziel. Dabei geht es allerdings keineswegs nur um die Einführung von Technik oder Software, sondern vielmehr um eine tiefgreifende Unternehmens- und Organisationsentwicklung mit einem neuen Führungsverhalten und mit innovationsfreudigen Human-Resources-Abteilungen. Wenn die Veränderungen nicht gut geplant und kom-

---

34   Hays-Studie: *Agile Organisation auf dem Prüfstand 2018*. URL: http://www.ibe-ludwigs hafen.de/download/arbeitsschwerpunkte-downloads/trends-der-arbeitswelt-down loads/Hays-Studie-HR-Report-2018_2.pdf

petent begleitet werden, drohen besonders in großen und etablierten Unternehmen gefährliche Organisationskrisen.

Eine unverzichtbare Voraussetzung der Veränderung besteht darin, dass die neuen Arbeitspraktiken und organisatorischen Bedarfe ebenso verstanden werden müssen wie die Bedürfnisse der Mitarbeiterinnen und Mitarbeiter. Es zeigt sich zunehmend, dass traditionell geführte Unternehmen von agilen Organisationen überholt werden – in puncto Innovationsgeschwindigkeit, Kundenfreundlichkeit, Preisführerschaft und nicht zuletzt beim Wettbewerb um die besten Köpfe.

21. Freudvolle Zukunftsgestaltung

Der Blick in eine unbestimmte Zukunft kann verunsichern oder gestalterische Freude erregen. Das Geschäft der Change-Beratung, ob klassisch oder agil, ist durchaus mit vielen Methoden und Tools zur Hand, die den Widerstand und die Verlustängste mindern können. Agile Change-Methoden setzen vorwiegend auf den Mitmacheffekt. Der methodische Unterschied zu anderen Verfahren besteht in der Implementierung von Reflexionsschleifen, in der Nutzung der informellen Seite der Organisation zur Kommunikationsbeschleunigung und in effizienten Abstimmprozessen. Durch rasche Neuausrichtung samt Win-win-Situationen wird versucht, die Veränderungsarbeit konstruktiv, entspannt und zuversichtlich in die Zukunft gleiten zu lassen, ohne Zukunftsangst, aber mit Freude am Experimentieren, Lernen und Sichausprobieren. Scheitern ist inkludiert und wird als Lernen verstanden.

Agile Führung und Beteiligung sowie demokratisches unternehmerisches Handeln in der Organisation brauchen ein kooperatives und integratives Zusammenspiel. Gleichzeitig erwarten sich viele Mitarbeiterinnen und Mitarbeiter die Befriedigung ihrer individuellen Bedürfnisse. Wenn die Kooperationsansprüche mit den individuellen Interessen kollidieren, wächst die Bereitschaft zum Wechsel in ein anderes Unternehmen. Berufliche Profile müssen deshalb auf die Talente und Entwicklungspfade einzelner Mitarbeiterinnen und Mitarbeiter zugeschnitten werden, um den Einsatz der individuellen Stärken zu gewährleisten.

Letztlich geht es um die schwierige, aber zukunftsfähige Balance zwischen Individualität, Flexibilität und Kooperation sowie um die Verbindung von beruflichen Interessen mit den Anforderungen des Familienlebens und den Bedürfnissen in der Freizeit. Gerade bei jüngeren Mitarbeiterinnen und Mitarbeitern spielen die Dominanz des Berufs, die konsequente berufliche Karriereplanung und die damit verbundenen Statussymbole vergangener Jahrzehnte eine geringere Rolle. Dieser berufliche Wertewandel ist geprägt von der Neudefinition eines auf alle Lebensbereiche bezogenen guten Lebens. Dadurch können sich die Ziele von Unternehmen und die Ziele von Mitarbeiterinnen bzw. Mitarbeitern deutlich unterscheiden.

22.   Anders führen

Durch die Auflösung gewohnter struktureller Grenzen ändern sich auch die Arbeitsformen und Aufgabenschwerpunkte. Mitarbeiterinnen und Mitarbeiter, die zunehmend weniger vor Ort sind, verlangen von Führungskräften ein Umdenken in den Bereichen Kontrolle, Einfluss und Vertrauen. Dabei gewinnen virtuelles Arbeiten, solidarische Zielverfolgung, kooperative und transformative Teamarbeit, eine verantwortungsvolle und autonome Arbeitsgestaltung sowie die Bereitschaft zum ständigen Lernen zunehmend an Bedeutung. Physische und virtuelle Arbeitswelten verschwimmen, fixe Arbeitszeiten werden durch Zielvorgaben abgelöst, Arbeitsinhalte werden autonomer und kreativer gestaltet, Arbeitsprozesse laufen überwiegend technologiebasiert ab und Arbeit wird zunehmend ohne Hierarchie organisiert und verteilt. Diese Veränderung der Arbeitskultur ist besonders im Bereich der Wissensarbeit zu beobachten.

Laut der Topjob Trendstudie 2016[35] werden zukünftig folgende Fähigkeiten in leitender Funktion immer wichtiger werden:

*   Fähigkeit zur Motivation der Mitarbeiterinnen und Mitarbeiter (78 Prozent),
*   Innovation (71 Prozent),
*   Empathie (70 Prozent),
*   Veränderungsmanagement (68 Prozent),
*   Datenanalyse (67 Prozent),
*   Fähigkeit zu funktionsübergreifendem Management (66 Prozent),
*   interne Vernetzung (65 Prozent).

Selbstorganisation statt autokratischer Führung gilt im Kontext der neuen Arbeitswelt als unverzichtbar. Dabei wird auf die Stärkung der Selbstführung von Teams und die Verdrängung einer hierarchiebasierten Führung abgezielt. An die Stelle von hierarchischen Silos treten zunehmend netzwerkartige Verschränkungen, die von fluiden Formen der Zusammenarbeit innerhalb der Unternehmensstruktur geprägt sind. In derartigen beweglichen Organisationen ist die Verantwortung für die Erreichung der Ziele verteilt und die Mitarbeiterselbstverantwortung geht Hand in Hand mit der Führungsverantwortung. Mitarbeiterinnen und Mitarbeiter haben so je nach Kontext eine Führungsrolle und verlieren diese auch wieder, wenn sich der Kontext ändert. Die vielfältigen Kompetenzen im Team werden synergetisch im Sinne der gegenseitigen Förderung eingesetzt, um sowohl die persönliche Weiterentwicklung als auch die Agilität und Innovation des Unternehmens voranzutreiben. Im Sinne der Ergebnisse einer Studie der Universität St. Gallen zum Thema Leadership der Zukunft zwischen Inspiration und Empowerment[36] erhöht diese Form der Führung sowohl die innovative Unternehmensleistung als auch die Mitarbeiterproduktivität. Eine Vision wird von der inspirierenden Führung als Basis zur Motivation genutzt.

---

35   Bruch/Block/Färber 2016.
36   Ebd.

Die inspirierende Führung hat auch einen sehr starken Einfluss auf das Vertrauen in Unternehmen. In 81 Prozent der Unternehmen findet die Zusammenarbeit in Teams durch Face-to-face-Interaktion statt. Sechs Prozent der Unternehmen bieten virtuelle Zusammenarbeit teilweise an. Bei 13 Prozent findet die Zusammenarbeit vorwiegend über digitale Kommunikationsmedien in Form von Videokonferenzen, Telefonaten oder E-Mail-Nachrichten statt.

23. Virtuelle Teams scheitern häufig

Neue Wege der Zusammenarbeit unter Nutzung von Tools zum Informations-, Kommunikations- und Entscheidungsaustausch machen es möglich, als Team flexibler und dezentral im Projekt zu arbeiten – auch virtuell. Unter *virtuellem* Team wird dabei verstanden, dass das Team räumlich verteilt und digital vernetzt ist. Die Vorteile für das Unternehmen liegen auf der Hand: Das Team kann sich über die Kontinente verteilen, nicht jede Kompetenz muss an jedem Standort physisch verfügbar sein und die Intensität sowie die Dauer der Zusammenarbeit lassen sich individuell und flexibel gestalten. Der Zugriff auf Wissen und Ressourcen ist ortsübergreifend gewährleistet. Eine Einsparung der Unternehmenskosten bei gleichzeitiger Erhöhung der Produktivität und Effektivität sind die Folge. Für die Führung heißt dies, proaktives Gestalten und Führungshandeln mit dem Schwerpunkt Kommunikation zu forcieren oder zu reduzieren, rasche Missverständnisse und/oder Konfliktpotenziale zu erkennen, soziale Führung zu unterstützen, um Überlastungen, Enttäuschungen und Frustration unter den Teammitgliedern auszugleichen.[37]

Aufgrund sich verändernder Demografie und technischer Fortschritte sind die Themen „virtuelle Teams" und „virtuelle Führung" in den Fokus der Zukunftsgestaltung von Unternehmen gerückt. Durch unterschiedliche nationale und internationale Vernetzungen werden virtuelle Teams zukünftig in vielen Projekten anzutreffen sein. Erfolg und Misserfolg virtueller Teams stehen aber nahe beieinander und während einige Unternehmen die Vorzüge herausstreichen, kehren viele Unternehmen wieder zur Face-to-face-Kommunikation und zur Anwesenheitspflicht zurück. Denn virtuelle Teams sind nicht für alle unternehmerischen Zwecke geeignet und sie unterscheiden sich im Einsatz, der Zusammensetzung und Verantwortlichkeit stark. Sie sind dabei auch abhängig vom Funktionsbereich sowie vom Grad der Organisationsvirtualität. Während einige Teams für Projekte ein zeitlich begrenztes, virtuelles Netzwerk bilden, sind andere Organisationen per se an verschiedenen Standorten ansässig und arbeiten in verschiedenen Zeitzonen, Sprachen, Kulturen sowie ausschließlich ohne Face-to-face-Begegnungen. Dies gilt sowohl für die formelle als auch für die informelle Kommunikation. Diese Nichtverbundenheit mit Kolleginnen und Kollegen sowie mit der Führungskraft erfordert eine sehr gute Führungs- und Beziehungsarbeit. Die persönliche Komponente virtuell einzubringen, steht dabei im Wechselspiel mit den organisatorischen Voraussetzungen.

---

37   Vertiefend dazu: Liden/Wayne u. a. 2008.

Fluide Teams sind bei hoher Marktdynamik und in bestehenden netzwerkartigen Projektstrukturen gut einsetzbar. Sie haben einen größeren Handlungsrahmen, der die Entscheidungs- und Innovationsgeschwindigkeit fördert. Das Attribut „fluid" weist darauf hin, dass sich die Zusammensetzung derartiger Arbeits- oder Projektgruppen häufig verändert. Dieser Typus von Teams zeichnet sich durch hohe Lern- und Leistungsbereitschaft aus. Die Anforderung an die Führungskraft in einer fluiden Teamsituation steigt durch die spezifische Gruppendynamik, die durch eine nur kurzfristige Zusammenstellung von Teams entsteht. Die starke Unterstützung des Wirgefühls gilt als Erfolgsgarant.[38]

24. Organisationale Innovationsbemühungen und attraktive Geschäftsmodelle sind stark in Veränderung

Die digitale Transformation verändert bestehende Businessmodelle und schafft neue. Es gilt deshalb, die Potenziale der Digitalisierung zu erkennen und zu nutzen. Dabei spielen in der Regel weniger die *technischen* Innovationen die zentrale Rolle, sondern die daraus folgenden *organisatorischen* Herausforderungen. In diesem Zusammenhang müssen Unternehmen ihre bestehenden Leistungen und Prozesse auf Digitalisierungsmöglichkeiten hin analysieren. Durch neue Plattformunternehmen verändern sich ganze Märkte und viele Unternehmen müssen auf diese Entwicklung mit der Neuausrichtung ihrer Businessmodelle reagieren. Neue digitale Vertriebswege eröffnen Möglichkeiten für diversifizierte Geschäftsmodelle, die die Einkommenssituation insbesondere kleinerer Firmen stabilisieren und Experimentierräume in Richtung einer Reduzierung von Flexibilitätsanforderungen an Beschäftigte eröffnen. Dabei kann die innovative Entwicklung der Organisation durchaus unterschiedlich gestaltet werden. In der folgenden Auflistung finden sich einige Beispiele:

Outside-in Innovation, in Form eines Partnermanagements: Entwicklungen und Produkte dritter Partner, die nicht selbst entwickelt werden, sollen schnell an Unternehmen gebunden werden (M&A, Joint Venture, Lizenzpartnering oder als Kooperation).

Incubator: Kleine, zarte „Pflänzchen" sogenannte Start-ups, werden in einer eigenen Struktur aufgebaut, gefördert und am Markt etabliert.

Speedboats: Damit können vielversprechende Produkt- und Serviceideen in eigene Unternehmen ausgegründet werden. Speedboats können nur Speed aufnehmen, wenn sie sich der schwerfälligen Infrastruktur eines gediegenen Unternehmens entledigen können und damit außerhalb dieses Unternehmens rasch skalieren.

Open-Innovation-Plattformen können genutzt werden, um externe Stakeholder in jeden Schritt der Produktentwicklung einzubeziehen, oder auch als Testmarkt und für die Produktbewertung im Sinne eines Pilotmarktes.

---

38   Vertiefend dazu: Slotegraaf/Atuahene-Gima 2011.

Community-basiertes Ideenmanagement, also das gemeinsame Erarbeiten und Bewerten von Ideen, ist die Antwort auf das Scheitern klassischer Ideenmanagementprozesse.

Innovationskampagnen und *Fundingkampagnen* innerhalb der Unternehmen sind dedizierte Kampagnen für einen bestimmten Geschäftsbereich, genießen hohe kommunikative Aufmerksamkeit und können in kurzer Zeit viele Menschen und deren Energie auf ein Innovationsthema lenken.

Innovation Jams sind digitale Innovationskonferenzen mit tausenden Mitarbeiterinnen und Mitarbeitern in großen Unternehmen in einem Zeitraum von 48 bis 72 Stunden. Dadurch kann die Kraft der Gruppen und die gebündelte Expertise genutzt werden.

Wenn das bestehende Geschäftsmodell mit digitalen Mitteln und Werkzeugen abgewickelt wird, spricht man von *Digitalisierung*. Bei einer tiefgreifenden Änderung des Geschäftsmodelles spricht man von *Disruption*. Oft entsteht eine Disruption durch die Digitalisierung: Ein bislang analoges Produkt oder eine überwiegend analoge Struktur wird durch digitale Abläufe oder eine ausschließlich digitale Dienstleistung ersetzt. Eine radikale Disruption sorgt somit dafür, dass alte Strukturen durch komplett neue ersetzt werden. (Meist wird dabei eine einfachere und bequemere Struktur angestrebt.) Manchmal wird auch im Falle der Weiterentwicklung eines Produktes oder einer Dienstleistung von Disruption gesprochen. Dies relativiert jedoch die eigentliche Bedeutung dieses Begriffs: „Disruption" meint eine komplett neue Entwicklung.

25. Digitalisierung und Vernetzung verändern die Unternehmenswelt

Um in Richtung eines Wettbewerbsvorteils („Leading-Edge-Modus") zu gelangen, braucht es nicht nur neue technische Systeme, sondern auch neue Methoden der Zusammenarbeit und des Lernens sowie neue Geschäftslogiken. Die Transformation von Prozessen und Geschäftsmodellen in die digitale Welt ist eine wichtige strategische Herausforderung für zukunftsfähige Unternehmen. Es geht darum, aus der Technologievielfalt gut zu wählen, um durch die Möglichkeiten von Technologien wie Robotics, Machine Learning und künstliche Intelligenz mehr Wachstum und Wertschöpfung zu generieren, ohne das menschliche Maß zu verlieren. Nur noch acht der größten einhundert österreichischen Unternehmen sind Wachstumschampions, die überdurchschnittliche Umsatzzuwächse erzielen und zugleich bei Wachstum und Profitabilität in ihrer jeweiligen Branche über dem Schnitt liegen. 2016 konnten noch 16, 2017 noch 13 Unternehmen in Österreich diese Kriterien erfüllen. Diese Talfahrt muss gestoppt werden, wenn die österreichische Wirtschaft im digitalen Reigen mithalten will. Nur 60 Prozent der heimischen Betriebe haben konkrete Digitalisierungspläne für die nächsten zwölf Monate.[39]

---

39   WKÖ Wirtschaftsbarometer Sommer 2018.

26. Viele Arbeitsplätze der Zukunft sind digital

Neue Technologien ermöglichen es uns heute, freier, selbstbestimmter und dezentraler zu arbeiten als früher. Bei diesem gesellschaftlichen Wandel wird es auch Verlierer geben. Und zwar jene Menschen, die nicht selbstständig arbeiten können, oder Führungskräfte, die an Macht und Prestige orientiert sind. Agile Unternehmen sind die eigentlichen Gewinner des Wandels, da sie durch neue Arbeitsweisen und die breitere Verteilung der Verantwortung innovativer und intelligenter werden.

Büroräumlichkeiten werden immer mehr zu Begegnungsräumen, We-(Wir-)Bedürfnisse führen ins Büro, während Me-(Ich-)Bedürfnisse meist an anderen Orten (zum Beispiel in Form von Homeoffice) befriedigt werden. Für die Bürogestaltung heißt dies, dass mehrere Kommunikationsmodalitäten berücksichtigt werden müssen: Räume für die Konzentration, Räume für Thinktanks, Räume für Telefonate und Vier-Augen-Gespräche, Räume für Meetings, Plena und Events. An diesen vier Kommunikationsmodalitäten sollte eine zukunftsfähige Bürogestaltung orientiert sein. Das heißt, der Open Space sollte mindestens durch kleine „Telefonkabinen", Besprechungsräume, eine Gemeinschaftsküche oder einen anderen Ort der Zusammenkunft ergänzt werden. Gefragt sind darüber hinaus Interaktionspunkte, die die Kommunikation und den Ideenaustausch zwischen den Mitarbeiterinnen und Mitarbeitern proaktiv und informell fördern. Digitale Arbeitsplatzgestaltung ist derzeit für viele Arbeitgeber eine Projektionsfläche für die Hoffnungen, dass in der zukünftigen Arbeitswelt alles besser wird. Aber allein die technischen Lösungen genügen nicht, wenn sie nicht auf einer digitalen Denkweise („Mindset") basieren. Es sind also die in einem Unternehmen dominierenden Haltungen und Einstellungen zum Thema Digitalisierung zu beobachten und zu analysieren. Digitales Mindset erkennt man vor allem an der in einem Unternehmen weit verbreiteten Neugierde und Offenheit für mögliche digitale Entwicklungen und Veränderung sowie am Verständnis dafür, welche Möglichkeiten und Kräfte durch die digitale Transformation entstehen können. Wenn wir digitale Arbeit effektiv gestalten wollen, dürfen wir uns jedoch nicht der Illusion hingeben, dass die eingesetzten Tools die menschliche Welt verstehen oder gar ersetzen können.

27. Digital Innovation, Digital Leadership und Digital Recruiting funktionieren nicht ohne Digital Culture

Eine innovative Organisationskultur lässt sich daran erkennen, ob die *Lebens-Arbeits-Gestaltung* aller Mitarbeiterinnen und Mitarbeiter (einschließlich der Führungskräfte) im Mittelpunkt steht. Einige Maßnahmen für das Gelingen dieser Unternehmenskultur werden im Folgenden aufgelistet:

Transparenz schafft Vertrauen: Dazu gehört es, dass die gleichen Regeln für alle gelten.

Individuelle Lebens-Arbeits-Modelle sind grundsätzlich gewünscht und werden akzeptiert. Dabei ist die größtmögliche Schnittmenge zwischen dem eigenen Wertesystem und dem Wertesystem des Unternehmens anzustreben.

Eigenverantwortung jedes Individuums: Jeder bzw. jede Einzelne muss sich darüber im Klaren sein, was ihm bzw. ihr wichtig ist, und dafür einstehen. Jeder bzw. jede Einzelne ist Gestalterin bzw. Gestalter des eigenen Lebensentwurfs, das Unternehmen kann dafür Optionen bieten und Spielräume schaffen.

Rollenwechsel für Führungskräfte: Jede Führungskraft agiert vorrangig als Coach, Partner, Unterstützer und lebt ihrerseits ein persönliches Lebens-Arbeits-Modell.

Kampfansage an die Zeitfresser: Flache Hierarchien sowie eine hohe Selbstbestimmtheit und Verantwortung jedes und jeder Einzelnen ermöglichen, dass Führungskräfte weniger Kontrollorgane, sondern vor allem Begleiter und Sparringspartner sind. Wenn dies gelingt, ist es nicht erforderlich, dass die Führungskräfte jeden Tag von früh bis spät am Arbeitsort verfügbar ist.

Maßgeschneiderte Arbeitsbedingungen: Das Unternehmen kennt, respektiert und berücksichtigt – im Rahmen des Möglichen – die Situation jedes Mitarbeiters und jeder Mitarbeiterin als „ganzem Menschen" und die damit verbundenen Bedürfnisse. Dadurch entsteht ein auf Mitarbeitercluster zugeschnittener bunter Strauß an Möglichkeiten, sich in das Unternehmen einzubringen.

Authentische Unternehmenskultur: Insbesondere bezogen auf das Work-Life-Balance-Thema ist die Authentizität der Unternehmenskultur nicht zuletzt eine Frage der Unternehmenskommunikation. Dabei spielt die Frage, wie im Unternehmen miteinander über unterschiedliche Arbeits-Lebens-Modelle und die damit verbundenen Bedürfnisse gesprochen wird, eine zentrale Rolle.

28. Es braucht ein digitales Mindset[40] als Antwort für eine digitale Zukunft

Kontinuität und bewährtes Handeln haben in vielen Bereichen eine Berechtigung und sorgen für rasche Entscheidungen, schaffen aber keinen Rahmen für Neues und für Lösungsalternativen. Es handelt sich hierbei um Rezeptdenken, gewohntes Denken und Denken aus der Erfahrung. Traditionsgebundene mentale Modelle reagieren auf Veränderungstendenzen häufig mit Angst. Begrenzungen (Denk-, Gefühls- und Verhaltensmuster sowie -programme) aufzulösen bzw. zu transformieren und alte, unbewusst gefällte Entscheidungen zurückzunehmen, ist nicht leicht, aber in der Dynamik der Arbeitswelt immer öfter nötig. Empathie, kreative Intelligenz, Agilität und Kollaboration, also die Freude an der Zusammenarbeit, sind die entscheidenden Aspekte in zukunftsfähigen Organisationen.

Auf Ebene der Unternehmensführung bedeutet dies, ein inspirierendes Zukunftsszenario zu entwickeln, zu vermitteln und umzusetzen, das mit all diesen Bewegungen mitgeht, eine sozial verträgliche „Disruption" als Teil der Unternehmenskultur

---

40   Also eine gemeinsame Denkweise.

lebt und gleichzeitig aber das angstreduzierende Maß an Stabilität und Sicherheit zulässt. Diese Entwicklungen erfordern für Eigentümer, Unternehmer, Führungskräfte und Mitarbeiter ein agiles Mindset. Durch diese offene Haltung wird die Begegnung mit Neuem zu einem motivierenden Erlebnis.

29. Anders lernen: Das klassische Training hat ausgedient, es braucht neue Lernmodelle für die Organisation

Um in der häufig als „Arbeitswelt 4.0" bezeichneten zukünftigen Dynamik der Automatisierung und Digitalisierung wettbewerbsfähig zu bleiben, müssen Unternehmen neue Formen und Inhalte für die Aus- und Weiterbildung ihrer Mitarbeiterinnen und Mitarbeiter entwickeln. Dabei kommt den Human Resources (HR) eine ganz besondere Aufgabe zu. HR treibt im besten Fall die moderne Organisations-, Leadership-, Technologie- und Dialogstruktur eines Unternehmens. HR beflügelt die dichte Vernetzung aller Mitarbeiter, Partner und Kunden sowie größtmögliche Transparenz und Offenheit als Basis für das Lernen. Um neues Lernen und soziales Lernen zu erleichtern, braucht es eine Lernkultur, die netzwerkartig aus der Mitte des Unternehmens entspringt. Vernetzung, Partnering, Incubation, Intrapreneurship und Innovationfonds für neue Ideen sind zukünftige HR-Kernaufgaben. Gleichzeitig muss die agile Transformation von innen ermöglicht werden. Die Dynamik von Transformationen wird weiter zunehmen. Dabei müssen die Skills und die Methoden mithalten. Prognosemärkte, Innovation Slams oder Barcamps sind zukünftig Formate, die in keiner Transformation fehlen dürfen. Dabei steht die Schnittstelle *Mensch zu Mensch* im Vordergrund und es gilt, Betroffene zu Beteiligten zu machen.

Lernen wird nicht mehr automatisch zentral gemanagt. Wer etwas lernen möchte, darf das erst einmal tun. Dann wird beobachtet, ob der Lernprozess erfolgreich ist bzw. war. Die Mitarbeiterinnen und Mitarbeiter eines Unternehmens übernehmen Verantwortung für ihre Themen, und das sorgt dafür, dass sich dezentral viel bewegt. Gebündelt und begleitet werden diese Initiativen durch Lernreisen und Lernerlebnisformate. Organisiert werden können diese durch Guides, Influencer oder Lernagenten, denen die Organisation dafür zum Beispiel zehn Prozent ihrer Arbeitszeit zur Verfügung stellt. Ergänzt werden kann das Lernerleben durch den virtuellen Rahmen des Simulierens realer Umgebungen. Dies wirkt auf den Lernenden interessanter, relevanter und spricht nachhaltig an. Bei einem Präsentationstraining zum Beispiel kann so die Präsentation im kleinen Rahmen vor fünf Personen genauso wie vor fünfzig oder fünfhundert Personen ausprobiert und geübt werden. Das macht Lust, Neues zu erlernen, und verfeinert die Lern- und Übungserfahrung. Wahlweise kann man auch virtuell mit Lernenden aus der Ferne interagieren, mit ihnen gemeinsam lernen, auch wenn sie sich gar nicht im selben physischen Raum aufhalten. So wird die reale Umgebung um virtuelle Elemente oder digitale Informationen erweitert.

Educational Technology (Lerntechnologien) nützen: Monitoring ist gefragt. Selbstgesteuertes Lernen kann immer mit analogen Präsenzphasen kombiniert werden. Lernzeiten und Lernfortschritt werden durch die Technologie mitnotiert und durch künstliche Intelligenz werden stetig neue Lernziele angeboten sowie dem Lernenden zur Verfügung gestellt werden. Denn Ziel des Monitorings ist, anhand der vorliegenden Daten den Lernerfolg zu analysieren und den Lernfortschritt zu steuern beziehungsweise zu optimieren sowie die Lernenden zu motivieren. Für Unternehmen sind auf diese Weise Trainings sowie Fort- und Weiterbildungen einfacher skalierbar.

Game-based Learning (spielend Lernen): Besonders „*Purposeful Gaming*" kann Lernen und Beurteilung spielerisch verknüpfen. Dabei werden u. a. folgende Methoden eingesetzt: Challenge Szenario, Pleasant Frustration, laufendes Feedback im Lerndesign, Scores, Sterne, Feedback on demand, Feedback just in time, Tutorial Learning und Try-fail-learn-repeat-Modus. Es geht um aktives Lernen und das Zulassen von Fehlern, um eine rasche Verhaltensveränderung zu erreichen.

30. Die Frage nach dem Sinn in der Organisation

Über Wirkung einer Sinnorientierung in Organisationen auf Mitarbeiterinnen und Mitarbeiter gibt es interessante Forschungsergebnisse. Im Vergleich mit jenen Mitarbeiterinnen und Mitarbeitern, die die berufliche Arbeit nur als notwendiges Mittel sehen, um den Lebensunterhalt zu verdienen, bleiben die sinngetriebenen Arbeitnehmer länger in einer Firma, pflegen stärkere soziale Beziehungen im Job, zeigen bessere Leistungen, handeln „unternehmerischer", erleben sich erfüllter im Job, sind seltener krank und promoten ihre Firma intensiver nach außen. Der Forscher und Autor Aaron Hurst[41] prognostiziert, dass zukünftig für noch mehr Menschen als bereits heute das wirtschaftliche Handeln von der Suche nach Sinn geprägt sein wird. Grund für die wachsende Bedeutung von Sinn in Unternehmen ist auch jenes Phänomen, das mit der Abkürzung „VUCA" (volatile, uncertain, complex, ambiguous) beschrieben wird. Ein zunehmend volatiles, unsicheres, komplexes und widersprüchliches Umfeld in der Gesellschaft, der Wirtschaft und der Politik macht es Organisationen immer schwerer, die traditionellen Mittel der Unternehmenssteuerung anzuwenden. Zukunftsbilder, Strategien, Meilensteinpläne erfahren eine dramatische Verkürzung ihrer Halbwertszeit. In disruptiven Umfeldern ist es Unternehmen zum Teil gar nicht mehr möglich, langfristig zu planen, ohne den Anschluss an den sich ständig verändernden Status quo zu verlieren. Die Ausrichtung am *Purpose* (also am „Seinszweck" des Unternehmens) ermöglicht der Organisation agile Steuerung, ohne das Ziel aus dem Blick zu verlieren, und sichert zugleich ab, dass

---

41   Aaron Hurst, Purposeeconomist, http://www.aaronhurst.us/

alle Entscheidungen und Handlungen auf diesen höchsten Zweck der Organisation abzielen. Moderne Steuerungsmodelle organisieren sich rund um den „Purpose", der für jeden Kreis und für jede Rolle definiert ist. Dabei beschreibt das *Purpose-Statement*, was ein Unternehmen für andere tut, also die Wirkung einer Organisation auf ihre Kunden, Mitarbeiter und die Gesellschaft. Aaron Hurst,[42] ein wichtiger Vertreter der „Purposeforschung", nennt dies den „philosophischen Herzschlag" der Organisation. Damit Hand in Hand geht der Wertekanon der Organisation. Dieser beschreibt die (gewünschte) Kultur des Miteinanders in einem Unternehmen und die Haltung, die Entscheidungsgrundsätze und das gewünschte Verhalten der Mitarbeiterinnen und Mitarbeiter sowie der Führungskräfte. Für die Entwicklung dieses *Purpose-Statements* gibt es einige erprobte Instrumente:

Purpose Board: Anhand eines Leitfadens definiert ein Team aus Delegierten die Arbeitsbereiche der Firma. Nun wird beleuchtet, welche dieser Arbeitsbereiche sinnstiftend sind und was darin Sinn vermittelt. Daraus werden übergreifende Themen geclustert und die Cluster anschließend auf ein Verb verdichtet. Das stärkste der Verben wird gewählt, um daraus ein *Purpose-Statement* zu entwickeln, das vom vorhergehenden Prozess gespeist wird.

Hedgehog Synthesis: In einer gemeinsamen Analyse die Exzellenz, die Leidenschaft und der Austausch des Unternehmens verdichtet.[43] Aus den Schnittmengen werden im kreativen Dialog die Elemente von „Purpose" entwickelt. Die Gruppe entwickelt daraus ein kraftvolles Statement, das an anderen Mitgliedern der Organisation getestet und geschärft wird.

Purpose Quest: In einem drei- bis viertägigen Prozess begeben sich Delegierte des Unternehmens auf die Reise. Aus der Vergangenheit (Lebensweg und „DNA" der Organisation), der Gegenwart (relevante Daten des Unternehmens und seiner Umwelten) und der Zukunft (Markttrends, Szenarien, Visionen) wird der treibende Funke der Organisation herausgeschält. Dabei helfen Methoden, die das Unbewusste einbeziehen, den *Purpose* zu begreifen, zu schärfen und anschließend zu operationalisieren.

31. Wirtschaftssalons fördern die Zukunftsgestaltung – Beispiel „Salon Vienna"

Der „Salon Vienna" ist ein mobiler Thinktank auf Zeit, die komprimierte Ausgabe einer Start-up-Lounge, ein exklusiver Zirkel für Unternehmer und Macher, die gerne außerhalb von Konventionen und in die Zukunft denken. Vor allem aber will er Impulse geben, die die Unternehmer in ihrem Geschäft direkt umsetzen können. Wien

---

42 Aaron Hurst, Purposeforscher.

43 Diese Überlegungen zum Purpose-Konzept finden sich auch bei Collins 2011.

hat eine gediegene Salontradition. Die „Salonieres" schwingen mit den Geschmacks-nuancen des gelingenden Gespräches, der unvoreingenommenen Wahrnehmung und der Übung im „Storytelling" sowie in der Gruppenraumgestaltung den Prozess an. Die Kunst der Sorgfalt, den Antrieb der Gruppe zu mobilisieren, und die Haltung des gebärenden Helfens sind die Hauptintention des Gastgebens. Im Vertrauensraum des „Wiener Salons für Zukunft" entsteht so Neues, das unternehmerische, gesellschaftliche, kulturelle und soziale Veränderungen ermöglicht. Organisationdesigns, neue Arbeitsprinzipien, Kooperationsformen und neue Führungshaltungen, experimentell erlebt im geschützten Raum, ermöglichen anschließend leichtes, neues Arbeiten und Leben.

Menschen, die etwas zu sagen haben oder einfach nur bei guten Gesprächen dabei sein wollen, treffen sich im halbprivaten Raum und tauschen ihre Gedanken vertrauensvoll aus. Der „Wiener Salon für Zukunft" ist ein Ort der Begegnung und des Austauschs zu gesellschaftsrelevanten Themen, Veränderungen, Konflikten und Herausforderungen im menschlichen Arbeits- und Zusammenleben. Geladen werden Personen, die den Geist der Veränderung in sich tragen und verschiedene Blickwinkel darauf haben, wie Initiativen in der Zivilgesellschaft, in Unternehmen oder in Familiensystemen Platz greifen können. Im Kern geht es darum, Wissen und Erfahrung absichtslos zu teilen. Es geht darum, wichtige und brennende Themen, die die Salongäste selbst einbringen, in guten Gesprächen oder in einen Projektraum münden zu lassen.

Es gibt keine formalen Kommunikationsstrukturen und doch bedingen sich die Formate, in denen sich rasch eine nichtlineare Kommunikationsdynamik aufbaut. Die „Saloniere" halten den Raum, erzeugen den Vertrauensraum und lösen damit einen Schmetterlingseffekt aus. Zu Beginn steht eine gute Frage, die einen Paradigmenwechsel zulässt und Aufmerksamkeit und Energie für sofortiges Tun generiert. Gestartet und gedacht wird im Circle, der Kreis lässt die Geschlossenheit der Form und das Partizipative des Beginnenden (Check-in) und Erntenden (Check-out) zu. Mit achtsamem Prozessbewusstsein wird durch einen beispielhaften Flow geleitet. (Die weiter unten im vorliegenden Beitrag präsentierte Ablaufgrafik zeigt einen beispielhaften Flow.) Der Salon ist ein Ort der Begegnung, der der Einzigartigkeit der Menschen mit dem Bedürfnis nach Kommunikation, Ruhe, Aufmerksamkeit und Austausch Rechnung trägt. Es geht nicht darum, rasch zu Lösungen zu kommen, sondern anfangs die richtige Frage zu stellen. Der Raum ist sodann eröffnet und kann sich frei von traditionellen Denkmustern unbehindert entfalten. Gedacht wird laut und miteinander. Die agile und geistesoffene Haltung wird begleitet durch tiefes und respektvolles Hinhören, durch ein In-der-Schwebe-Halten von Gedanken und Impulsen, was dadurch partizipatives Denken und Handeln ermöglicht.

Das Nutzen der kollektiven Vielfalt, der Intelligenz und der Gruppenselbstorganisation ist die Melange der angewandten Gruppenmethodik. Vorrang hat das Drängende, das Wichtige, das zum Wohle der Gemeinschaft die Zukunft gestaltet und so die nötige Energie mitbringt, alle Ressourcen dafür zur Verfügung zu stellen.

Die Kommunikation ist kraftvoll, ermöglichend, gleichermaßen wertschätzend und interaktiv befruchtend.

Vulnerabilität und der Mut zur Ehrlichkeit sind dabei Stärken. Die Salontradition wirkt psychisch stabilisierend und trägt zu einem Gefühl von Identität, Geborgenheit und Sicherheit bei. Der Umbruch entsteht durch die Dimension der Achtsamkeit, der Empathie und des Momentes. Die Bedingungen der Arbeitsetikette ermöglichen einen Rahmen, der eine Klarheit in der Kommunikationsformung entstehen lässt. Der Raum wird eröffnet, indem die Denkweise auf eine Herz-, Bauch- und Verstandesebene gehoben wird.

Die Landkarte der Möglichkeit wird durch das Teilen von Bedürfnissen und Kollaboration komplexitätsreduziert. Statt Autorität und Kommandostrukturen werden Kommunikationsrituale und Entscheidungsvarianten gemeinschaftlich vorangetrieben und so die Themen, die uns beschäftigen, völlig neuartig in einer Leichtigkeit organisiert. Der Rahmen wechselt zwischen Großgruppenarbeit, Einzelüberlegungen und Kleingruppenreflexionen, die Dialoge sind aufbauend gestaltet und ergeben durch Leitfragen ein Ganzes. Interveniert wird zum Wohle des Neuen, des zu Erschaffenden, des Gelingens und des Ermöglichens. Im Anschluss an den Salon wird geerntet und so inventarisiert. Warum gelingt dies in einem Salonformat? Ist es die Gemeinschaft, ist es das Format, ist es das richtige Maß zur richtigen Zeit? Der Raum ist eröffnet und ein Raum gestaltet sich in unterschiedlichem Maße, durch das Bekennen der Intention des Daseins, durch die Form des Kreises, durch die Gastgeberfunktion durch die Wärme der Anwesenden entsteht ein Energiefeld im Vertrauensraum, das als Faktor der Ermöglichung fungiert.

Es entsteht ein Gleichgewicht in der Gruppe, jeder wird gehört, gesehen und der bzw. die Einzelne bekommt somit eine Bedeutsamkeit für sich selbst und für die Gruppe. Blicke werden ausgetauscht, intensiver, vertrauter und Ideen, Standpunkte, Relationen werden aufgelöst und so beweglicher. Ein Milieu der Aufmerksamkeit, der Einfachheit, der Sinnhaftigkeit und der Lust am Gestalten entsteht. Dinge, die aufkeimen, betrachtet der Salonteilnehmer als Gruppenergebnis und stuft sich selbst somit als dazugehörig ein. Referenzpunkt ist die Orientierung am Machbaren. Beeinflussende Faktoren sind das Bewertungsfreie, das Verstärkende, der Zuspruch, die einzelnen wohlwollenden Reaktionen und damit die positive mentale Erfahrung. Emotionales Behagen gibt Sicherheit und Halt. Die Gruppe gilt als Begrenzung des Vertrauensraumes und stärkt sich gegenseitig. Ein Gefühl der Weite stellt sich ein und ermöglicht eine neue Ausrichtung der Denkweise, alte Muster können losgelassen werden. Geschlecht, Wahrnehmungsleistung, Gesundheit, Alter und Temperament treten in den Hintergrund. Anregend und mit Leichtigkeit werden in jeder Salonrunde die Ideen geschärft und ermutigend vertieft. Weich, tragend und erholsam ist der vorherrschende Arbeitsstil, besonders sind die Ergebnisse. Freundlich, weit, belebend und leicht gelingen Kooperationen und selbstverständlich sind die Aktivität und die Wechselwirkung.

Beziehungen formen sich im Hier und Jetzt und bekommen einen weiteren Schub durch die technologische Vernetzung in der Onlinecommunity. Dadurch wird sichtbar, wie sämtliche Ideen und Projekte unaufhaltsam vorangetrieben werden und ein plastischer Einblick in die Macher- und Umsetzerqualität der Ideensprüher wird im hybriden Raum erlebbar.

Welche Konsequenzen hat dieses Erleben auf die Salongruppe?

Die Symbolkraft der Gruppe macht ideenreich. Lustig charmant, erdig, sinnlich und stark wird so die Zukunft gestaltet. Im Salon wird ein Dialograum für innovatives Denken geboten. In einem kurzen knackigen Input wird ein interessantes Thema vorgestellt und in einem anschließenden wertschätzenden Dialog wird die kollektive Intelligenz genutzt. Dadurch wird das „neue Arbeiten" modellhaft für einen Abend lang gelebt. Es entsteht ein Vertrauens- und Innovationsraum mit Ideen und Projekten, die sofort umgesetzt werden können. Ein Salon ist ein geschützter, halbprivater Raum, in dem experimentiert werden darf und soll. Für das Wohl von Leib und Seele sorgt das angenehme Ambiente des Essensraums mit einem ausgewählten Menü, das integrierter Bestandteil des Dialogs ist.

Spannende Gestaltungsmöglichkeiten entstehen durch den oben beschriebenen Pro-Action-Talk, die Sensibilisierung als Spielplatz für die Wertemelange. Bewusst Gegensätzliches wird gut aushaltbar und entgegenkommend geschickt ins Eigene kombiniert. Kontrastreiches wird willkommen geheißen und gut integriert. Intensität entsteht und der Salon wird als Treffpunkt aller Generationen, Standpunkte, und Perspektiven gesehen. Soziale, kulturelle und wirtschaftliche Anliegen werden so in den Blickpunkt gerückt und Menschen mit gemeinsamen Interessen und Lösungsinitiativen bekommen so Rückenwind. Die Gestaltungsbedingungen sind einfach: der Raum, die Menschen – Habitat der sozialen Identifikation und Partizipation. Der Vertrauensraum wird zum Interaktions-und Rückzugsraum für neue Gedanken. Vertrautheit und Sicherheit sind die Beschleuniger, Erfahrungen des Mitbestimmens und Mitgestaltens machen sich breit und bestimmen die Gruppenidentifikation. Der verfügbare soziale Raum wird als weit und sozial dicht interpretiert und erweitert damit den Zukunftsbewältigungsspielraum. Von den Salonteilnehmern werden viel Energie und Toleranz abverlangt, geerntet wird, indem sich der Einzelne freier fühlt und Privatheit und Entwicklung im Raum gleichermaßen stattfinden können. Die Einheit des Mannigfaltigen wird spürbar und schafft eine situative Bedingung für das gemeinsame Wachsen.

Abb.: Eine graphische Annäherung an den „Wiener Salon" (Das Neue Führen: Harald Karrer, Graphic facilitor)

LITERATUR

Acatech – Deutsche Akademie der Technikwissenschaften (Hrsg.) (2016) *Kompetenzentwicklungsstudie Industrie 4.0 – Erste Ergebnisse und Schlussfolgerungen.* München.

Ahrend, Christine; de Haan, Gerhard; Øverland, Erik; Popp, Reinhold; Reinhardt, Ulrich (Hrsg.) (2017) *European Journal of Futures Research.* Volume 5/Dezember 2017 (springer.com/40309).

Akamai (2016) *State of the internet connectivity report.* Cambridge/MA.

Albers Mohrmann, Susan; Galbraith, Jay R.; Lawler III, Edward E. (1998) *Tomorrow's Organization: Crafting Winning Capabilities in a Dynamic World.* San Francisco.

Allianz SE; Allianz Global Corporate & Speciality SE (2016) *Allianz Risk Barometer. Die 10 größten Geschäftsrisiken 2016.* München.

Arnold, Hermann (2016) *Wir sind Chef: Wie eine unsichtbare Revolution Unternehmen verändert.* Freiburg.

Ashkenas, Ron; Ulrich, Dave; Jick, Todd; Kerr, Steve (2002) *The Boundaryless Organization: Breaking the Chains of Organizational Structure.* San Francisco.

Bachhiesl, Christian; Bachhiesl, Sonja Maria; Köchel, Stefan (Hrsg.) (2018) *Intuition und Wissenschaft. Interdisziplinäre Perspektiven.* Weilerswist.

Baecker, Dirk (1999) *Organisation als System.* Frankfurt a. M.

Baecker, Dirk; Dievernich, Frank E. P.; Schmidt, Torsten (Hrsg.) (2004) *Management der Organisation. Handlung – Situation – Kontext.* Wiesbaden.

Bammé, Arno; Feuerstein, Günter; Genth, Renate; Holling, Eggert; Kahle, Renate; Kempin, Peter (1983) *Maschinen-Menschen, Mensch-Maschinen. Grundrisse einer sozialen Beziehung.* Reinbek b. H.

Beck, Ulrich (1986) *Risikogesellschaft. Auf dem Weg in eine andere Moderne.* Frankfurt a. M.

Beckert, Jens (2018) *Imaginierte Zukunft. Fiktionale Erwartungen und die Dynamik des Kapitalismus.* Berlin.

Beise, Mark; Jakobs, Hans-Jürgen (Hrsg.) (2012) *Die Zukunft der Arbeit.* München.

Berghoff, Hartmut; Sydow, Jörg (Hrsg.) (2007) *Unternehmerische Netzwerke: Eine historische Organisationsform mit Zukunft?* Stuttgart.

Bertelsmann Stiftung; GfK Verein (2015) *Bedeutung der Arbeit. Ergebnisse der Befragung.* Gütersloh, Nürnberg.

Bitkom (2016) *Mehrheit der Berufstätigen ist auch im Urlaub erreichbar.* URL: https://www.bitkom.org/Presse/Presseinformation/Mehrheit-der-Berufstaetigen-ist-auch-im-Urlaub-erreichbar.html

Bock-Schappelwein, Julia; Böheim, Michael; Christen, Elisabeth; Ederer, Stefan; Firgo, Matthias; Friesenbichler, Klaus S.; Hölzl, Werner; Kirchner, Mathias; Köppl, Angela; Kügler, Agnes; Mayrhuber, Christine; Piribauer, Philipp; Schratzenstaller, Margit (2018) *Politischer Handlungsspielraum zur optimalen Nutzung der Vorteile der Digitalisierung für Wirtschaftswachstum, Beschäftigung und Wohlstand.* WIFO. Wien.

Botthof, Alfons; Hartmann, Ernst Andreas (Hrsg.) (2015) *Zukunft der Arbeit in der Industrie 4.0.* Heidelberg.

Bouée, Charles-Edouard (2017) *Leadership in the digital age.* URL: https://www.roland berger.com/de/Blog/Leadership-in-the-digital-age.html

Bourdieu, Pierre (1983) Ökonomisches Kapital – Kulturelles Kapital – Soziales Kapital. In: Kreckel, Richard (Hrsg.) *Soziale Ungleichheiten.* Göttingen, 229–242.

Bowles, Jeremy (2014) *The computerisation of European jobs – who will win and who will lose from the impact of new technology onto old areas of employment?* http://bruegel. org/2014/07/the-computerisation-of-european-jobs/

Bradford, David L.; Burke, Warner W. (Hrsg.) (2005) *Reinventing Organization Development.* San Francisco.

Brandes, Ulf; Gemmer, Pascal; Koschek, Holger; Schültken, Lydia (2014) *Management Y: Agile, Scrum, Design Thinking & Co.: So gelingt der Wandel zur attraktiven und zukunftsfähigen Organisation.* Frankfurt a. M.

Bröchler, Stefan; Simonis, Georg; Sundermann, Karsten (Hrsg.) (1999) *Handbuch Technologiefolgenabschätzung.* Bände 1–3. Berlin.

Bruch, Heike; Block, Christina; Färber, Jessica (2016) *Arbeitswelt im Umbruch. Von den erfolgreichen Pionieren lernen.* TOPJOB Trendstudie. Konstanz.

Bruch, Heike; Kowalewski, Sandra (2010) *Gesunde Führung, Wie Unternehmen eine gesunde Performancekultur entwickeln.* Überlingen.

Bruch, Heike; Menges, Jochen (2010) Wege aus der Beschleunigungsfalle (WHU Otto Beisheim School of Management). In: *Harvard Business Manager, 5/2010.*

Buchacher, Walter; Kölblinger, Judith; Roth, Helmut; Wimmer, Josef (2015) *Das Resilienz-Training. Für mehr Sinn, Zufriedenheit und Motivation im Job.* Wien.

Bude, Heinz (2014) *Gesellschaft der Angst.* Hamburg.

Bühler, Benjamin; Willer, Stefan (Hrsg.) (2016) *Futurologien. Ordnungen des Zukunftswissens.* Paderborn.

Bullinger, Hans-Jörg; Röthlein, Brigitte (2012) *Morgenstadt. Wie wir morgen leben: Lösungen für das urbane Leben der Zukunft.* München.

Bundesministerium für Arbeit und Soziales (2016) *Arbeitsmarktprognose 2030. Eine strategische Vorausschau auf die Entwicklung von Angebot und Nachfrage in Deutschland.* Bonn.

Burmeister, Klaus; Fink, Alexander; Schulz-Montag, Beate; Steinmüller, Karlheinz (2018) *Deutschland neu Denken. Acht Szenarien für unsere Zukunft.* München.

Burmeister, Klaus; Schulz-Montag, Beate (2009) Corporate Foresight. Praxis und Perspektiven. In: Popp, Reinhold; Schüll, Elmar (Hrsg.) *Zukunftsforschung und Zukunftsgestaltung. Beiträge aus Wissenschaft und Praxis. Zum 70. Geburtstag von Prof. Dr. Rolf Kreibich.* Berlin, Heidelberg, 277–292.

Burow, Olaf-Axel (2015) *Team-Flow. Gemeinsam wachsen im kreativen Feld.* Weinheim.

Carstensen, Tanja (2016) Ambivalenzen digitaler Kommunikation am Arbeitsplatz. In: *Politik und Zeitgeschichte,* 66/18–19, 39–46.

Coenen, Chrisopher; Gammel, Stefan; Heil, Reinhard; Woyke, Andreas (Hrsg.) (2010) *Die Debatte über „Human Enhancement". Historische, philosophische und ethische Aspekte der technologischen Verbesserung des Menschen.* Bielefeld.

Collins, Jim (2011) *Der Weg zu den Besten. Die sieben Management-Prinzipien für dauerhaften Unternehmenserfolg.* Frankfurt a. M.

Cuhls, Kerstin (2008) *Methoden der Technikvorausschau. Eine internationale Übersicht.* Stuttgart.

Cummings, Thomas G.; Worley, Christopher G. (2004) *Organization Development and Change.* Stamford/CT.

Daheim, Cornelia; Neef, Andreas; Schulz-Montag, Beate; Steinmüller, Karlheinz (2013) Foresight in Unternehmen. Auf dem Weg zur strategischen Kernaufgabe. In: Popp, Reinhold; Zweck, Axel (Hrsg.) *Zukunftsforschung im Praxistest.* Wiesbaden, 81–101.

De Grazia, Sebastian (1972) Der Begriff der Muße. In: Scheuch, Erwin K.; Meyersohn, Rolf (Hrsg.) *Soziologie der Freizeit.* Köln, 56–73.

Dehne, Max (2017) *Soziologie der Angst. Konzeptuelle Grundlagen, soziale Bedingungen und empirische Analysen.* Wiesbaden.

Dengler, Katharina; Matthes, Britta (2016) *Folgen der Digitalisierung für die Arbeitswelt.* IAB-Forschungsbericht 11. Bonn.

Dickel, Sascha (2011) *Enhancement-Utopien. Soziologische Analysen zur Konstruktion des Neuen Menschen.* Baden-Baden.

Dießl, Katharina (2012) *Der Corporate-Foresight-Prozess. Zukunftsforschung in Unternehmen erfolgreich gestalten.* Saarbrücken.

Dörner, Dietrich (2003 und 2015) *Die Logik des Misslingens. Strategisches Denken in komplexen Situationen.* Bamberg.

Egger, Josef W. (2015) *Integrative Verhaltenstherapie und psychotherapeutische Medizin. Ein biopsychosoziales Modell.* Wiesbaden.

Engel, George L. (1977) The Need for a New Medical Model. A Challenge for Biomedicine. *Science, 196/4286,* 129–196.

Erikson, Erik H. (1970) *Jugend und Krise. Die Psychodynamik im sozialen Wandel.* Stuttgart.

Fink, Alexander; Siebe, Andreas (2006) *Handbuch Zukunftsmanagement. Werkzeuge der strategischen Planung und Früherkennung.* Frankfurt a. M.

Fink, Marian; Horvath, Thomas; Huber, Peter; Huemer, Ulrike; Kirchner, Matthias; Mahringer, Helmut; Piribauer, Philipp (2017) *Mittelfristige Beschäftigungsprognose für Österreich und die Bundesländer – berufliche und sektorale Veränderungen 2016 bis 2023.* WIFO. Wien.

Flechtheim, Ossip K. (1970) *Futurologie. Der Kampf um die Zukunft.* Köln.

Fratzscher, Marcel (2016) *Verteilungskampf. Warum Deutschland immer ungleicher wird.* München.

Frevert, Ute (2013) *Vertrauensfrage. Eine Obsession der Moderne.* München.

Frey, Carl Benedikt; Osborne, Michael A. (2017) The future of employment: how susceptible are jobs to computerisation? In: *Technical Forecasting and Social Change 114,* 254–280.

Fritz, Florian (2014) *Resilienz als sicherheitspolitisches Gestaltungsleitbild. Faktoren und Metaphern in Fallbeispielen.* Wien, Münster.

Fröhlich-Gildhoff, Klaus; Rönnau-Böse, Maike (2014) *Resilienz.* München, Basel.

Füllsack, Manfred (2011) *Gleichzeitige Ungleichzeitigkeiten: Eine Einführung in die Komplexitätsforschung.* Wiesbaden.

Galbraith, Jay R. (2001) *Designing Organizations: An Executive Guide to Strategy, Structure, and Process.* San Francisco.

Galbraith, Jay R. (2005) *Designing the Customer-Centric Organization: A Guide to Strategy, Structure, and Process.* San Francisco.

Gassner, Robert; Steinmüller, Karlheinz (2005) Freizeit mit Agenten, Avataren und virtuellen Butlern. In: Popp, Reinhold (Hrsg.) *Zukunft:Freizeit:Wissenschaft. Festschrift zum 65. Geburtstag von Univ.-Prof. Dr. Horst W. Opaschowski.* Berlin, Wien, Münster, 99–112.

Gassner, Stefan (2008) *Direkte Partizipation, Gruppenarbeit und die Auswirkungen auf das Individuum.* Ruhr-Universität Bochum, Fakultät für Sozialwissenschaft, Sektion für Soziologie. Bochum.

Genner, Sarah; Probst, Larissa; Huber, Rafael; Werkmann-Karcher, Birgit; Gundrum, Ellen; Majkovic, Anna-Lena (2017) *IAP Studie 2017: Der Mensch in der Arbeitswelt 4.0.* Zürich.

Giesert, Marianne; Reuter, Tobias; Liebrich, Anja (Hrsg.) (2017) *Arbeitsfähigkeit 4.0. Eine gute Balance im Dialog finden.* Hamburg.

Gigerenzer, Gerd (2013) *Risiko. Wie man die richtigen Entscheidungen trifft.* München.

Godet, Michel; Durance, Philippe (2011) *Strategische Vorausschau. Für Unternehmen und Regionen.* Saint-Jean-de-Braye.

Goldschmidt, Nils; Wohlgemuth, Michael (Hrsg.) (2004) *Die Zukunft der Sozialen Marktwirtschaft.* Tübingen.

Goldsmith, Marshall; Hesselbein, Frances (2009) *The Organization of the Future 2. Visions, Strategies, and Insights on Managing in a New Era.* San Francisco.

Gore, Al (2014) *Die Zukunft. Sechs Kräfte, die unsere Welt verändern.* München.

Götz, Klaus; Weßner, Andreas (2009) *Strategic Foresight: Zukunftsorientierung im strategischen Management.* Frankfurt a. M.

Gowin, Peter; Walzer, Nana (Hrsg.) (2017) *Die Evolution der Menschlichkeit. Wege zur Gesellschaft von morgen.* Wien.

Grabmeier, Stefan (2015) *New Ledership – Führung in der Arbeitswelt 4.0. Zukunftsmonitor – Zukunftsmanagement und Rating.* Stadtbergen.

Gruen, Arno (1997) *Der Verlust des Mitgefühls.* München.

Grunwald, Armin (2016) Technikfolgenabschätzung: Orientierungswissen für die Zukunft. In: Popp, Reinhold – gemeinsam mit: Fischer, Nele; Heiskanen-Schüttler, Maria; Holz, Jana; Uhl, Andre (Hrsg.) *Einblicke, Ausblicke, Weitblicke. Perspektiven der Zukunftsforschung.* Wien, Zürich, Münster, 257–273.

Habermas, Jürgen (1973) *Erkenntnis und Interesse.* Frankfurt a. M.

Harari, Yuval Noah (2017) *Homo Deus. Eine Geschichte von morgen.* 3. Aufl. München.

Hartmann, Evi (2018) *Ihr kriegt den Arsch nicht hoch. Über eine Elite ohne Ambition.* Frankfurt, New York.

Hartmann, Martin (2011) *Die Praxis des Vertrauens.* Berlin.

Heinen, Armin; Mai, Vanessa; Müller, Thomas (Hrsg.) (2009) *Szenarien der Zukunft. Technikvisionen und Gesellschaftsentwürfe im Zeitalter globaler Risiken.* Berlin.

Heintel, Peter (2000) *Innehalten: Gegen die Beschleunigung – für eine andere Zeitkultur.* Freiburg i. Brg.

Heintzeler, Rolf (2008) *Strategische Frühaufklärung im Kontext effizienter Entscheidungsprozesse*. München.

Heinze, Thomas; Parthey, Heinrich; Spur, Günter; Wink, Rüdiger (2013) *Kreativität in der Forschung*. Wissenschaftsforschung, Jahrbuch 2012. Berlin.

Hodgson, Damian Edward; Briand, Louise (2013) Risk aversion can stifle workplace creativity, innovation and transformation. In: *Work Employment & Society*, 27(2), 308–325.

Hof, Hagen; Wengenroth, Ulrich (Hrsg.) (2010) *Innovationsforschung. Ansätze, Methoden, Grenzen und Perspektiven*. Berlin.

Hoffmann, Reiner; Bogedan, Claudia (Hrsg.) (2015) *Arbeit der Zukunft. Möglichkeiten nutzen – Grenzen setzen*. Frankfurt a. M.

Hülswitt, Tobias; Brinzanik, Roman (2010) *Werden wir ewig leben? Gespräche über die Zukunft von Mensch und Technologie*. Berlin.

Hungenberg, Harald (2001) *Strategisches Management in Unternehmen*. Wiesbaden.

Hurrelmann, Klaus; Albrecht, Erik (2014) *Die heimlichen Revolutionäre. Wie die Generation Y unsere Welt verändert*. Weinheim, Basel.

INGENIEUR.de (2016) *Welt-Roboter-Report 2016. Deutschland führend beim Einsatz von Industrierobotern*. URL: http://www.ingenieur.de/Fachbereiche/Robotik/Deutschland-fuehrend-Einsatz-Industrierobotern

Initiative Gesundheit und Arbeit (2017) *iga.Report 34. Regeneration, Erholung, Pausengestaltung – alte Rezepte für moderne Arbeitswelten?* Dresden. URL: https://www.iga-info.de/veroeffentlichungen/igareporte/igareport-34/

INSM Initiative Neue Soziale Marktwirtschaft (2016) *11 Fakten zur Arbeit 4.0. Initiative Neue Soziale Marktwirtschaft*. Berlin.

Institut der Deutschen Wirtschaft (2017) *IW-Trends 4/2017 (Vierteljahresschrift)*.

Internet World Stats – Usage and Population Statistics (2017) *Internet users in the world*. (http://www.internetworldstats.com).

Jansen, Markus (2015) *Digitale Herrschaft. Über das Zeitalter der globalen Kontrolle und wie Transhumanismus und Sythetische Biologie das Leben neu definieren*. Stuttgart.

Ji Sun, Miriam; Kabus, Andreas (Hrsg.) (2013) *Reader zum Transhumanismus*. Berlin.

Jischa, Michael F. (2013) *Herausforderung Zukunft. Technischer Fortschritt und Globalisierung*. München.

Kahneman, Daniel; Deaton, Angus (2010) *High income improves evaluation of life but not emotional well-being*. PNAS 107/38, 16489–16493.

Kahneman, Daniel (2015) *Schnelles Denken, langsames Denken*. München.

Kappelhoff, Peter (2002) Komplexitätstheorie. Neues Paradigma für die Managementforschung? In: Schreyögg, Georg; Conrad, Peter (Hrsg.) *Theorien des Managements*. Wiesbaden, 49–101.

Karlhofer, Ferdinand; Talos, Emmerich (Hrsg.) (2005) *Sozialpartnerschaft. Österreichische und europäische Perspektiven*. Wien, Münster.

Kaudelka, Karin; Kilger, Gerhard (Hrsg.) (2011) *Das Glück bei der Arbeit. Über Flow-Zustände, Arbeitszufriedenheit und das Schaffen attraktiver Arbeitsplätze*. Bielefeld.

Klaffke, Martin (Hrsg.) (2014) *Generationen-Management. Konzepte, Instrumente, Good-Practice-Ansätze*. Wiesbaden.

Klaffke, Martin; Bohlayer, Carina (2014) *Gesundheitsmanagement – Kultur der Gesundheit in Organisationen etablieren.* In: Klaffke, Martin (Hrsg.) Generationen-Management. Konzepte, Instrumente, Good-Practice-Ansätze. Wiesbaden, 35–157.

Klein-Schneider, Hartmut (2007) *Flexible Arbeitszeit – Vertrauensarbeitszeit. Betriebs- und Dienstzeitvereinbarungen. Analyse und Handlungsempfehlungen.* Frankfurt a. M.

Klenk, Florian; Pesendorfer, Konrad (2018) *Zahlen, bitte! Was Sie schon immer über Österreich wissen wollten.* Wien.

König, Helmut; Schmidt, Julia; Sicking, Manfred (Hrsg.) (2009) *Die Zukunft der Arbeit in Europa. Chancen und Risiken neuer Beschäftigungsverhältnisse.* Bielefeld.

KPMG AG Wirtschaftsprüfungsgesellschaft; Bitkom Research GmbH (2017) *Mit Daten Werte schaffen.* Report 2017.

Kraut, Allen I. (1996) *Organizational Surveys: Tools for Assessment and Change.* San Francisco.

Kreibich, Rolf (2013) Zukunftsforschung für Gesellschaft und Wirtschaft. In: Popp, Reinhold; Zweck, Axel (Hrsg.) *Zukunftsforschung im Praxistest.* Wiesbaden, 353–383.

Kurzweil, Raymond (1999) *Homo Sapiens. Leben im 21. Jahrhundert. Was bleibt vom Menschen?* Köln.

Kurzweil, Raymond (2014) *Menschheit 2.0. Die Singularität naht.* Berlin.

Laloux, Frederic (2014) *Reinventing Organizations. Ein Leitfaden zur Gestaltung sinnstiftender Formen der Zusammenarbeit.* München.

Landmann, Juliane; Heumann, Stefan (Hrsg.) (2016) *Auf dem Weg zum Arbeitsmarkt 4.0? Mögliche Auswirkungen der Digitalisierung auf Arbeit und Beschäftigung in Deutschland bis 2030.* Gütersloh.

Lanier, Jaron (2014) *Wem gehört die Zukunft? Du bist nicht der Kunde der Internetkonzerne. Du bist ihr Produkt.* Hamburg.

Lausen, Jens (2010) *Technik im Gehirn: Ethische, theoretische und historische Aspekte moderner Neurotechnologie.* Köln.

Leinfelder, Reinhold (2014) „Die Zukunft war früher auch besser." Neue Herausforderungen für die Wissenschaft und ihre Kommunikation. In: Möllers, Nina; Schwägerl, Christian (Hrsg.) *Willkommen im Anthropozän. Unsere Verantwortung für die Zukunft der Erde. Der Ausstellungskatalog. Deutsches Museum.* München, 99–104.

Le Monde diplomatique (2011) *Atlas der Globalisierung. Die Welt von morgen.* Paris.

Liden, Robert C.; Wayne, Sandy J.; Zhao, Hao; Henderson, David J.; Hobson, Henderson (2008) Servant Leadership, Development of a multidimensional measure and multi-level assessment. In: *The Leadership Quarterly,* 19(2), 161–177.

Liebig, Thomas; Widmaier, Sarah (2009) *Children of Immigrants in the Labour Markets of EU and OECD Countries.* OECD, Paris.

Liebl, Franz (1996) *Strategische Frühaufklärung. Trends – Issues – Stakeholder.* München.

Liebl, Franz (2000) *Der Schock des Neuen.* Hamburg.

Liessmann, Konrad Paul (Hrsg.) (2016) *Neue Menschen! Bilden, optimieren, perfektionieren.* Wien.

Mandl, Christoph; Sohm, Kuno (Hrsg.) (2006) *Aufgabe Zukunft. Versäumen, planen, ermöglichen.* Zürich.

Mangelsdorf, Martina (2015) *Von Babyboomer bis Generation Z. Der richtige Umgang mit unterschiedlichen Generationen im Unternehmen.* Offenbach a. M.

Manpower Group (2016) *Bevölkerungsbefragung Arbeitsmotivation 2016.* Eschborn.

Marx Hubbard, Barbara (1998) *Conscious Evolution: Awakening the Power of Our Social Potential.* Novato/CA.

Merkel, Reinhard (2015) *Neuroenhancement aus normativ-rechtlicher Sicht.* URL: www.spektrum.de/artikel/1133992

Mertens, Dieter (1974) Schlüsselqualifikationen. Thesen zur Schulung für eine moderne Gesellschaft. In: *Mitteilungen aus der Arbeitsmarkt- und Berufsforschung 7,* 36–43.

Mietzner, Dana (2009) *Strategische Vorausschau und Szenarioanalysen. Methodenevaluation und neue Ansätze.* Wiesbaden.

Mingels, Guido (2017) *Früher war alles schlechter. Warum es uns trotz Kriegen, Krankheiten und Katastrophen immer besser geht.* München.

Minois, George (1998) *Geschichte der Zukunft. Orakel, Prophezeiungen, Utopien, Prognosen.* Düsseldorf, Zürich.

Minssen, Heiner (1999) *Von der Hierarchie zum Diskurs? Die Zumutungen der Selbstregulation.* München, Mering.

Müller, Adrian W.; Müller-Stewens, Günter (2009) *Strategic Foresight. Trend- und Zukunftsforschung in Unternehmen – Instrumente, Prozesse, Fallstudien.* Stuttgart.

Müller, Oliver (2010) *Zwischen Mensch und Maschine. Vom Glück und Unglück des Homo faber.* Berlin.

Müller-Friemauth, Friederike; Minx, Eckard (2014) Time out of mind? Picturing presence in future research. In: *European Journal of Futures Research.* (springer.com/40309). DOI 10.1007/s40309–014–0047–4.

Müller-Friemauth, Friederike; Kühn, Rainer (2017) *Ökonomische Zukunftsforschung. Grundlagen – Konzepte – Perspektiven.* Wiesbaden.

Nadler, David A.; Tushman, Michael L. (1997) *Competing by Design The Power of Organizational Architecture.* New York, Oxford.

Nassehi, Armin (2017) *Die letzte Stunde der Wahrheit. Kritik der komplexitätsvergessenen Vernunft.* Hamburg.

Neuhaus, Christian (2006) *Zukunft im Management. Orientierungen für das Management von Ungewissheit in strategischen Prozessen.* Heidelberg.

Neuhaus, Christian (2009) Zukunftsbilder in der Organisation. In: Popp, Reinhold; Schüll, Elmar (Hrsg.) *Zukunftsforschung und Zukunftsgestaltung. Beiträge aus Wissenschaft und Praxis. Zum 70. Geburtstag von Prof. Dr. Rolf Kreibich.* Berlin, Heidelberg, 175–194.

Neuhaus, Christian (2013) Wozu Zukunftsforschung? Auf dem Weg zu einem Management von Zukunftsungewissheit in Organisationen. In: Popp, Reinhold; Zweck, Axel (Hrsg.) *Zukunftsforschung im Praxistest.* Wiesbaden, 23–40.

O'Connell, Mark (2017) *Unsterblich sein. Reise in die Zukunft des Menschen.* München.

Oestereich, Bernd; Schröder, Claudia (2017) *Das kollegial geführte Unternehmen: Ideen und Praktiken für die agile Organisation von morgen.* München.

Opaschowski, Horst W. (1997) *Deutschland 2010. Wie wir morgen leben – Voraussagen der Wissenschaft zur Zukunft unserer Gesellschaft.* Hamburg.

Opaschowski, Horst W. (2004) *Deutschland 2020. Wie wir morgen leben – Prognosen der Wissenschaft.* Wiesbaden.

Opaschowski, Horst W.; Reinhardt, Ulrich; Pries, Michael (2006) *Freizeitwirtschaft. Die Leitökonomie der Zukunft.* Münster.

Opaschowski, Horst W. (2013) *Deutschland 2030. Wie wir in Zukunft leben.* Gütersloh.

Papmehl, Andre; Tümmers, Hans J. (Hrsg.) (2013) *Die Arbeitswelt im 21. Jahrhundert. Herausforderungen, Perspektiven, Lösungsansätze.* Wiesbaden.

Parment, Anders (2013) *Die Generation Y. Mitarbeiter der Zukunft motivieren, integrieren, führen.* Wiesbaden.

Pfläging, Niels; Hermann, Silke (2015) *Komplexithoden: Clevere Wege zur (Wieder)Belebung von Unternehmen und Arbeit in Komplexität.* München.

Pillkahn, Ulf (2013) *Die Weisheit der Roulettekugel. Innovation durch Irritation.* Erlangen.

Piper, Nikolaus (2012) Die Angst vor dem Verlust des Arbeitsplatzes. In: Beise, Mark; Jakobs, Hans-Jürgen (Hrsg.) *Die Zukunft der Arbeit.* München, 62–65.

Popp, Reinhold (Hrsg.) (2012) *Zukunft und Wissenschaft. Wege und Irrwege der Zukunftsforschung.* Berlin, Heidelberg.

Popp, Reinhold (2013) Participatory Futures Research. Research or practice consulting? In: *European Journal of Futures Research.* (springer.com/40309). DOI: 10.1007/s40309–013–0016–3.

Popp, Reinhold (2015) *Österreich 2033. Zukunft – made in Austria. Antworten auf 166 Zukunftsfragen.* Wien, Zürich, Münster.

Popp, Reinhold (2016) *Zukunftswissenschaft und Zukunftsforschung. Grundlagen und Grundfragen. Eine Skizze.* Wien, Zürich, Münster.

Popp, Reinhold (2017) Zukunft – Alter(n) – Lebensqualität. In: Likar, Rudolf; Bernatzky, Günther; Pinter, Georg; Pipam, Wolfgang; Janig, Herbert; Sadjak, Anton (Hrsg.) *Lebensqualität im Alter. Therapie und Prophylaxe von Altersleiden.* 2. Aufl. Berlin, 27–36.

Popp, Reinhold (2018) *Zukunft:Beruf:Lebensqualität. 77 Stichworte von A bis Z.* Wien.

Popp, Reinhold – gemeinsam mit: Fischer, Nele; Heiskanen-Schüttler, Maria; Holz, Jana; Uhl, Andre (Hrsg.) (2016) *Einblicke, Ausblicke, Weitblicke. Perspektiven der Zukunftsforschung.* Wien, Zürich, Münster.

Popp, Reinhold; Garstenauer, Ulrike; Reinhardt, Ulrich; Rosenlechner-Urbanek, Doris (Hrsg.) (2013) *Zukunft. Lebensqualität. Lebenslang. Generationen im demographischen Wandel.* Berlin, Wien, Münster.

Popp, Reinhold; Hofbauer, Reinhard; Pausch, Markus (2010) *Lebensqualität – Made in Austria. Gesellschaftliche, ökonomische und politische Rahmenbedingungen des Glücks.* Berlin, Wien, Münster.

Popp, Reinhold; Reinhardt, Ulrich (2012) Lebensqualität lebenslang. Österreichische und deutsche Zukunftsbilder zum Generationenverhältnis. In: *Wirtschaftspolitische Blätter* 59/2, 317–329.

Popp, Reinhold; Reinhardt, Ulrich (2013) *Zukunft des Alltags.* Berlin, Wien, Münster.

Popp, Reinhold; Reinhardt, Ulrich (2014) *Blickpunkt Zukunft.* Berlin, Münster.

Popp, Reinhold; Reinhardt, Ulrich (2015) *Zukunft! Deutschland im Wandel – der Mensch im Mittelpunkt.* Wien, Zürich, Münster.

Popp, Reinhold; Rieken, Bernd; Sindelar, Brigitte (2017) *Zukunftsforschung und Psychodynamik. Zukunftsdenken zwischen Angst und Zuversicht.* Münster, New York, München, Berlin.

Popp, Reinhold; Schüll, Elmar (Hrsg.) (2009) *Zukunftsforschung und Zukunftsgestaltung. Beiträge aus Wissenschaft und Praxis. Zum 70. Geburtstag von Prof. Dr. Rolf Kreibich.* Berlin, Heidelberg.

Popp, Reinhold (Hrsg.) Steinbach, Dirk; Linnenschmidt, Katja; Schüll, Elmar (2013) *Zukunftsstrategien für eine alternsgerechte Arbeitswelt. Trends, Szenarien und Empfehlungen.* Berlin, Wien, Münster.

Popp, Reinhold; Zweck, Axel (Hrsg.) (2013) *Zukunftsforschung im Praxistest.* Berlin, Heidelberg.

Prescott, Tony (2015) *Roboter mit Ego.* URL: www.spektrum.de/artikel/1351076.

Radkau, Joachim (2017) *Geschichte der Zukunft. Prognosen, Visionen, Irrungen in Deutschland von 1945 bis heute.* München.

Ramge, Thomas; Mayer-Schönberger, Viktor (2017) *Das Digital: Markt, Wertschöpfung und Gerechtigkeit im Datenkapitalismus.* Berlin.

Rat für Forschung und Technologieentwicklung (Hrsg.) (2013) *Österreich 2050. FIT für die Zukunft.* Wien.

Reinhardt, Ulrich (Hrsg.) (2011) *United Dreams of Europe. Mit einem Begleitwort des Präsidenten der Europäischen Kommission, José Manuel Barroso.* Rottach-Egern.

Reinhardt, Ulrich; Popp, Reinhold (2018) *Schöne neue Arbeitswelt. Was kommt, was bleibt, was geht?* Hamburg.

Reinhardt, Ulrich; Roos, George T. (Hrsg.) (2009) *Wie die Europäer ihre Zukunft sehen. Antworten aus 9 Ländern.* Darmstadt.

Renn, Ortwin (2014) *Das Risikoparadox. Warum wir uns vor dem Falschen fürchten.* Frankfurt a. M.

Richter, Caroline (2017) *Vertrauen innerhalb von Organisationen. Ein soziologisches Modell.* Bielefeld.

Rid, Thomas (2016) *Maschinendämmerung. Eine kurze Geschichte der Kybernetik.* Berlin.

Rifkin, Jeremy (2005) *Das Ende der Arbeit und ihre Zukunft. Neue Konzepte für das 21. Jahrhundert.* Frankfurt a. M.

Rinne, Ulf; Zimmermann, Klaus F. (2016) Die digitale Arbeitswelt heute und morgen. In: *Politik und Zeitgeschichte, 18–19,* 3–9.

Robertson, Brian J. (2016) *Holacracy: Ein revolutionäres Management-System für eine volatile Welt.* München.

Roll, Martin (2004) *Strategische Frühaufklärung. Vorbereitung auf eine ungewisse Zukunft am Beispiel des Luftverkehrs.* Wiesbaden.

Rosa, Hartmut (2004) *Beschleunigung. Die Veränderung der Zeitstrukturen in der Moderne.* Frankfurt a. M.

Rosa, Hartmut (2013) *Weltbeziehungen im Zeitalter der Beschleunigung. Umrisse einer neuen Gesellschaftskritik.* Frankfurt a. M.

Rust, Holger (2008) *Zukunftsillusionen. Kritik der Trendforschung.* Wiesbaden.

Rust, Holger (2009a) Nichts ist vergänglicher als die Zukunft. In: Popp, Reinhold; Hofbauer, Reinhard (Hrsg.) *Zukunft:Lebensqualität – zwischen Arbeit und Wirtschaft*. Unveröffentlichter Tagungsbericht. Salzburg.

Rust, Holger (2009b) Verkaufte Zukunft. Strategien und Inhalte der kommerziellen „Trendforscher". In: Popp, Reinhold; Schüll, Elmar (Hrsg.) *Zukunftsforschung und Zukunftsgestaltung. Beiträge aus Wissenschaft und Praxis. Zum 70. Geburtstag von Prof. Dr. Rolf Kreibich*. Berlin, Heidelberg, 3–16.

Rust, Holger (2012a) Schwache Signale, Weltgeist und „Gourmet-Sex". In: Popp, Reinhold (Hrsg.) *Zukunft und Wissenschaft. Wege und Irrwege der Zukunftsforschung*. Heidelberg, 35–57.

Rust, Holger (2012b) *Strategie? Genie? Oder Zufall? Was wirklich hinter Managementerfolgen steckt*. Wiesbaden.

Saage, Richard (2013) New man in utopian and transhumanist perspective. In: *European Journal of Futures Research*. (springer.com/40309). DOI 10.1007/s40309–013–0014–5.

Sahinol, Melike (2016) *Das techno-zerebrale Subjekt. Zur Symbiose von Mensch und Maschine in den Neurowissenschaften*. Bielefeld.

Schaaf, Michael (2014) *Vertrauensarbeitszeit und Home-Office – warum überhaupt arbeiten?* Hamburg.

Scharmer, C. Otto (2014) *Theorie U – Von der Zukunft her führen: Presencing als soziale Technik*. Heidelberg.

Schein, Edgar H. (2010) *Organizational Culture and Leadership*. San Francisco.

Schmid, Kurt; Mayr, Thomas (2013) Höherqualifizierung der Erwerbsbevölkerung: Trends, Notwendigkeiten und neue Perspektiven. In: Niedermair, Gerhard (Hrsg.) *Facetten berufs- und betriebspädagogischer Forschung*. Linz, 431–456.

Schmidt, Tanja; Voss, Dorothea (2014) Arbeitsmarkt- und geschlechtsdifferenzielle Einflussfaktoren für die Ausübung einer geringfügigen Nebenbeschäftigung. In: *Industrielle Beziehungen* 1/2014, 36–57.

Schmitt, Robert; Pfeifer, Tilo (2015) *Qualitätsmanagement. Strategien – Methoden – Techniken*. 5. Aufl. München.

Schnieder, Antonio; Sommerlatte, Tom (Hrsg.) (2010) *Die Zukunft der deutschen Wirtschaft. Visionen für 2030*. Erlangen.

Schreyögg, Georg (2003) *Organisation: Grundlagen moderner Organisationsgestaltung. Mit Fallstudien*. Wiesbaden.

Schweer, Martin K. W.; Thies, Barbara (2003) *Vertrauen als Organisationsprinzip. Perspektiven für komplexe soziale Systeme*. Bern.

Senge, Peter M.; Kleiner, Art; Roberts, Charlotte; Ross, Richard B.; Smith, Bryan J. (1994) *The Fifth Discipline Fieldbook. Strategies and Tools for Building a Learning Organization*. London.

Sheffi, Yossi (2007) *The Resilient Enterprise. Overcoming Vulnerability for Competitive Advantage*. Cambridge/MA.

Simons, Robert (2005) *Levers of Organization Design: How Managers Use Accountability Systems for Greater Performance and Commitment*. Boston.

Slotegraaf, Rebecca J.; Atuahene-Gima, Kwaku (2011) Product Development Team. (American Marketing Association). In: *Journal of Marketing, 75*(1), 96–108.

Sorgner, Stefan L. (2016) *Transhumanismus. Die gefährlichste Idee der Welt!?* Freiburg, Basel, Wien.

Sprenger, Florian; Engemann, Christoph (Hrsg.) (2015) *Internet der Dinge. Über smarte Objekte, intelligente Umgebungen und die technische Durchdringung der Welt.* Bielefeld.

Sprenger, Reinhard (2007) *Vertrauen führt. Worauf es in Unternehmen wirklich ankommt.* Frankfurt a. M.

Staab, Philipp; Nachtwey, Oliver (2016) Die Digitalisierung der Dienstleistungsarbeit. In: *Aus Politik und Zeitgeschichte, 66/18–19,* 24–31.

Stampfl, Nora S. (2011) *Die Zukunft der Dienstleistungsökonomie. Momentaufnahme und Perspektiven.* Berlin, Heidelberg.

Statistik Austria (2017) *Gender Pay Gap 2016* (https://www.statistik.at).

Statistik Austria (2018) *Teilzeitquote 2017* (https://www.statistik.at).

Stieglitz, Thomas (2015) *Neuroimplantate.* URL: www.spektrum.de/artikel/1343308

Teece, David; Peteraf, Margarete; Leih, Sohvi (2016) Dynamic capabilities and organizational agility: Risk, uncertainty, and strategy in the innovation economy. In: *California Management Review, 58*(4), 13–35.

Tempel, Jürgen; Ilmarinen, Juhani (2013) *Arbeitsleben 2025. Das Haus der Arbeitsfähigkeit im Unternehmen bauen.* Hamburg.

Thüsing, Gregor (2015) *Mit Arbeit spielt man nicht! Plädoyer für eine gerechte Ordnung des Arbeitsmarkts.* München.

Tiberius, Victor (Hrsg.) (2011) *Zukunftsorientierung in der Betriebswirtschaftslehre.* Wiesbaden.

Ulich, Eberhard (2011) *Arbeitspsychologie.* 7. Aufl. Zürich, Stuttgart.

Ulich, Eberhard; Wiese, Bettina S. (2011) *Life Domain Balance. Konzepte zur Verbesserung der Lebensqualität.* Wiesbaden.

Väth, Markus (2016) *Arbeit – die schönste Nebensache der Welt.* Offenbach.

ver.di (2017) *Mobbing am Arbeitsplatz. Was kann ich tun?* URL: http://macht-immer-sinn. de/mobbing-am-arbeitsplatz/.

Vester, Frederic (1984) *Neuland des Denkens – Vom technokratischen zum kybernetischen Zeitalter.* München.

Vester, Frederic (2002) *Die Kunst vernetzt zu denken. Ideen und Werkzeuge für den Umgang mit Komplexität. Ein Bericht an den Club of Rome.* Stuttgart.

Vietta, Silvio (2016) *Die Weltgesellschaft. Wie die abendländische Rationalität die Welt erobert und verändert hat.* Baden-Baden.

Vogler-Ludwig, Kurt; Düll, Nicola; Kriechel, Ben (2016) *Arbeitsmarkt 2030 – Wirtschaft und Arbeitsmarkt im digitalen Zeitalter. Prognose 2016.* Bielefeld.

Voß, Günter G.; Pongratz, Hans J. (1998) Der Arbeitskraftunternehmer. Eine neue Grundform der Ware Arbeitskraft? In: *Kölner Zeitschrift für Soziologie und Sozialpsychologie, 1,* 131–158.

Wagner, Thomas (2015) *Robokratie. Google, das Silicon Valley und der Mensch als Auslaufmodell.* Köln.

Wehrlin, Ulrich (Hrsg.) (2011) *Future Management – Zukunftsmanagement: Gemeinsam die Zukunft erfolgreich gestalten! Wettbewerbsvorteile durch Qualität der strategischen Anpassung.* München.

Weick, Karl E. (2009) *Managing Sense of the Organization: The Impermanent Organization.* Bd. 2. Chichester.

Wellensiek, Sylvia (2011) *Handbuch Resilienz-Training. Widerstandskraft und Flexibilität für Unternehmen und Mitarbeiter.* Weinheim, Basel.

Wilhelmer, Doris; Nagel, Reinhart (2013) *Foresight-Management Handbuch. Das Gestalten von Open Innovation.* Heidelberg.

Wiswede, Günter (2012) *Einführung in die Wirtschaftspsychologie.* 5. Aufl. München, Basel.

WKÖ (2018) *Wirtschaftsbarometer Sommer 2018* (www.wirtschaftsbarometer.at).

Wustmann, Corina (2004) *Resilienz. Widerstandsfähigkeit von Kindern in Tageseinrichtungen fördern.* Weinheim, Basel.

Zander, Margherita (Hrsg.) (2011) *Handbuch Resilienzförderung.* Wiesbaden.

Zech, Rainer (2015) *Qualitätsmanagement und gute Arbeit: Grundlagen einer gelingenden Qualitätsentwicklung für Einsteiger und Skeptiker.* Wiesbaden.

Zweck, Axel; Holtmannspötter, Dirk; Braun, Matthias; Hirt, Michael; Kimpeler, Simone; Warnke, Philine (2015) *Gesellschaftliche Veränderungen 2030. Ergebnisse zur Suchphase von BMBF-Foresight. Zyklus II.* Düsseldorf.

Zwick, Michael M.; Renn, Ortwin (2008) Risikokonzepte jenseits von Eintrittswahrscheinlichkeit und Schadenserwartung. In: Felgentreff, Carsten; Glade, Thomas (Hrsg.) *Naturrisiken und Sozialkatastrophen.* Berlin, Heidelberg, 77–97.

ÜBER DIE AUTORINNEN UND AUTOREN

Mag. Julia Bock-Schappelwein (*1976) studierte Volkswirtschaft an der Universität Wien und ist seit 2004 als Referentin am Österreichischen Institut für Wirtschaftsforschung (WIFO) im Bereich Arbeitsmarkt, Bildung und Migration tätig. Ihre Arbeitsschwerpunkte umfassen arbeitsmarkt-, bildungs- und migrationsspezifische Fragestellungen. Aktuell arbeitet sie zu genderspezifischen Fragen sowie zu Digitalisierung und Arbeit. Sie ist in die Erstellung der WIFO Konjunkturprognose (Kurz- und Mittelfristprognose) eingebunden, ist nationale Expertin im skillsnet-Netzwerk des Europäischen Zentrums für die Förderung der Berufsbildung (CEDEFOP) und arbeitet für das „Mutual Learning Programme" der „DG Employment, Social Affairs, Skills and Labour Mobility" der Europäischen Kommission. Julia Bock-Schappelwein hat an zahlreichen Studien des WIFO mitgewirkt und in international referierten Fachzeitschriften publiziert.
https://www.wifo.ac.at/julia_bock-schappelwein

Mag. Ursula della Schiava-Winkler (*1965) ist Unternehmensberaterin, Coach, Supervisor und Doktorandin der Sigmund Freud PrivatUniversität Wien (SFU). Ihre Studien (Psychotherapiewissenschaft und Crossmedia) führten sie zu den folgenden Schwerpunkten: Transfer von psychotherapeutischem Anwendungswissen in die Unternehmen – vor allem im Bereich der Personalentwicklung; Smart-Knowledge-Management (Wissensberatung, Wissenstransfer, Wissensdialog); Transformationsmanagement, Change Management, psychodynamische Organisationsentwicklung; Social Enterprise; Business Development, Business Innovation; Serious Games; Remote Management, Business Cocreation, Redesigning Work und Business Fitness. Sie leitete zehn Jahre lang den „Arbeitskreis für Organisationsentwicklung" im Österreichischen Arbeitskreis für Gruppentherapie und Gruppendynamik (OEAGG) und moderiert seit drei Jahren die Gruppe „Reinventing Organizations – mit der Sehnsucht nach beseelten Arbeitsplätzen, nach Authentizität, Gemeinschaft, Leidenschaft und Sinn". Seit 2016 leitet sie den „Salon Vienna", den Dialograum für innovatives Denken und wertvolle Gespräche zur Schaffung von inspirierenden Ideen und Projekten für die Zukunft. Seit 2017 ist sie als Mentorin im Start-up-Hub „wexelerate" tätig. Ihre Leidenschaft ist es, Personen, Teams und Organisationen zu beflügeln, kokreative Prozesse zu unterstützen und so Cultural Change und Mindset-Veränderungen zu ermöglichen. In Resonanz zu sein mit dem Gegenüber bedeutet für sie Entwicklung, Freude und kraftvolle Energie. Sie designt gerne Organisationen und glaubt an das Leben und Arbeiten im Hier und Jetzt. Empathisch, partizipativ und transformativ gestaltet sie im „Wir" Neues in der und für die Welt.
www.socialskills4you.com

MAG. DR. HELMUT MAHRINGER (*1965) arbeitet seit 1999 am Österreichischen Institut für Wirtschaftsforschung (WIFO) und gilt als einer der führenden Experten im Forschungsbereich „Arbeitsmarkt, Einkommen und soziale Sicherheit". Er studierte Ökonomie an den Universitäten Wien und Linz (Doktorat 2005) und Sozialarbeit in Salzburg. Vor seiner Beschäftigung am WIFO arbeitete er u. a. in der Sozialpsychiatrie in Vorarlberg sowie als wissenschaftlicher Mitarbeiter der JOANNEUM RESEARCH Forschungsgesellschaft in Wien. Sein besonderes Forschungsinteresse gilt der Dynamik des Arbeitsmarkts. Seine Studien und Publikationen befassen sich mit Wirkungsanalysen von Arbeitsmarkt- und Sozialpolitik, der Prognose von Arbeitsmarktentwicklungen, der Entwicklung des Arbeitskräfteangebots, der Flexibilisierung von Arbeitsmärkten sowie mit der Entwicklung und der Bekämpfung von Arbeitslosigkeit. Helmut Mahringer ist Autor und Ko-Autor vieler Studien, etwa zum Einsatz und zur Wirkung von Arbeitsmarkt- und Sozialpolitik, zur Funktionsweise und zu Veränderungen am Arbeitsmarkt oder zu kurzfristigen und mittelfristigen Prognosen der Wirtschafts- und Arbeitsmarktentwicklung. Zudem publiziert er in internationalen Fachzeitschriften (z. B.: „Journal of Labour Market Research", „Empirical Economics", „Journal of European Economics", „Review of Economics of the Household", „Danube Journal of Law and Economics").
https://www.wifo.ac.at/helmut_mahringer

UNIV.-PROF. DR. REINHOLD POPP (*1949) ist einer der wenigen Hochschullehrer im deutschsprachigen Raum, die sich systematisch mit den Grundlagen und Grundfragen der interdisziplinären Zukunftsforschung beschäftigen. Er leitet das „Institute for Futures Research in Human Sciences" an der Sigmund Freud PrivatUniversität in Wien. In enger Kooperation mit diesem Institut forscht und lehrt er am „Institut Futur" der Freien Universität (FU) Berlin, wo er auch Gründungsmitglied des Masterstudiengangs für Zukunftsforschung ist. Darüber hinaus ist er Dozent für Zukunftsforschung an mehreren Universitäten und Hochschulen in Deutschland, Österreich und der Schweiz, Kooperationspartner wichtiger Institute für zukunftsorientierte Forschung, Berater von Politik und Wirtschaft, Autor bzw. Herausgeber einer Vielzahl von Publikationen – u. a. mehrerer Standardwerke der Zukunftsforschung (Springer Verlag, Springer VS Verlag, LIT Verlag, Waxmann Verlag) – sowie Mitbegründer und Mitherausgeber der wissenschaftlichen Fachzeitschrift „European Journal of Futures Research" (Springer Verlag). Weit über die Welt der Wissenschaft hinaus ist Professor Popp durch seine Interviews, Kolumnen und Kommentare in Presse, Hörfunk und Fernsehen sowie durch seine lebendigen Vorträge auch einer breiten Öffentlichkeit bekannt. Er leitet seine Analysen und Prognosen aus wissenschaftlich fundierten Zukunftsstudien ab und entwirft plausible Bilder der Zukunft, jenseits von destruktiver Weltuntergangsstimmung und unkritischem Alles-wird-gut-Optimismus.
www.reinhold-popp.at

PROF. DR. ULRICH REINHARDT (*1970) ist Zukunftswissenschaftler und wissenschaftlicher Leiter der BAT-Stiftung für Zukunftsfragen (Hamburg). Er hält eine Professur für empirische Zukunftsforschung am Fachbereich Wirtschaft der Fachhochschule Westküste in Heide. 1999 schloss er sein Studium der Erziehungswissenschaft und Psychologie an der Universität Hamburg ab und begann als Promotionsstudent im damaligen „BAT-Freizeit-Forschungsinstitut". Anschließend übernahm er verschiedene Aufgaben im Institut, ehe er 2007 geschäftsführendes Vorstandsmitglied der BAT-Stiftung wurde. Anfang 2011 trat er die Nachfolge von Prof. Dr. Horst W. Opaschowski als wissenschaftlicher Leiter dieser unabhängigen und gemeinnützigen Stiftung an. Seine Forschungsschwerpunkte umfassen u. a. den gesellschaftlichen Wandel, das Freizeit-, Konsum- und Tourismusverhalten sowie die Europaforschung. Ulrich Reinhardt ist Mitglied in unterschiedlichen Beraterkreisen, sitzt in Gremien wie dem Kuratorium der „EBC Hochschule" oder dem Landeskuratorium des „Stifterverbandes für die Deutsche Wissenschaft" und ist Mitherausgeber des „European Journal of Futures Research" (Springer Verlag). Darüber hinaus ist er ein gefragter Experte für diverse Print-, Online- und TV-Medienpartner.
www.ulrichreinhardt.de

MAG. DR. MONIKA SPIEGEL (*1970) leitet an der Sigmund Freud PrivatUniversität Wien (SFU) das Institut „Psyche und Wirtschaft" und lehrt an mehreren Universitäten. Vor dem Hintergrund ihrer jahrelangen Berufserfahrung in der Privatwirtschaft forscht Frau Dr. Spiegel im Rahmen dieses Instituts zu psychologischen und psychotherapiewissenschaftlichen Themen mit explizitem Bezug zum Wirtschaftsleben und zur Arbeitswelt, u. a. zu Persönlichkeitstypologien und Persönlichkeitsstörungen sowie zu Sucht am Arbeitsplatz. Zu diesem Themenspektrum sowie zur Förderung der sozialen Kompetenz von Führungskräften bietet sie auch Universitätslehrgänge sowie Seminare in Unternehmen an. Außerdem veranstaltet Frau Dr. Spiegel an der SFU in regelmäßigen Abständen vielbeachtete Podiumsdiskussionen mit namhaften Referentinnen und Referenten zu psychosozialen Fragen des Wirtschafts- und Arbeitslebens. Über ihre Tätigkeit in Forschung und Lehre hinaus ist Frau Dr. Spiegel als Psychotherapeutin in freier Praxis tätig.
www.monikaspiegel.com
www.sfu.ac.at/psycheundwirtschaft